大案体察

前行的中国刑事法治

Observing Influential Criminal Cases

时延安　刘计划　主编

中国言实出版社

图书在版编目（CIP）数据

大案体察：前行的中国刑事法治 / 时延安，刘计划
主编 . -- 北京：中国言实出版社，2023.9
ISBN 978-7-5171-4573-8

Ⅰ . ①大 … Ⅱ . ①时 … ②刘 … Ⅲ . ①刑法—研究—
中国 Ⅳ . ① D924.04

中国国家版本馆 CIP 数据核字（2023）第 161882 号

大案体察：前行的中国刑事法治

责任编辑：宫媛媛
责任校对：张国旗

出版发行：中国言实出版社
    地 址：北京市朝阳区北苑路 180 号加利大厦 5 号楼 105 室
    邮 编：100101
    编辑部：北京市海淀区花园路 6 号院 B 座 6 层
    邮 编：100088
    电 话：010-64924853（总编室） 010-64924716（发行部）
    网 址：www.zgyscbs.cn E-mail：zgyscbs@263.net

经 销：新华书店
印 刷：北京温林源印刷有限公司
版 次：2023 年 11 月第 1 版 2023 年 11 月第 1 次印刷
规 格：710 毫米 ×1000 毫米 1/16 19 印张
字 数：267 千字

定 价：68.00 元
书 号：ISBN 978-7-5171-4573-8

主 编

时延安　刘计划

撰稿人（按撰写章节排序）

郑平心　张嘉轩　赵家祥　周若溪

石　雄　李梓澄　王冰鑫　欧书沁

韩延智　段一鸣

（本书出版获得中国人民大学科学研究基金的支持）

犯罪治理的精细化

习近平总书记在党的二十大报告中强调，要"加快建设公正高效权威的社会主义司法制度，努力让人民群众在每一个司法案件中感受到公平正义"。这一要求鲜明指出了司法的意义所在，就是司法机关应该让人民群众从案件的处理过程及结果中看到、听到并真正体会到公平和正义。这一要求也提示法律工作者，法治建设应从细微处着手，以精细化的法律思维看待各类社会纠纷，就人民群众对公平正义的追求不能大而化之地予以看待，而应当具体到法治建设的每个细微之处，在微观层面发现问题并解决问题，以点带面，以面促体，环环衔接，整体推进，进而促使社会主义法治建设能够不断积累式前进。当下司法实践表明，我国的社会主义法治建设已经进入前无古人的境界，没有直接经验可以借鉴，也没有更多的间接经验予以参考，因而应当不断完善我们的研究方法，从法律实践的细微处发现问题、总结规律、提炼经验，稳健、循序推动社会主义法治建设的健康发展。

一

刑事司法的"精细化"，集中表现在对具体刑事案件的处理上。在信息时代，对刑事案件的妥善处理，不仅仅是"案结事了"，而且要充分考量案件处理过程及结果的政治效果和社会效果。在传统的刑事司法观念里，法官不应受到外界包括媒体的影响，只是就事论事，不考虑裁判结果公布后公众的反响和反应。这种观念是建立在维护司法权威和维护刑事被告人的利益基础上的。然而，在信息高速传播的时代，为了维护司法权威，要求包括法官在内的司法工作者主动而积极地向公众说案释法并通过个案来宣传刑事法治，当然，通过个案的妥善处理实现公众对刑事正义的诉求，其前提是准确地认定事实、正确地适用法律。

关注并保护民生，始终是刑事司法赢得人心的"重点工程"。"郭美美销售有毒、有害食品案"受到公众关注，正是因为郭销售的有毒有害减肥类保健食品，对那些爱美人士身体健康会造成一定的危害。值得注意的是，郭是通过网络直播这种新型的传播方式进行销售。与传统销售方式相比，通过网络直播方式销售假冒、伪劣商品，其受众更为广泛，更容易诱使消费者上当受骗。从该案案情看，对于通过网络直播实施的违法犯罪行为，就需要网络平台给予更为充分的监管，对从业者的资质、日常经营活动等进行充分的"合规"审查，尽可能避免类似的情况发生。

因民间纠纷而导致的刑事案件，很容易引发不同人群的"共情"，在刑事司法实践中比较复杂，案件定性及处理方式也容易产生争议。"货拉拉女乘客坠车案"即是如此。最近几年，在交通运输中发生的"跳车"事件屡见不鲜，其中不乏引发刑事案件的情形。引发"跳车"的原因多种多样，但都涉及不作为和过失的判断问题，由涉事人对"跳车人"的伤亡后果承担责任，涉事人往往会提出各种辩解，有些人也会认为是"跳车人"自己造成的。这类案件的出现，提醒我们，要加强对从事运输者乃至其他从事具有危险性行业的从业者的法治教育，提示他们应负起应尽的法律义务。

"命案"，无论在刑事司法中，还是在普通人心中，都是最重要的刑事类案。过去几年，在公安部的统一部署下，全国各地集中就未破获的

"命案"重启调查，一些尘封多年的案件得以侦破。"麻继钢强奸、故意杀人被判死刑案"即是一例。"命案必破"，是满足公众对正义期待的一项重要指标，也是提升公众安全感的一个重要内容，当然，也要坚决破解"命案必破"可能导致冤案的"魔咒"。实际上，破解这一"魔咒"的方法已经找到，一靠严格的法律程序，二靠精准的刑侦技术，妥善运用两者，就会在实现"命案必破"目标的同时，有效防止冤错案件发生。

有错必纠，也是刑事司法弘扬司法正义的一项重要内容。"吴春红申请再审无罪赔偿案"得到妥善解决，也说明真正解决个人对司法正义的具体诉求，其难度还是相当大的。诸如国家赔偿等问题，具体到个案，往往不是司法机关自行能够解决的问题，需要地方多个部门的配合才能奏效。与此相关联的"错案追究"问题也值得关联性思考。法律制度和机制间的整体协调、配合，也是刑事司法改革和完善的难点。

在刑事司法实践中，那些针对从事特殊职业人员的暴力犯罪往往会受到广泛关注，也容易让人们心生愤慨。"'1·20'北京朝阳医院伤医案"再次说明这一点。医生在人们心目中的地位崇高，因为"医生"意味着对他人生命的挽救、健康的维护。也因为如此，近年来一些针对医生、护士的暴力犯罪，在一定程度上说，都是在挑战公众的道德情感和底线，严惩凶手的呼声对承办案件的司法机关也会产生联动反应。然而，更需要思考的是，产生医患矛盾的根源是什么，可以说，在公众寻求高质量的医疗服务与医疗机构现有的供给能力之间仍存在较大紧张关系。"伤医案"的发生令人感到愤怒，但需要深入思考其反映的客观现实，唯有从根本上解决两者之间的矛盾才能大大避免类似悲剧的发生。

在信息网络时代，个人信息已经成为不法分子实施诈骗等犯罪的重要犯罪"资源"，而从犯罪发展态势看，个人信息泄露或者不当使用也成为每个人感到焦虑甚至惶恐的重大问题，可以说已经成为一个新的民生问题。"赖枰全侵犯公民个人信息案"的事实虽然并不复杂，但却凸显了信息技术滥用可能导致的巨大安全风险。最近几年出台的《网络安全法》《个人信息保护法》《数据安全法》以及《反电信网络诈骗法》，为个人信息安全、数据安全以及相应的人身、财产安全提供了法律保护机制，我们相信，随着这些法律实施的不断推进，侵犯个人信息的违法犯罪活动会得到极大遏制。

自媒体的快速发展确实极大促进了社会的信息交流，改变了社会交往的模式，其副产品就是出现的很多新型的名誉侵权、冒犯公众基本道德情感和触犯社会基本伦理的事件，其中情节严重的行为就有可能构成犯罪。"'辣笔小球'侵害英雄烈士名誉、荣誉案"中，仇某诋毁烈士的行径就极为可耻，极大冒犯了公众的共同情感。对这类诋毁行为，显然是不能以言论自由进行开脱的。依法惩治这类恶意诋毁行为，是维护社会主义核心价值观的必然之举，也是维护公众对英雄烈士道德情感的必然之举。

个案正义的提出，是看到了司法实践中处理具体问题的复杂性和特殊性。国家对药品采取严格的进出口管制，其基本目的是为了维护国家的药品管理秩序，最终是为了维护公众的用药安全。不过，在实践中也确实出现了类似"陆勇案"的情形，即国家药品进出口管制会限制一些患者的用药需求。"郑州市病患母亲代购'毒品'被不起诉案"再次提出了这个问题。检察机关以不起诉的方式妥善解决了这一法律问题，既维护了法治，又实现了个案正义。在司法实践中，对于类似情有可原、单纯违反国家规制的行为，都可以采取较为宽缓的制裁措施，如此在刑事司法中能够更加体现人文关怀。

保护经济平稳、健康发展是最大的民生问题，而当下"保经济"的重点是保民营企业。受各种客观因素影响，近几年我国民营经济发展步履维艰，在这种情形下，如何发挥司法力量来解决"保经济"问题就成为"能动司法"的一项重要内容。2020年以来，由最高人民检察院推动的涉案企业合规改革，就是检察机关推动"能动检察"的一次重大探索。"张家港市 L 公司、张某甲等人污染环境案"就是其中颇为成功的案例。在刑事司法中促进涉案企业合规建设，虽然引发了一些质疑，但这一改革的定位和方向是正确的。事实也将证明，这一重大司法改革是新时代具有重要法治意义的举措。

腐败造成的恶果最终都会让公众来承担，从这一意义上讲，惩治腐败也是民生问题。自党的十八大以来，我国反腐败工作取得了历史性成就，各类腐败现象得到了极大遏制。如何解决逃亡海外腐败分子的刑事追究问题，也成为反腐败工作走向深入的一个重点问题。2018 年，我国《刑事诉讼法》在修改时增设了"缺席审判程序"，意在对逃亡海外的腐败分子进行刑事追究。"程三昌贪污案"是适用该程序的第一起案件，因而也成为我国反腐败进程中的一个标志性事件，它彰显了我国以零容忍态度惩治腐败的决心，也再次向公众宣示，无论腐败分子逃往何处，都将受到法律的追究。

一

犯罪治理是国家和社会治理的一项重要内容，实现犯罪治理的现代化，就要求不断发展和完善刑事法治。推动刑事法治的进步，首先要有宏观的体系思维，确保刑事法制整体上与我国基本政治制度相适应、与国家和治理现代化相适应、与其他领域法律制度相协调，同时要确保刑事法制中基本制度的彼此照应、紧密衔接。这就要求，有关刑事法制的基本观念、法治思维和理论学说，其本身要明确、清晰且能够成为刑事法制各主体的共识、能够贯穿于各项具体制度当中，如此才能够有效而准确地指导实践。同时，对刑事法律制度和机制的完善，则应当从细微入手，精准解析犯罪现象，准确提炼法律问题，妥善推动制度和机制改革。总结2021年为公众所关注的刑事案件及其处理过程，也能够看到我国犯罪治理日趋向精细化方向发展。

犯罪治理的精细化表现在四个方面：第一，刑事政策目标的实现，更加注重制度和机制建设，强调目标实现的可行性和可评估性。我国刑事法治的一大特色，就是党的基本政策的引领，并通过形成具体的刑事政策来指导刑事立法和司法。不过，以往刑事政策目标的实现，主要着眼于宏观层面，在微观层面的实践方面体现得不够充分。以民营经济刑事法治保护为例，中央出台了大量的政策性文件，但在地方和基层司法实践中并没有给予充分体现。不过，近年来，在有关民营经济的刑事法治保护方面，体现刑事政策的具体制度和规范逐渐得以确立，相应地，对民营经济刑事法治的保护目标也能够得以在微观层面发挥指导作用。第二，犯罪治理模式的完善过程中，更加凸显问题意识。发现真问题，才能真正解决问题。而刑事法律制度运行中存在的问题，只有从微观层面进行研究，才能准确认识问题存在的现状及成因。应当说，我国犯罪治理策略的完善，也是在具体问题意识的引导下逐步推进的。例如，《刑事诉讼法》中规定缺席审判制度就体现了这一思路。当然，发现问题的过程必须要有科学精神，即通过实证的研究方法去发现，不能仅仅通过书斋里的研究和蜻蜓点水般地调研来发现。第三，犯罪治理越发注重基层的作用，通过调动基层力量来达到犯罪控制的目标。例如，一些大中城市利用基层警力和社区力量形成的"网格化"管理，在预防和惩治犯罪方面就发挥着重要的作用。第四，犯罪治理中的科技运用越来越充分，通过运用技术来防范犯罪发生已经成为趋势。例如，目前对街头犯罪、交通犯罪等越来越依靠公共场所的监控设施发现犯罪线索、锁定犯罪人；在学校、金融机构等场所，人脸识别等技术运用得越来越普遍，这对防范犯罪发生具有积极意义。从某种意义上说，犯罪活动也是一个信息产生、延续、转化、扩散的过程，而现代信息技术可以有效发现这些犯罪信息，进而形成对犯罪的有效控制。

与犯罪治理相一致的是，目前刑事法学界、犯罪学界对犯罪问题的研究也越来越精细化，更强调对具体法律问题、犯罪问题进行更为细致、精密的研究，对犯罪问题的数量化研究也成为一个趋势。这些对刑事法律问题的精细化研究，对刑事司法是有重大帮助的，由此可以避免空泛而失真的研究可能造成具体刑事司法活动出现"误差"；同样，对犯罪问题的精细化研究，对犯罪治理也是大有裨益的，如此可以准确地判断犯罪发展态势，进而在犯罪治理的制度资源和物质资源配置上进行合理化的调整。当然，精细化的研究成果，在转向精细化的制度、机制和规范设计过程中，也要有相应的转换机制，尤其是也要有一个精细化的立法和司法文件制定过程。现在看，没有实证基础、可行性评估和风险预测的立法活动，或者司法文件的制定活动，都可能会产生事与愿违、事倍功半的结果。

当然，精细化思维方法不能取代整体性思维方法，相反，越是强调精细化思维，就越应当强调整体性思维，并将两种不同思维方法加以综合运用。基于精细化思维发现问题、解决问题，如果提出的解决方案涉及制度、机制和具体规范的完善，就需要和整个法治体系保持协调，并符合整个法治体系的法理。当前，各种新老犯罪问题迭代出现，一方面物理空间的犯罪确实在明显下降，另一方面网络空间的犯罪却在可知但不可测的状态下大幅攀升，如果不能妥善运用好两种思维方法，协调处理好宏观和微观问题，那么，要么会出现一叶障目式的、机械化的处理方式，要么会出现云山雾罩式的、模糊化的处理方式。犯罪治理既是一个整体性的工程，也是一个精细化的工程，因而无论是"设计师"，还是"施工队"，都要协调使用这两种思维方法，如此才能实现科学和稳妥的犯罪治理。

三

作为编者，我们仍要一如既往、发自内心地感谢各位作者，和对我们这部系列"小书"给予关注的人们！

由衷且诚挚地感谢中国言实出版社！编写这部系列"小书"，已经成为我们共同的事业了。

确实，当我们回顾以往那些在幽暗灯光下的写作时刻，重新温读在不远的过去发生的"大案"时，我们会为逝去的时光而感伤，为我们走过的路而唏嘘，更会为刑事法治的成就而感到欣慰。我们在记录历史，而这部系列"小书"也在记录我们！

愿全天下的人们永沐在幸福美好的阳光之下！

时延安 刘计划

2022 年 11 月

目 录

聚焦"直播带货"的经济与安全
　　——郭美美销售有毒、有害食品案 / 1

致命的误会
　　——货拉拉女乘客坠车案 / 23

迟来 28 年的正义
　　——麻继钢故意杀人、强奸被判死刑案 / 54

身陷囹圄十六年　申请"国赔"何为限
　　——吴春红申请再审无罪赔偿案 / 80

拿什么保护你，医生！
　　——"1·20"北京朝阳医院伤医案 / 111

1

科技之刃与法律之鞘

——赖枰全侵犯公民个人信息案 / 137

重大公共利益不容侵犯

——"辣笔小球"侵害英雄烈士名誉、荣誉案 / 162

兼顾天理国法人情

——郑州市病患母亲代购"毒品"被不起诉案 / 196

宽严相济显温情

——张家港市 L 公司、张某甲等人污染环境案 / 240

天网恢恢，有逃必追

——程三昌贪污案 / 267

聚焦"直播带货"的经济与安全

——郭美美销售有毒、有害食品案

引言

作为新型的销售模式，"直播带货"凭借其便捷、灵活、即时等优势，广受消费者的青睐。然而，如何治理在经营过程中频出的违法犯罪问题，是司法实务中亟待解决的难点。郭美美销售有毒、有害食品案虽已尘埃落定，但此案所折射出的问题仍值得进一步思考和分析。实际上，郭美美并非因"直播带货"锒铛入狱的第一人。此前，有网红女主播廖某因犯销售假冒注册商标的商品罪，被上海市杨浦区人民法院判处有期徒刑三年四个月；[①] 也有团伙通过直播营销平台向观众"直播带货"，诈骗巨大数额财产。[②] 虽然犯罪嫌疑人所销售的商品种类不同，但在司法认定中涉及的诸多理论问题却是共通的。毫无疑问，让经营方承担相对严格的责任，能够更周全地保护消费者的合法权益，但在很大程度上会限制

[①] 参见 https://baijiahao.baidu.com/s?id=1704589451478324602&wfr=spider&for=pc，2022 年 12 月 3 日访问。

[②] 参见《江苏省常州市中级人民法院发布 2021 年度十大典型案例之六：程某某等人"直播带货"诈骗案》，2022 年 2 月 21 日发布。

新兴行业的发展空间。[①] 因此，如何对相关主体进行义务分配，将直接关乎安全价值与经济价值之间平衡的具体实现。

一、案情回顾

（一）事实梳理

西布曲明是一种作用于中枢神经系统、抑制食欲的药物，属于有毒、有害的非食品原料。虽有一定的减肥功效，但可能带来高血压、心率加快等副作用。服用西布曲明可能会带来心脑血管与中枢神经系统不可逆的损伤，甚至可能导致中风或死亡。在 2010 年，我国就已经宣布停止国内生产、销售和使用西布曲明制剂与原料药。公诉机关指控被告人郭美美、汪邹雅分别自 2021 年 1 月、2 月起，在明知上家赵某（另案处理）处所销售的减肥糖可能非法添加西布曲明的情况下，仍通过社交平台发布广告，并通过微信以每盒 699 元等单价对外销售。至案发，被告人郭美美销售减肥糖 100 余盒，收款人民币 7 万余元。其间，被告人郭美美还帮助被告人汪邹雅向赵某订货、付款，共同销售减肥糖 4 盒，收款人民币 2796 元。案发后，公安机关从查获的涉案减肥糖中，检出违禁成分西布曲明。

2021 年 3 月，上海警方发布警情通报，确认郭某某等 32 名犯罪嫌

---

① 以直播营销平台的法律责任为例。是否应该让直播营销平台承担对犯罪风险的控制义务，理论界存在争议。有学者主张，互联网平台应承担积极主动的犯罪预防义务，否则将承担相应的法律责任。主要理由在于，互联网平台不仅具有规范和政策赋予的主体责任，而且具有控制犯罪的治理优势。从某种程度上说，因为互联网平台重塑了社会结构，所以让其承担积极作为的法律义务和道德义务是正当的。但也有不少学者认为，为了维护网络秩序安全和网络用户的合法权益，让互联网平台承担过重的预防成本，不符合效益原则。囿于技术能力，预防成本将会远远超过采取预防措施后所能避免的损失。在预防收益小于预防成本的前提下，以直播营销平台为代表的经营方不应具备主动防控风险的注意义务。对此，本文认为，安全价值与经济价值之间的优先排序会随着技术发展与人们生活方式的改变而变化。如果经营方有一定能力对风险进行控制，使其承担部分的事前防范和事中阻断义务，并且让其做好合规制度建设，并不会对互联网经济发展造成太大阻碍。

疑人因生产、销售违禁成分减肥类保健食品被浦东警方刑事拘留。浦东警方在行动中查获有毒有害减肥类保健食品 6.5 万余粒、生产原料约 34 公斤，涉案金额达 5000 万余元。2021 年 7 月，上海铁路运输检察院对郭美美等以销售有毒、有害食品罪提起公诉。2021 年 10 月 18 日下午 2 时，上海铁路运输法院对被告人郭美美、汪邹雅销售有毒、有害食品一案依法进行公开宣判，以销售有毒、有害食品罪判处被告人郭美美有期徒刑二年六个月，并处罚金人民币 20 万元；判处被告人汪邹雅有期徒刑七个月，并处罚金人民币 1 万元。①

（二）案件评析

作为一种交互性较强的新兴电商模式，"直播带货"并非监管盲区。但与传统媒体广告的宣传模式不同，直播营销人员的宣传行为和交易行为几乎是同步进行的。在刺激消费、带动产业链条发展的同时，这也带来了新的问题和挑战。

一方面，"直播带货"的商业推广模式存在多方主体，相关法律关系错综复杂，有待梳理厘清。对直播营销人员、直播间运营者、直播营销平台与销售商家四方的责任认定无疑是争议的焦点之一，②而归责的逻辑起点在于相关主体的法律身份与法律行为。例如，自带流量的网络红人具有强大的号召力和感染力，那么，网红主播究竟是广告代言人，还是销售商家？销售行为和广告宣传行为之间是否存在区别？有哪些行为主体可以实施销售行为？应根据哪些罪名对其定罪处罚？以上均是司法实务中亟待解决的问题。此外，民以食为天，食品安全事件总是牵扯着社会的神经，对于食品安全领域的"直播带货"是否应予以特殊回应？在责任条款的设计上与其他领域的"直播带货"是否应有不同？

另一方面，需要延伸思考的是，直播营销平台是一种以实现消费者、

① 参见 https://baijiahao.baidu.com/s?id=1713960752070683252&wfr=spider&for=pc，2022 年 12 月 4 日访问。

② 参见《网络直播营销管理办法（试行）》（2021 年 5 月 25 日施行）第二条的规定。

销售商家、直播间运营者，以及直播营销人员之间交互为目的的组织和数字基础设施。在数字社会中，直播营销平台是否应该履行自身的主体责任？详言之，直播营销平台是否分享了国家控制犯罪的职能？对此，直播营销平台是否应该履行积极的形式审查义务？是否应该对一切的危害结果负责？如果其行为达到值得刑罚处罚的程度，应以哪些罪名予以规制？

基于此，本文将尝试在我国实体法秩序内，对上述问题一一予以回应，并且剖析"直播带货"中相关法律关系。

二、法理分析

在"直播带货"情形中，无论所涉及的行为主体有多么纷乱复杂，进入刑法视野、受到刑法评价的只能是行为。因此，本文将从各主体所实施的行为类型入手，进而对相关法律关系进行分析。

（一）宣传行为的刑法定性

"直播带货"中的宣传行为主要涉嫌成立虚假广告罪。《中华人民共和国刑法》（以下简称《刑法》）第二百二十二条规定，广告主、广告经营者、广告发布者违反国家规定，利用广告对商品或者服务作虚假宣传，情节严重的，处二年以下有期徒刑或者拘役，并处或者单处罚金。据此，关于"直播带货"中宣传行为的刑法定性，主要可以从两个方面切入：其一，直播营销人员、直播间运营者、销售商家和直播营销平台是否构成虚假广告罪的行为主体？其二，相关主体发布的广告是否属于虚假广告？

1. 直播营销人员属于广告代言人或广告表演者

根据《中华人民共和国广告法》（以下简称《广告法》）第二条，广告行为是指商品经营者或者服务提供者通过一定媒介和形式直接或者间接地介绍自己所推销的商品或者服务的商业广告活动。在网络"直播带货"的场景下，销售商家正是利用直播营销平台，通过直播营销人员以"直播带货"的方式，推销自己的商品与服务。因而以商业推销为目的的"直播带货"应属于广告行为。存在争议的是，直播营销人员是属于广告经营者、广告发布者还是广告代言人？

直播营销人员不一定属于广告经营者与广告发布者。其一，根据《广告法》第三十二条规定，直播营销人员必须具有合法经营资格，才能被认定为广告经营者、发布者。[①]其二，根据《广告法》第三十四条规定，广告经营者、广告发布者具有对广告内容的核对义务，负责建立、健全广告业务的承接登记、审核、档案管理制度，由此可见其职能并非直接面向消费者。[②]而且根据中国广告协会2020年6月发布的《网络直播营销行为规范》第十九条规定，主播是指在网络直播营销活动中与用户直接互动交流的人员，因而带货主播不一定属于广告经营者与广告发布者。

直播营销人员通常属于广告代言人或广告表演者。根据相关法律规定，广告代言人必须以自己的名义表达关于商品的意见。[③]一些自带流量的网红主播正是利用自己的知名度与信用度来推荐商品，属于广告代言人。但实践中存在不披露身份的直播营销人员，这些人通过对广告的表演来展示或推荐商品，但并不直接对商品进行推荐、证明，而且其身份缺乏可识别性。[④]

根据《刑法》第二百二十二条的规定，只有广告主、广告经营者、

---

①《广告法》第三十二条规定，广告主委托设计、制作、发布广告，应当委托具有合法经营资格的广告经营者、广告发布者。

②《广告法》第三十四条规定，广告经营者、广告发布者应当按照国家有关规定，建立、健全广告业务的承接登记、审核、档案管理制度。广告经营者、广告发布者依据法律、行政法规查验有关证明文件，核对广告内容。对内容不符或者证明文件不全的广告，广告经营者不得提供设计、制作、代理服务，广告发布者不得发布。

③《广告法》第二条规定，广告经营者是指接受委托提供广告设计、制作、代理服务的自然人、法人或者其他组织；广告发布者，是指为广告主或者广告主委托的广告经营者发布广告的自然人、法人或者其他组织；广告代言人，是指广告主以外的，在广告中以自己的名义或者形象对商品、服务作推荐、证明的自然人、法人或者其他组织。

④ 在司法实践中，对于广告代言人和广告表演者的区分，主要通过以下几点进行判断：（1）是否以自己的名义或形象（推荐商品，使消费者产生信赖）；（2）是否对商品或服务进行了推荐、证明；（3）是否签署"广告代言合同"。

广告发布者才能成立虚假广告罪。由此可见，广告代言人与广告表演者并不属于虚假广告罪的行为主体，无法成立虚假广告罪的正犯。但如果直播营销人员参与虚假广告行为的，仍然有成立虚假广告罪从犯的可能性。

2. 直播间运营者与直播营销平台可以成为广告经营者或广告发布者

根据国家互联网信息办公室、公安部、商务部、文化和旅游部、国家税务总局、国家市场监督管理总局联合发布的《网络直播营销管理办法（试行）》（2021年5月25日施行）第十九条规定，直播间运营者可以成为广告发布者与广告经营者。①此外，直播营销平台不仅可以为销售商家的经营提供互联网技术支持，还可以兼具广告发布者的身份，即为广告主或者广告主委托的广告经营者发布广告。因而直播间运营者与直播营销平台均可以成为虚假广告罪的行为主体。

关于直播间运营者与直播营销人员的关系，实践中主要存在两种情形：一是直播间运营者同时是直播营销人员，最近两年"直播带货"影响较大的"网红"都属于这种情形；二是直播间经营者与直播营销人员存在雇佣关系，即前者雇用后者从事营销业务。②如前所述，如果直播营销人员与直播间运营者对所营销的商品或服务信息属于虚假广告存在明知，直播营销人员只能成立虚假广告罪的共犯，而直播间运营者则能成立虚假广告罪的正犯。

3. 虚假广告的认定

直播内容是否被认定为虚假广告，是认定直播营销人员法律责任的关键依据。根据《广告法》第二十八条规定，广告以虚假或者引人误解的内容欺骗、误导消费者的，构成虚假广告。具体包括：（1）商品或者服务不存在的；（2）商品的性能、功能、产地、用途、质量、规格、成分、价格、生产者、有效期限、销售状况、曾获荣誉等信息，或者服务

---

① 《网络直播营销管理办法（试行）》第十九条规定，直播间运营者、直播营销人员发布的直播内容构成商业广告的，应当履行广告发布者、广告经营者或者广告代言人的责任和义务。

② 参见时延安、郑平心《网络直播中违法营销食品的刑法问题》，载《公安学研究》2022年第3期。

的内容、提供者、形式、质量、价格、销售状况、曾获荣誉等信息，以及与商品或者服务有关的允诺等信息与实际情况不符，对购买行为有实质性影响的；（3）使用虚构、伪造或者无法验证的科研成果、统计资料、调查结果、文摘、引用语等信息作证明材料的；（4）虚构使用商品或者接受服务的效果的；（5）以虚假或者引人误解的内容欺骗、误导消费者的其他情形。因此，对于虚假广告的认定标准，归纳起来主要是两点：其一，内容虚假或者引人误解；其二，足以误导消费者。

司法实践中，如果根据日常生活经验和公众的通常认识等并不足以引人误解，则该广告并不能被认定为虚假广告。换言之，应该以公众的一般注意力，判断涉案广告语是否片面、是否有歧义。① 例如，在"田军伟与北京百度网讯科技有限公司虚假宣传纠纷上诉案"中，关于涉案推广链接的标题、描述的内容为对产品性能、参数等的介绍，法院认为，虽然"最时尚"等部分内容有夸大成分，但根据日常生活经验和公众的通常认识等并不足以引人误解，因而认定该推广链接不构成虚假广告。②

值得一提的是，在食品安全领域，一旦直播内容被认定为虚假广告，直播营销人员虽然可能只需要承担次要刑事责任，但将承担无过错连带责任。具体而言，直播营销人员承担连带责任，主要存在三种情况：其一，关系消费者生命健康的商品或者服务的虚假广告，造成消费者损害的，直播营销人员应当与广告主承担连带责任。其二，其他商品或者服务的虚假广告，造成消费者损害的，直播营销人员明知或者应知广告虚假仍作推荐、证明的，应当与广告主承担连带责任。③ 其三，当直播营销人员通过接受不同品牌经营者委托，抽取一定比例佣金，利用自身强大

---

① 参见最高人民法院（2017）最高法民再 151 号民事判决书。

② 参见北京市第一中级人民法院（2013）一中民终字第 9625 号民事判决书。

③ 参见《广告法》第五十六条。毫无疑问，《广告法》第五十六条第二款具有浓厚的管制、惩罚色彩。原因有二：第一，为了更周密地保护国民的健康权与生命权，严格的责任条款更有利于实现理想的预防效果。第二，事实上，直播营销人员的推荐行为与消费者损害之间具有间接的因果关系。有学者将信赖保护原则作为《广告法》第五十六条第二款要求广告代言人承担连带责任的理论依据。参见宋亚辉《广告代言的法律解释论》，载《法学》2016 年第 9 期。

的影响力和知名度来推销商品。此时，"直播带货"的表现形式符合网络销售的定义，直播营销人员不再作为商品的广告代言人、广告经营者或广告发布者承担过错责任，而是作为销售者，与广告主共同承担连带责任。[1] 在带销食品的网络直播中，直播营销人员应适用于情况一。在情况三中，直播营销人员在实质上相当于买卖合同关系的当事人，受民法典的规制。一旦商品出现问题，买卖合同的当事人必然负有赔偿责任。

（二）销售行为的刑法定性

"直播带货"中销售行为的刑法定性，与线下营销模式基本相同，即应该根据销售产品的种类，按照《刑法》第三章第一节的罪名予以制裁。在食品安全领域，销售行为主要涉嫌成立销售不符合安全标准的食品罪（《刑法》第一百四十三条），销售有毒、有害食品罪（《刑法》第一百四十四条）以及非法经营罪（《刑法》第二百二十五条）。

根据《刑法》第一百四十三条，生产、销售不符合食品安全标准的食品，足以造成严重食物中毒事故或者其他严重食源性疾病的，处三年以下有期徒刑或者拘役，并处罚金；对人体健康造成严重危害或者有其他严重情节的，处三年以上七年以下有期徒刑，并处罚金；后果特别严重的，处七年以上有期徒刑或者无期徒刑，并处罚金或者没收财产。由法条表述可知，销售不符合安全标准的食品罪属于具体危险犯，即行为所造成的危害后果必须达到具有"足以造成严重食物中毒事故或者其他严重食源性疾病"的程度。[2] 而按照《刑法》第一百四十四条规定，在生产、销售的食品中掺入有毒、有害的非食品原料的，或者销售明知掺

---

[1] 参见苏海雨《网络直播带货的法律规制》，载《中国流通经济》2021年第1期。

[2] 根据最高人民法院、最高人民检察院《关于办理危害食品安全刑事案件适用法律若干问题的解释》第一条，具体包括五种情形：（1）含有严重超出标准限量的致病性微生物、农药残留、兽药残留、生物毒素、重金属等污染物质以及其他严重危害人体健康的物质的；（2）属于病死、死因不明或者检验检疫不合格的畜、禽、兽、水产动物肉类及其制品的；（3）属于国家为防控疾病等特殊需要明令禁止生产、销售的；（4）特殊医学用途配方食品、专供婴幼儿的主辅食品营养成分严重不符合安全标准的；（5）其他足以造成严重食物中毒事故或者严重食源性疾病的情形。

有有毒、有害的非食品原料的食品的，处五年以下有期徒刑，并处罚金；对人体健康造成严重危害或者有其他严重情节的，处五年以上十年以下有期徒刑，并处罚金；致人死亡或者有其他特别严重情节的，依照本法第一百四十一条的规定处罚。据此，销售有毒、有害食品罪应被理解为抽象危险犯，只要在生产、销售的食品中掺入有毒、有害的非食品原料，无论该行为是否对人体健康造成了严重危害，均成立此罪。① 此外，为了更周全地保护消费者的生命健康，销售商家销售的产品如果属于非食品原料，只要与食品相关，则可能被认定为非法经营罪。② 在明晰实施销售行为将可能面临的刑事责任后，接下来需要厘清的是，在网络"直播带货"的情形下，哪些行为主体可能实施销售行为。

首先，直播营销人员可以实施销售行为。根据《关于审理侵犯专利权纠纷案件应用法律若干问题的解释（二）》第十九条，产品买卖合同依法成立的，即为"销售"。在直播营销过程中，当直播营销人员在介绍商品，直播页面上有时会显示商品销售链接，此时直播营销人员的宣传行为是否构成销售行为，应分情况讨论：其一，如果消费者通过链接的购买行为无法使直播营销人员获益，则直播营销人员的行为仅构成宣传行为，其目的主要在于介绍产品的性质与功能，从而辅助商家实施销售行为。其二，如果产品销售额与直播营销人员的收入呈正相关，则其同时实施了宣传行为和销售行为。通过链接实现的是消费者与销售商家之间的商品交易，而对于这部分交易，直播营销人员并非买卖合同关系的当事人。然而，不可否认的是，直播营销人员在实施以销售为目的的宣传行为时，实

---

① 根据最高人民法院、最高人民检察院《关于办理危害食品安全刑事案件适用法律若干问题的解释》第九条，具体包括三种情形：（1）因危害人体健康，被法律、法规禁止在食品生产经营活动中添加、使用的物质；（2）因危害人体健康，被国务院有关部门列入《食品中可能违法添加的非食用物质名单》《保健食品中可能非法添加的物质名单》和国务院有关部门公告的禁用农药、《食品动物中禁止使用的药品及其他化合物清单》等名单上的物质；（3）其他有毒、有害的物质。

② 根据最高人民法院、最高人民检察院《关于办理危害食品安全刑事案件适用法律若干问题的解释》第十六条规定，以提供给他人生产、销售食品为目的，违反国家规定，生产、销售国家禁止用于食品生产、销售的非食品原料，情节严重的，依照刑法第二百二十五条的规定以非法经营罪定罪处罚。

质上促进了直接的商品有偿转让。换言之，该宣传行为是销售行为得以完整实施的关键部分。在主观上，直播营销人员因具有利益倾向性，其主要目的不再仅限于介绍产品，还包括了销售产品获利。简言之，此时直播营销人员同时实施了宣传行为和销售行为。

其次，直播间运营者亦可实施销售行为。具体而言：（1）如果直播间运营者或直播营销人员明知所销售的食品属于不符合安全标准的食品或者有毒、有害食品仍承接广告业务或宣传产品，就构成销售不符合安全标准的食品罪或销售有毒、有害食品罪的帮助犯，因为该宣传行为尚未构成销售行为。如果直播间运营者或直播营销人员在宣传的过程中，同时与消费者订立买卖合同，则同时构成虚假广告罪与销售不符合安全标准的食品罪或销售有毒、有害食品罪。应按照想象竞合犯处理，择一重罪处罚。（2）如果直播间运营者或直播营销人员明知销售商家提供的商品信息存在虚假，但不知道食品不符合安全标准或属于有毒、有害的情形时，情节严重时，只构成虚假广告罪。（3）如果直播间运营者或直播营销人员不知道销售商家提供的商品信息存在虚假，则其宣传行为不构成虚假广告罪，但销售商家的行为则构成相应的食品安全犯罪，并且构成虚假广告罪的间接正犯，属于利用他人无故意的行为实施犯罪的情形。①

此外，直播营销平台也可能构成销售行为的实施主体。根据《网络直播营销管理办法（试行）》第二条规定，直播营销平台是指在网络直播营销中提供直播服务的各类平台，包括互联网直播服务平台、互联网音视频服务平台、电子商务平台等。一般来说，直播营销平台的主要技术功能在于提供互联网服务，但在某些特殊情况下，也有可能与销售商家建立直接的权利义务关系，或者"自销自售"，从而形成独立的电商产业链。根据《最高人民法院关于审理网络消费纠纷案件适用法律若干问题的规定（一）》第十三条规定，网络直播营销平台经营者通过网络直播方式开展自营业务销售商品，消费者主张其承担商品销售者责任的，人民

---

① 参见时延安、郑平心《网络直播中违法营销食品的刑法问题》，载《公安学研究》2022年第3期。

法院应予以支持。换言之，当直播营销平台在提供互联网服务之外，还从事销售服务，即意味着其不再具有中立性，将承担与销售商家相同的责任，即应当承担直接侵权责任。[①]

问题在于，应如何认定直播营销平台的销售者身份？从学理上，可以通过直播营销平台所实施的行为是属于积极作为还是消极不作为来进行判断。如果直播营销平台在具有特定保证人义务的情况下，不履行特定的控制措施，但对第三方的服务或内容没有施加影响，则属于不作为。如果直播营销平台在提供接入服务、代理缓存服务和宿主服务之外，还实施了额外的行为或者提供了额外的服务，比如在其服务中接纳、参与了第三方的行为，并对第三方的服务或内容施加了影响，这里就可能存在积极的作为。而只有当直播营销平台实施了积极作为，才有可能被认定为销售者。[②] 在实务中，则可以根据直播营销平台是否在销售过程中额外获得风险性剩余收益做出判断。如果直播营销平台能够在销售过程中获得风险性的剩余收益，并和销售商家一起承担营业风险，则可推定二者之间存在合作关系，[③] 即直播营销平台参与了销售商家的积极销售行为，应按照上述罪名定罪处罚。

（三）郭美美销售有毒、有害食品案的具体分析

在对"直播带货"情形中的宣传行为和销售行为所涉及的法律关系进行梳理后，接下来需要探讨的，就是郭美美"直播带货"的刑法定性问题。对该案的分析主要应包括两个方面：第一，郭美美"直播带货"是否构成虚假宣传，能否成立虚假广告罪？第二，郭美美"直播带货"行为是否属于销售行为，应以何种罪名对其定罪处罚？

[①] 参见《民法典》第一千一百九十四条。

[②] 参见 [德] 乌尔里希·齐白《网络服务提供者的刑法责任——刑法总论中的核心问题》，王华伟译，载《刑法论丛》2016 年第 4 卷。

[③] 参见时延安、郑平心《网络直播中违法营销食品的刑法问题》，载《公安学研究》2022 年第 3 期。

1. 郭美美"直播带货"成立虚假广告罪

由前文可知，根据《广告法》第二条，广告行为是指"商品经营者或者服务提供者通过一定媒介和形式直接或者间接地介绍自己所推销的商品或者服务的商业广告活动"。郭美美在直播间和微信中向消费者介绍和推广减肥产品，这毫无疑问属于广告行为。此外，郭美美在明知该产品可能包含违禁品的情况下，未如实告知消费者使用该减肥产品将可能增加罹患严重心血管疾病的风险，以及减肥治疗的风险大于效益的事实，因而其广告行为属于《广告法》第二十八条规定的第二种情形，① 应被认定为虚假广告。

根据《广告法》第二条规定，广告代言人是指广告主以外的，在广告中以自己的名义或者形象对商品、服务作推荐、证明的自然人、法人或者其他组织。郭美美曾因被贴上"炫富""红十字会"等标签，成为自带话题流量的网红，具有一定的知名度，其以自己名义推销产品，符合法律对广告代言人的概念界定。另外，由案情可知，郭美美不仅直接与消费者互动交流，还直接对接上游的销售商家赵某，是直播间的直接负责人。因此，郭美美不仅仅是该减肥产品的广告代言人，还兼具了广告经营者和广告发布者等多重身份，属于《刑法》第二百二十二条规定中的行为主体，如果情节严重，将构成虚假广告罪。根据相关规定，郭美美的违法所得（7万元），属于"情节严重"的法定情形，因而成立虚假广告罪，应处二年以下有期徒刑或者拘役，并处或者单处罚金。②

2. 郭美美"直播带货"成立销售有毒、有害食品罪

由上文可知，产品买卖合同依法成立的，即为"销售"。具体而言，

---

① 即"商品的性能、功能、产地、用途、质量、规格、成分、价格、生产者、有效期限、销售状况、曾获荣誉等信息，或者服务的内容、提供者、形式、质量、价格、销售状况、曾获荣誉等信息，以及与商品或者服务有关的允诺等信息与实际情况不符，对购买行为有实质性影响的"。

② 2022年4月6日最高人民检察院、公安部发布的《关于公安机关管辖的刑事案件立案追诉标准的规定（二）》第六十七条第（三）项规定，广告主、广告经营者、广告发布者违反国家规定，利用广告对商品或者服务作虚假宣传，利用广告对食品、药品作虚假宣传，违法所得数额在三万元以上的，应予立案追诉。该条第（四）项和第（五）项还规定，虽未达到该数额标准，但二年内因利用广告作虚假宣传受过二次以上行政处罚，又利用广告作虚假宣传；造成严重危害后果或者恶劣社会影响的，也可以按照该罪进行追诉。

在直播过程中，直播营销人员与消费者直接订立合同的，如果其能够从该合同的履行过程中获得收益，无论其是否买卖合同的权利义务主体，其"直播带货"就既构成广告行为，也构成销售行为。本案中，郭美美一边直播营销，一边通过微信以每盒 699 元等单价对外销售。至案发，郭美美销售减肥糖 100 余盒，收款人民币 7 万余元。由此可知，郭美美的虚假宣传行为亦属于销售行为的一部分。在主观责任方面，郭美美明知上游销售商家赵某所销售的减肥糖可能非法添加西布曲明，仍然对自己的危害行为及其可能造成的危害结果予以放任，由此可以认定郭美美对销售有毒、有害食品行为所造成的危害社会的后果存在故意。

根据《刑法》第一百四十四条规定，销售有毒、有害食品罪属于抽象危险犯，即无须证明被告人郭美美的行为对消费者的生命健康造成了具体危险。只要行为人在生产、销售的食品中掺入有毒、有害的非食品原料的，或者销售明知掺有有毒、有害的非食品原料的食品的，即可处五年以下有期徒刑，并处罚金。本案中，郭美美的销售行为成立销售有毒、有害食品罪，应处五年以下有期徒刑，并处罚金。

3. 本案中的罪数问题

需要注意的是，郭美美的销售行为同时触犯了《刑法》第一百四十条生产、销售伪劣产品罪。《刑法》第一百四十条规定，销售者在产品中掺杂、掺假，以假充真，以次充好或者以不合格产品冒充合格产品，销售金额五万元以上不满二十万元的，处二年以下有期徒刑或者拘役，并处或者单处销售金额百分之五十以上二倍以下罚金。长期以来，刑法理论一直认为，《刑法》第一百四十条是普通法条，第一百四十一条至第一百四十八条是特别法条，但《刑法》第一百四十九条规定了重法条优于轻法条的例外原则。[①] 本案中，法院最终以销售有毒、有害食品罪判

---

① 《刑法》第一百四十九条规定，生产、销售本节第一百四十一条至第一百四十八条所列产品，不构成各该条规定的犯罪，但是销售金额在五万元以上的，依照本节第一百四十条的规定定罪处罚。生产、销售本节第一百四十一条至第一百四十八条所列产品，构成各该条规定的犯罪，同时又构成本节第一百四十条规定之罪的，依照处罚较重的规定定罪处罚。

处被告人郭美美有期徒刑一年六个月。可见法院遵循了学界通说，按照特殊法条优于一般法条的原则，选择对郭美美适用了特殊罪名。

问题在于，法条竞合是指两个法条处于包容关系，即属于 A 概念的所有事项都属于 B 概念，但反过来不成立。事实上，《刑法》第一百四十条与第一百四十四条之间不完全是一般法条与特殊法条之间的关系。通说认为第一百四十条是第一百四十四条的一般法条，是因为"有毒、有害食品"属于特殊要素，可以被"伪劣产品"的含义所包容。但是，《刑法》第一百四十条规定了生产、销售伪劣产品罪，以销售金额五万元为成立条件，而第一百四十四条生产、销售有毒、有害食品罪不要求销售金额达到五万元。在此意义上说，"销售金额五万元以上不满二十万元"属于特殊要素。既然如此，《刑法》第一百四十条与《刑法》第一百四十四条并非是法条竞合的关系，而是相互独立的法条，一个行为同时触犯两个罪名，应按照想象竞合，从一重罪论处。

综上所述，郭美美的行为同时构成了虚假广告罪和销售伪劣产品罪，以及销售有毒、有害食品罪，属于想象竞合，应从一重罪论处。

三、直播营销平台的风险控制义务

——郭美美销售有毒、有害食品案的另一视角

（一）"数字看门人"：互联网平台的职能转型

在传统上，犯罪控制义务属于法定的国家保护义务，其义务主体指向国家，对应个人不受犯罪侵害的权利。换言之，国家应该承担保护国民的生命、健康、自由以及财产权利的义务。国家的犯罪控制职责具有明确的规范依据，即根据《中华人民共和国宪法》第二十八条规定，国家维护社会秩序，镇压叛国和其他危害国家安全的犯罪活动，制裁危害社会治安、破坏社会主义经济和其他犯罪的活动，惩办和改造犯罪分子。法条所

体现的"惩罚犯罪"的思想，便是国家犯罪控制义务的理论来源。①

然而，随着平台社会的崛起，犯罪控制义务的主体从国家逐渐扩展至互联网平台，《刑法》第二百八十六条之一对于网络服务提供者规定的信息网络安全管理义务即为典型。从某种程度上说，在公私合作的治理观念的影响下，互联网平台同时具备了市场主体属性和规制主体属性。②换言之，互联网平台不再被视为单纯的信息中介，而是"数字守门人"，分担着原本属于国家的犯罪治理工作，成为新兴的规制主体。一般而言，互联网平台需要响应国家的犯罪控制指令，即需要履行一定的信息收集储存义务和向主管部门报告义务。平台与用户之间不仅是私主体之间的合同关系，而更具有管理与被管理的权力关系。从权力关系看，平台对用户贯彻的并非是自身的意志，而是国家意志，从而形成"国家管平台，平台管用户"的治理格局，有利于实现国家对用户的间接治理。③根据《互联网平台落实主体责任指南（征求意见稿）》（2021年发布）与《关于进一步压实网站平台信息内容管理主体责任的意见》（2021年发布）等相关法律法规和政策性文件，互联网平台应当履行风险评估、风险防控、安全审计、信息核验、数据获取、算法规制、个人信息保护、完善平台社区规则、加强账号规范管理等风险控制义务。由此可见，互联网平台所参与的治理模式是以预防为导向的，旨在发挥互联网平台的主观能动性，并以此来及时弥补数字时代法律事后治理的缺陷，从而有效规避网络空间的犯罪风险。

（二）直播营销平台的法律义务范围

首先，需要明确的是直播营销平台所需要履行的法律义务范围。如果直播营销平台参与实施了产品的宣传行为或销售行为，则应对自身的

---

① 参见单勇《论互联网平台的犯罪控制义务》，载《现代法学》2022年第3期。

② 根据2020年施行的《网络信息内容生态治理规定》第八条，网络信息内容服务平台应当履行信息内容管理主体责任；根据2021年施行的《网络交易监督管理办法》第三条，网络交易经营者应当认真履行法定义务，积极承担主体责任。

③ 参见单勇《论互联网平台的犯罪控制义务》，载《现代法学》2022年第3期。

积极作为承担相应的责任。但是，如果直播营销平台仅中立地提供互联网信息服务，则构成《广告法》上的互联网信息服务提供者。依据《广告法》第四十五条，互联网信息服务提供者对其明知或者应知的利用其场所或者信息传输、发布平台发送、发布违法广告的，应当予以制止。由此可知，作为仅提供互联网服务的直播营销平台，只需要履行消极的制止义务，具体包括明知、应知条件下的通知和删除义务。然而，《网络直播营销管理办法（试行）》则规定了更为广泛的义务类型。从立法思路来看，该规范性文件已经超越了事后规制的问题应对模式，具有明显的风险防范意识。有学者根据该规范性文件第五条至第十六条的规定，提炼出了直播营销平台大致需要履行的 16 项作为义务。① 其中，第二项至第六项，以及第九项均为与事前风险规制有关的合规性义务；第一项与第十六项为与行政管理有关的行政义务；第十项至第十四项的规定则较为概括笼统，仅对义务类型做出了方向上的指示，并未对具体的义务内容做出清晰的界定。②

具有争议的是第七项营销信息内容管理义务，以及第八项直播间内链接、二维码等跳转服务的信息安全管理义务。对此，网络营销平台是否应该履行实质审查义务？本文所给出的答案是否定的。从经济角度而言，囿于当前技术条件，强制赋予网络营销平台一对一的实质审查义务还不太现实。例如，根据《广告法》第三十四条，广告发布者应当按照国家有关规定，建立、健全广告业务的承接登记、审核、档案管理制度。

---

① 这些义务包括：（1）备案和取得许可的义务；（2）制定并公布管理规则、平台公约的义务；（3）与直播营销人员服务机构、直播间运营者签订协议的义务；（4）制定负面清单的义务；（5）身份检验和个人信息安全保障义务；（6）建立身份动态检验机制的义务；（7）营销信息内容管理义务；（8）直播间内链接、二维码等跳转服务的信息安全管理义务；（9）建立健全风险识别模型义务；（10）特定的广告发布者或者广告经营者的义务；（11）为不法商业宣传提供协助的禁止性义务；（12）未成年人保护义务；（13）对新技术运用的监管义务；（14）对直播间运营者的监管义务；（15）建立健全投诉、举报机制义务；（16）提示办理登记或税务登记的义务。参见时延安、郑平心《网络直播中违法营销食品的刑法问题》，载《公安学研究》2022 年第 3 期。

② 类似规定可以参见《网络安全法》第九条、第四十七条，《互联网用户公众账号信息服务管理规定》第十二条，以及国家网信办、工信部及公安部联合起草的《互联网信息服务管理办法（修订草案征求意见稿）》（2021 年 1 月）第十六条。

具体而言，广告发布者应依据法律、行政法规查验有关证明文件，核对广告内容。对内容不符或者证明文件不全的广告，广告发布者不得发布。然而，该条款原本是针对传统的线下广告的特点而设计的，在网络"直播带货"的语境下，稍有文不对题之嫌。具体而言：第一，要求直播营销平台核对广告内容不符合经济效率原则。网络直播所涉及的违法犯罪行为，具有空间虚拟化和证据留存难等特点。而直播营销平台对直播内容的实质审查，总存在滞后问题。要求直播营销平台对直播营销人员实时直播进行事前、事中审查无疑要耗费巨大的人力、财力，会对网络经济的发展造成不小的负荷，其合理性与合法性均值得进一步论证。即便是采取事后监督的方式，面对海量直播内容，全面审查在人工状态下也难以实现。第二，核对广告内容的要求超出了直播营销平台的能力范围。直播营销平台不是专业检查部门，对于销售商家的虚假宣传没有及时识别能力，也不能直接确认其是不是虚假宣传行为。因而让其承担核对广告内容的实质义务，未免强人所难。简言之，有限地赋予直播营销平台对直播主体资格、条件等的形式审查义务，则更为合理。[①] 所以，本文认为，应该将直播营销平台的作为义务集中于事前风险控制阶段。比如，可以运用过滤软件对信息内容进行自动化过滤，或对直播间内的链接、二维码等跳转服务附加自动安全提醒。[②] 这样一来，直播营销平台只需从日常规程上加强监管，就能促进风险控制目标的实现。

可以讨论的是，在食品安全领域，能否要求直播营销平台履行一定的实质审查义务？从立法上看，《食品安全法》第六十二条仅将网络食品交易第三方平台的义务范围限定在对入网食品经营者进行实名登记与审

---

① 《网络直播营销管理办法（试行）》第九条规定，直播营销平台应当加强网络直播营销信息内容管理，开展信息发布审核和实时巡查，发现违法和不良信息，应当立即采取处置措施，保存有关记录，并向有关主管部门报告。此处所提及的信息审核义务和实时巡查义务应限于日常性监督和抽查工作。

② 《网络直播营销管理办法（试行）》第十条规定，直播营销平台应当建立健全风险识别模型，对涉嫌违法违规的高风险营销行为采取弹窗提示、违规警示、限制流量、暂停直播等措施。直播营销平台应当以显著方式警示用户平台外私下交易等行为的风险。

查其许可证等事项上。事实上，在食品营销领域，与赋予直播营销平台实质义务的做法相比，立法者更倾向于采取事后规制的手段，即通过加重直播营销平台事后责任的方式，来实现从严管理的目的。例如，《最高人民法院关于审理网络消费纠纷案件适用法律若干问题的规定（一）》第十五条规定，网络直播营销平台经营者对依法需取得食品经营许可的网络直播间的食品经营资质未尽到法定审核义务，使消费者的合法权益受到损害，消费者依据《食品安全法》第一百三十一条等规定主张网络直播营销平台经营者与直播间运营者承担连带责任的，人民法院应予支持。由此可见，只要直播营销平台对损害结果的发生具有过错，无论在主观上是存在故意还是过失，只要其没有履行法定的形式义务，一律承担连带责任。

（三）构成拒不履行信息网络安全管理义务罪的情形

如果直播营销平台没有履行法定的风险控制义务，就可能成立拒不履行信息网络安全管理义务罪（《刑法》第二百八十六条之一）。根据《刑法》第二百八十六条之一，"网络服务提供者不履行法律、行政法规规定的信息网络安全管理义务，经监管部门责令采取改正措施而拒不改正"，造成严重后果的，"处三年以下有期徒刑、拘役或者管制，并处或者单处罚金"。关于拒不履行信息网络安全管理义务罪的认定，理论界主要围绕下述四个问题展开学术讨论。

首先，关于法律、行政法规规定的信息网络安全管理义务的义务内容存在争议。由《刑法》第二百八十六条之一的表述可知，刑法只对网络服务提供者，即本案中的网络直播营销平台的法定义务做出了概括性规定，具体内容还需要参照前置法中的具体规定。那么，是否所有前置法中的法定义务都是刑事立法所指向的法定义务？[1] 换言之，解释者应按

---

[1] 如有学者指出，如果直接适用前刑法规范的作为义务并将其延展为广泛的主动监管义务，则难以完成刑法解释的自洽。参见敬力嘉《信息网络安全管理义务的刑法教义学展开》，载《东方法学》2017 年第 5 期。

照什么标准来确定网络营销平台的监管和控制义务？对此，有学者提倡，网络服务提供者的作为义务认定，应借鉴合规义务的设置，认为拒不履行信息网络安全管理义务罪的功能，在于以责任倒逼互联网企业实施合规管理。① 也有观点认为，本罪所规定的构成要件后果，均具有明显的公共利益属性，而非私主体之间的侵权结果。因此，应当以规制公共风险为主的行政法作为本罪的前置法。② 所以，直播营销平台的信息网络安全管理义务理应参照行政法予以确定。此外，如果直播营销平台未履行相关的信息网络安全管理义务，造成了危害后果，也并非对一切损害结果负责。根据《刑法》第二百八十六条之一，只有存在四种法定情形时，③平台才需要为自己的消极不作为承担刑事责任。由本罪规定的损害后果可知，《刑法》第二百八十六条之一的信息网络安全管理义务是与控制违法信息传播、防止用户个人信息泄露、保护刑事案件证据完整有关的风险控制义务。

其次，关于"监管部门责令采取改正措施"这一前置性条件的价值功能，学者们意见不一。有学者提出质疑并指出，正是行政机关的干预，导致《刑法》第二百八十六条之一沦落为僵尸条款，被束之高阁，甚至呼吁取消该构成要件。④ 但也有学者对此予以反驳，认为司法适用率低并不必然意味着刑事立法的失误，而是因为立法者选择了倚重责令改正这种行政法治理，能够防范未来可能发生的危险行为才是"责令改正"更大的价值所在。由此，只要是发生了违背义务的行为，就要及时

① 参见李本灿《拒不履行信息网络安全管理义务罪的两面性解读》，载《法学论坛》2017 年第 3 期。

② 参见张喆锐《拒不履行信息网络安全管理义务罪义务内容的实质限缩路径》，载《河南大学学报（社会科学版）》2022 年第 5 期。

③ 具体包括：（1）违法信息大量传播的；（2）致使用户个人信息泄露，造成严重后果的；（3）致使刑事案件证据灭失，情节严重的；（4）有其他严重情节的。

④ 参见李本灿《拒不履行信息网络安全管理义务罪的两面性解读》，载《法学论坛》2017 年第 3 期。

加以修正。① 本文赞同后者的观点。"监管部门责令采取改正措施"这一前置性条件的优先适用，实际上间接强调了网络服务提供者作为义务的行政管理色彩和预防性特征。换言之，信息网络安全管理义务应以风险控制义务为主，旨在于事前消除风险。例如，根据《食品安全法》第一百三十一条规定，网络食品交易第三方平台提供者应履行对入网食品经营者进行实名登记、审查许可证、报告、停止提供网络交易平台服务等风险控制义务，否则将被要求责令改正，没收违法所得，并处五万元以上二十万元以下罚款，如果造成严重后果，则会被责令停业，直至由原发证部门吊销许可证。其中，实名登记、审查许可证、报告、停止提供网络交易平台服务等义务便是防止风险转化为实害的风险控制义务。② 据此联系《刑法》第二百八十六条之一，可以认为，如果网络食品交易第三方平台未履行相关的风险控制义务，将被要求责令改正；如果拒不改正，造成严重后果的，除了承担相应的行政责任，还有可能成立拒不履行信息网络安全管理义务罪。从某种意义上说，《刑法》第二百八十六条之一所确立的信息网络安全管理义务，主要是指相关法律、行政法规中的事前风险控制义务。

再次，关于本罪的罪过形式，理论界存在认识分歧。对此，学者们大多从文义出发，但得出了截然相反的结论。有的学者指出，法条中"拒不改正"的表述，恰恰反映了行为人对危害后果的积极追求或希望态度，表达的是对于法律规范的直接对抗，故本罪的罪过形式为直接故意。而且从法定刑的设置来看，本罪与《刑法》第二百八十七条之二故意型

---

① 参见王帅《拒不履行信息网络安全管理义务罪中的"责令采取改正措施"解读——基于行刑联动的思考》，载《法律适用》2022 年第 8 期。

② 风险控制义务的履行，有利于防止抽象危险转化为实害结果。根据《网络直播营销管理办法（试行）》第十四条规定，直播营销平台应当根据直播间运营者账号合规情况、关注和访问量、交易量和金额及其他指标维度，建立分级管理制度，根据级别确定服务范围及功能，对重点直播间运营者采取安排专人实时巡查、延长直播内容保存时间等措施。直播营销平台应当对违反法律法规和服务协议的直播间运营者账号，视情采取警示提醒、限制功能、暂停发布、注销账号、禁止重新注册等处置措施，保存记录并向有关主管部门报告。

的犯罪"帮助网络犯罪活动罪"基本一致。[①] 也有学者认为，本罪是过失犯罪。理由有二：其一，此处"拒不"对象仅仅是行政机关的整改责令，而不是构成要件的结果。比如，"交通肇事罪"中的肇事者"违反交通运输管理法规"的行为显然也可以理解为"拒不履行交通运输管理法规规定的安全行车的义务"。对于前置行政法规范的违反具备故意，并不必然推导出本罪是故意犯罪。其二，将本罪的罪过形式理解为过失，有利于划清本罪与帮助信息网络犯罪活动罪的界限，也可以使得网络服务商的刑事责任体系趋于协调、完备。[②]

最后，还应厘清拒不履行信息网络安全管理义务罪与帮助信息网络犯罪活动罪之间的关系。《刑法》第二百八十七条之二第一款规定，明知他人利用信息网络实施犯罪，为其犯罪提供互联网接入、服务器托管、网络存储、通信传输等技术支持，或者提供广告推广、支付结算等帮助，情节严重的，处三年以下有期徒刑或者拘役，并处或者单处罚金。直播营销平台对平台内发生的不法行为具有监管义务，如果明知他人利用信息网络实施犯罪，仍为其提供广告推广、支付结算等帮助，情节严重时即可构成帮助信息网络犯罪活动罪。《刑法》第二百八十七条之二在诞生之初就不可避免地带有法律经济学的考量，因而能够对某些虽然具有犯罪的概括故意，但与下游犯罪不存在具体犯意沟通的帮助行为进行定罪量刑。所以本案中，如果能证明直播营销平台明知销售商家、直播间运营者或直播营销人员正在销售有毒、有害食品，仍为其提供网络服务，则应以销售有毒、有害食品罪或虚假广告罪的帮助犯处罚。如果无法证明直播营销平台对于销售有毒、有害食品行为存在清晰认识，但只要直播营销平台认识到相关主体可能实施了食品安全犯罪，那么，无论其是否履行了事前风险控制义务，都能根据《刑法》第二百八十七条之二对之进行定罪处罚。

---

① 参见谢望原《论拒不履行信息网络安全管理义务罪》，载《中国法学》2017 年第 2 期。

② 参见李本灿《拒不履行信息网络安全管理义务罪的两面性解读》，载《法学论坛》2017 年第 3 期。

四、结语

在数字化时代，提前预防尤为关键。为了有效治理网络直播营销行业的乱象，应坚持预防与惩治并举，避免法律万能论的思维误区。观念上，应坚持公私合作的基本理念，改变政府单一监管的传统模式，发挥社会各主体的积极性。在现行法律框架下，应当构建政府监管、主体负责、社会监督在内的社会共治格局。具体而言，包括以下四个方面：第一，销售商家应做好事前合规，履行相应的法定义务与道德义务。根据《网络直播营销选品规范》（2020年发布）的相关规定①，商家推销的食品应符合相关法律法规关于食品安全的要求，不存在危及人身的不合理风险；商家应当取得相应的资质与行政许可，不得进行虚假宣传；商家营销商品和服务的信息属于商业广告的，应当符合《广告法》的各项规定，从而在产业链前端杜绝食品安全隐患。第二，直播间运营者、直播营销人员应当加强直播间管理，在直播重点环节的工作活动应当符合《网络直播营销管理办法（试行）》等法律法规，不得含有违法和不良信息，不得以暗示等方式误导用户。第三，直播营销平台应发挥信息、技术和成本优势，积极履行各项监督义务，将风险最小化。第四，检察机关应发挥公益诉讼检察职能作用。针对"网红代言""直播带货"等网络销售新业态涉及的食品安全及监管漏洞问题，检察机关可以通过检察建议督促行政机关依法履行监管职责，并推动出台行政指导意见，协同引导行业自律，维护消费者合法权益。②

（郑平心）

---

① 参见《网络直播营销选品规范》第十二条至第十八条。

② 参见最高人民检察院发布的8件"3·15"食品药品安全消费者权益保护检察公益诉讼典型案例之一：北京铁路运输检察院督促整治直播和短视频平台食品交易违法违规行为行政公益诉讼案。

致命的误会

——货拉拉女乘客坠车案

一、案情回顾

2021 年 2 月 6 日下午，货拉拉司机周阳春（男，38 岁）接到车某某（女，23 岁）的搬家订单，订单内容为从长沙市岳麓区天一美庭运输货物到步步高梅溪湖国际公寓。运输距离为 9 公里，司机应收费用为 51元。其中，用户预付车费 39 元，平台补贴 12 元。当日 20 时 38 分，周阳春驾驶一电动轻型货车到达天一美庭附近，在此等候车某某将物品装车。车某某拒绝了周阳春提出的付费搬运服务建议，先后 15 次从 1 楼夹层将衣物等生活用品及宠物狗搬至车上。其间，周阳春多次催促，并告知车某某，司机等待时间超过 40 分钟将额外收取费用。车某某在临近 40 分钟时搬完物品。因该订单耗时长、赚钱少，周阳春对车某某心生不满。

当日 21 时 14 分，周阳春搭载坐在副驾驶位上的车某某及货物向目的地出发，未提醒车某某系好安全带。开车后不久，周阳春询问车某某到达目的地后需不需要卸车付费搬运服务，再次遭车某某拒绝，其心中更加不满。为不影响抢单，周阳春没有使用货拉拉平台的导航功能，而是打开了高德导航。他随即发现高德系统推荐的路线红绿灯较多。为节省时间，周阳春自行选择了一条较为省时但相对偏僻的路线，而未和车某某事先说明。经事后测算，实际行驶路线较地图导航路线至多可节省243 秒。

当日 21 时 28 分许，车某某自行打开高德地图软件查看行驶路线。21 时 29 分许，周阳春驾驶货车在佳园路偏离导航路线右转至林语路行驶，车某某发现后两次提醒其偏航。周阳春第一次未予理会，第二次则语气很重地大声回复："走这里一样的咧！绕路不会多收费，为了你这三十几块钱，搞了这么久！"随后货车行驶到林语路与曲苑路交界口，周阳春再次偏航左转弯驶上曲苑路。当时曲苑路行人及车辆稀少、路灯昏暗。车某某第三次提示周阳春偏航，周阳春不予理睬，自行驾驶货车沿曲苑路继续向南行驶。其后车某某第四次提醒偏航，周阳春仍然没有理会。事后视频侦查报告显示，车某某的第一次、第二次偏航提示发生在 29 分 14 秒至 29 分 35 秒之间，第三次、第四次偏航提示则发生在 29 分 35 秒至 30 分 09 秒之间。

随后，车某某把头伸出窗外要求周阳春停车，周阳春仍没有理会。后周阳春发现车某某已离开座位，双手抓住货车右侧窗户下沿，上身已探出车外。此时车速约为 33 公里 / 小时。见此情形，周阳春松开油门，打开双闪灯，仍继续行驶。[①] 后车某某从车窗坠落。周阳春见状制动停车，时间约为当日 21 时 30 分许。停车后，周阳春下车发现车某某躺在地上，头部出血，随即拨打急救电话并报警。车某某被送医救治。2021 年 2 月10 日，车某某经抢救无效死亡。经鉴定，车某某的死因系头部与地面碰撞致重度颅脑损伤。[②]

事发后，民警将周阳春带至公安机关调查，并对涉案现场及车辆进

[①] 关于被告人的紧急处置措施，最初的警方通报和最终的法院判决存在一定出入。根据 2021年 3 月 3 日长沙市高新区公安分局发布的《关于周某春涉嫌过失致人死亡案件的情况通报》，被告人此时的处置方法是"轻点刹车减速并打开车辆双闪灯"。而按第一、第二审判决书记载，周阳春的紧急反应是"松开油门，打开双闪灯，仍然继续行驶""打开了双闪，但未制止或采取制动措施"（判决书记载的被告人供述也可印证）。本文分析以判决书记载的事实为准。

[②] 参见湖南省长沙市岳麓区人民法院刑事判决书，（2021）湘 0104 刑初 1060 号；湖南省长沙市中级人民法院刑事裁定书，（2021）湘 01 刑终 1436 号。由于缺少车内录音、录像等客观证据，本案的事实认定较多地依赖被告人供述。

行勘查。2月8日，周阳春因证据不足被释放。2月21日晚到2月22日，一则"23岁女生在货拉拉车上跳窗身亡"的新闻在互联网上大量传播并发酵。同日，经公安机关电话通知，周阳春主动到长沙市公安局高新区分局接受询问。2月23日，高新区分局依法对周阳春进行传唤。到案后，周阳春如实交代了上述事实。同日，周阳春因涉嫌过失致人死亡罪被刑事拘留。3月3日，周阳春被逮捕。

2021年2月23日，货拉拉公司与车某某的父母签订调解协议，向车某某的近亲属支付了医疗费、丧葬费等费用。2月24日，货拉拉公司发布致歉公告，提出在跟车订单场景中上线强制全程录音功能、扩大安全车载设备部署等七项整改措施。

2021年9月10日，长沙市岳麓区人民法院作出第一审判决，认定被告人周阳春犯过失致人死亡罪；考虑到其犯罪情节较轻，且有自首、认罪认罚等从宽情节，判处其有期徒刑一年，缓刑一年。判决宣告后，羁押数月的周阳春被取保候审。随后，周阳春向长沙市中级人民法院提出上诉，人民法院依法决定第二审不开庭审理。2022年1月7日，第二审人民法院认为原判决认定事实和适用法律正确、量刑适当、审判程序合法，裁定驳回上诉、维持原判。至此，本案基本尘埃落定。

已生效的判决应当被执行，司法的权威必须获得尊重。但这并不妨碍研究者以本案为素材进行反思和对话，这是理论研究的独立性使然；也不意味着公众不能围绕诉讼过程和判决结果各抒己见，这是言论自由和舆论监督的要义。本案发生后，围绕被害人和被告人，舆论场上的声音可谓两极分化。有的人设身处地地感受到了被害人的慌乱和恐惧，有人则称"女孩是主动跳车，司机哪有什么责任"。这就引出了本案的第一个关键问题：被害人"主动"的举止对被告人的刑事责任有何意义？至于司机，有人说正是他的恶劣态度引起了女孩的恐惧、间接酿成了最后的悲剧，有人则代入案发时司机的情境中，称"司机当时正在气头上，言语是恶劣了些，可他哪里会想到女孩要跳车"。这又引出了本案的第二个关键问题：在司机的一系列行为中，到底是哪个不恰当的举止，使他不但要承受道德上的非难，而且必须承担过失致人死亡的刑事责任？作为人身犯罪事件的两极——行为人和被害人，前者是我们追究刑事责任的对象，后者则承载着刑法所保护的利益（法益）。下面的刑法分析将围绕本案的被害人和行为人分别展开。

二、被害人的视角："主动"跳车的法律意义

货拉拉坠车案中，直接引起被害人死亡的并非周阳春的某个举动，而是车某某不顾一切的跳车行为。不管是诉讼过程中，还是在舆论旋涡里，被害人看似极端的跳车动作都是主张周阳春无罪的关键理由：周阳春在邮寄给二审法院的上诉意见中强调"车某某系主动跳车坠亡"，其辩护人在辩护意见中称"被害人是成年人，应当知道跳车的危险性"，一部分网友也认为"女孩在被侵害的妄想中自己跳了车，这跟司机无关""成年人需要为自己的过激行为负责"。如果将车某某的跳车行为翻译成法言法语，我们可以说"被害人作出了一个自陷风险的决定"。那么，被害人的自陷风险具有怎样的法律意义？车某某的自危举动又会如何影响对周阳春的刑事责任认定？下文将对此展开分析。

（一）被害人自我决定在刑法中的意义

传统的刑法理论习惯由行为人切入、以单维度的视角观察犯罪，因为毕竟只有行为人是承担刑事责任的主体。作为受侵犯的对象，被害人被客体化了，其在犯罪事件中的角色和意义没有彰显出来，其意志和行动也仅在被害人承诺等少数问题上具有意义。所谓被害人承诺，是指行为人根据权利人的真实意愿损害权利人的利益。基于承诺的行为看似损害了他人的利益，但只要能满足一定条件，便不具有犯罪性。例如，甲按照乙的指示，将乙所有的古董花瓶砸碎。如果乙是精神健全的成年人，并享有处分该花瓶的权利，那他就事先作出了一个有效的承诺，基于该

承诺，甲的行为不构成故意毁坏财物罪（《刑法》第二百七十五条）。其中的法理根据在于，刑法对公民的财产权益的保护不是维持其财产的静态存续和完好无缺，不是像博物馆的展览品一样、保证该财产不发生分毫减损和消耗。实际上，刑法把公民的财产视为权利人自由发展和自我实现的外部条件，各种财产犯（如故意毁坏财物罪）的设立目的皆是保障权利人能按照自身的意愿支配、运用其财产。[①] 只有当破坏者的行为既损毁了权利人的财物，又以违背权利人意愿的方式妨害了后者对财物的利用可能性时，才算发生了值得刑法关注的财产损害，刑法才有挺身而出、惩罚破坏者的理由。反之，如果权利人只是借助他人之手处置自己的财产，刑法便没有介入和干涉的必要根据，因为借助他人之手不过是权利人拓展其行动能力、以更有效地实现自身意志的手段，是公民进行自我决定的一种形式。可见，在一定范围内承认被害人承诺具有排除犯罪性的效力，是因为刑法尊重公民的自决和自治。

晚近以来，以公民的自我决定权原理为基点，刑法学说又有了新的发展，即被害人自我答责理论。根据该理论，如果被害人对行为所蕴含的风险具有充分认识而又甘愿身陷其中，那针对因此造成的损害结果，原则上也应由被害人自负其责，哪怕行为人的故意或过失之举也和损害结果存在因果关系。譬如，丙明知丁正在驾车而给丁打电话，丁在接打电话的过程中因注意力分散而发生事故，且在事故中不幸身亡。该例中，丙在丁驾车时给丁拨打电话的行为是不谨慎的，该行为和丁的死亡间存在因果关系；对于丁的死亡流程，丙是完全预见得到的。因此，单就行为人丙展开分析，他完全符合过失致人死亡罪的成立要件。可我们不会将丁的死亡径直算在丙的头上，因为导致丁死亡的风险其实是由丙、丁二人共同塑造的，在丙的不谨慎和丁的死亡间，介入了接通电话这一丁的自我决定。在被害人自我答责理论看来，我们需要优先确定风险在行为人、被害人之间的分配格局。分析过程如下：①丙给驾车中的丁拨打

---

① 参见王钢《被害人承诺的体系定位》，载《比较法研究》2019 年第 4 期。

电话，他就作为危险的开启者、不谨慎地危及了丁的生命；②作为一名合格的机动车驾驶员，丁能充分认识到驾车时接打电话所蕴含的事故风险，可他自信地认为该风险不会成真，就轻率地接通了电话，由此以自我负责的方式接管了丙所创设的风险；③当丁甘愿置身于风险之中、将风险纳入自己的支配领域以后，保护丁的责任就落在了丁自己头上，丙则从对该风险的负责中解脱出来；④如果该风险碰巧现实化了，被害人的死亡结果就只能让他本人承受。设例中的丁就遭遇了这种不幸，而由于被害人的自我答责，丙无须承担过失致人死亡的刑事责任。在货拉拉女乘客坠车案中，司机的举止和被害女孩的死亡之间同样介入了被害人看似自陷风险的举动，该举动能否借助被害人自我答责理论排除被告人的过失责任，是接下来需要分析的问题。

（二）本案车某某的自我答责问题分析

大多数学者将公民的自我决定权原理视为被害人自我答责的底层逻辑和终极根据：权利和义务是对等的，自我决定的反面便是自我答责；法律在尊重、保障公民的自我决定权的同时，自然要求公民对他的自由决定（包括自陷风险的决定）独担责任。① 不过，被害人自我答责仍是一个发展中的理论，被害人对危险的自愿接受究竟能在多大范围内排除行为人的责任，尚未达成广泛共识。但一般认为，如果案件严格满足如下两个条件，被害人就是在自我答责地行事，并由此排除了行为人对于损害结果的责任：①客观上，被害人将风险操控于自己手中，支配着损害结果的发生；②主观上，被害人具备必要的认知能力，他在对风险状况存在明确、充分认识的前提下自愿地身陷其中。② 我们可以据此分析货拉拉女乘客坠车案。首先，本案中的被害女孩的死亡进程是由她本人操控的。女孩是凭一己之力从车窗纵身跃出，整个过程中，被告人和她并无

---

① 参见冯军《刑法中的自我答责》，载《中国法学》2006年第3期；车浩:《自我决定权与刑法家长主义》，载《中国法学》2012年第1期。

② 参见张明楷《刑法学中危险接受的法理》，载《法学研究》2012年第5期。

肢体上的接触（在案物证可以证明这一点）。其次，作为一名精神健全、智力正常的成年人，女孩对乘车过程中的跳车行为的危险性应具有正确认识和充分估计。有人称，大概是案发时较慢的车速（约33公里/小时）让女孩产生了跳车危险不大的错觉，故未能形成对行为风险的全面和确切认知。可是，被害人并非通过车门跳出车厢，而是采用"双手抓住右侧车窗下沿、先将上身探出窗外"的姿势从车窗跃出，前者通常是脚部首先落地，后者的落地方式则是"头部着地并与地面翻滚擦碰"（见本案侦查实验报告）。在未受过特别训练的前提下，普通人难以在落地过程中进行有效的自我救护。不论跳车时的车速如何，被害人的跳车姿势本身都蕴含着较高的伤亡风险，对这一点被害人应能正确预料。最终，本案里被害人自我答责与否的关键，落在了"车某某是否自愿地接受了跳车行为的风险"这一自愿性的问题上。

所谓自愿性，是指在作出自陷风险的行为决定时，被害人没有承受重大的精神压力。最新的研究指出，并非一切心理压力都会对危险接受的自愿性造成影响，只有当被害人的心理压力源自行为人引起的某种利益冲突时，该压力才具有排除自愿性的效果。[1] 而本案中被害人承受的精神压力，恰恰属于可排除自愿性的情况。因为车某某是在人身安全恐遭不测的恐惧中作出了自陷风险的举动，且这一恐惧的产生和升级都可在事实上归因于被告人。为说明这一点，我们有必要结合法院查明的事实，代入车某某所处的情境之中，设想她在整个事件中的情绪起伏和心理轨迹。

首先，周阳春和车某某在此前素不相识。近40分钟的货物装车过程中，二人也缺少有效的交流：前者只是在一旁等待、不耐烦地催促和寻求延时费用未果，后者则一个人一次次地搬运，拒绝接受付费搬运服务。前期冷冰冰的互动过程难以让车某某对周阳春形成基本的信赖。在两人同处于封闭的车厢后，车某某近距离地面对这位陌生男性，难免处在谨

---

① 参见陈璇《危险接受的自愿性：分析视角与判断标准》，载《法学》2022年第11期。

慎提防的状态中。

其次，在偏离导航规划的路线、驶入相对偏僻的路段时，周阳春未主动向车某某说明偏航原因。笔者猜测，周阳春的导航系统有语音提示偏航。女孩查看个人导航后更加确认；大概从此刻起，她对个人处境产生了切实的担忧。她先是小声试探、后又较大声地两次提示周阳春偏航。对于车某某的提示，周阳春先是未作回应，第二次则急促地吼道："走这里一样的咧！绕路不会多收费！为了你这三十几块钱，搞了这么久！"周阳春似乎认为女孩的关切点在于"绕路"（通过女孩之前的表现，他认定这是一个"抠门"的人），便称绕路不会增加费用，但他没有继续解释绕路的原因，而是径直吐露了"等得久、赚得少"的怨气。周阳春的回复没能彻底打消女孩的疑虑和不安，反倒让她接收到了周阳春发出的愤怒信号。此间和之后的十几秒钟里，我们不清楚女孩有没有冷静地将偏航后的路线和导航路线进行比对，或者根据地图确认此刻他们的大致行进方向。其实，借助地图她不难判定：虽然车已偏航，但偏航后的路线也在向目的地延伸，或者说他们确实是向目的地的方向行进。如果能认识到这一点，女孩应当不至于产生更大的恐慌。

再次，十余秒后，周阳春驾车由林语路驶入曲苑路。案发时（21时许），曲苑路人车稀少、路灯昏暗，这一特殊的环境因素难免让女孩再次绷紧神经。她第三次、第四次向周阳春提示偏航，都没有获得周阳春的半句解释或回应。周阳春的沉默让女孩难以揣测他此刻的真实意图；两人先前的龃龉和周阳春言语上的粗鲁，也难免让女孩形成了对其人格的负面想象。在诸多因素的综合作用下，车某某的恐慌瞬间升级；她这时大概料定，自己受到了非法拘禁且人身安全正面临不测，她不知道会被周阳春载往何处，故必须设法求生。

最后，在恐惧之中，车某某作出了一个危险的举动，她将头探出车外，明确要求周阳春"停车"。令女孩绝望的是，周阳春仍没有任何回应，这似乎验证了她的判断，也让其恐慌达到了顶点。在恐慌情绪的强制和自保本能的驱使下，举止失措的车某某最终作出了跳窗自救的决定。

上述情境分析表明，在车某某的设想中，她是为摆脱来自周阳春的人身侵害危险才实施了自陷风险的举动。因此，车某某在跳车时承受着显著的精神压力，且这一精神压力源自周阳春所引起的利益冲突。此种精神压力的规范效果在于，排除了危险接受的自愿性，从而否定了车某某自我答责的可能。①

综上，车某某不是像被告人声称的那样"主动"跳车，我们不能援引被害人自我答责理论，要求车某某对悲剧自负其责。至于本案能否追究周阳春过失致人死亡罪的刑事责任，下文将进一步说明。

三、行为人的视角：关联行为的逐一审查

否定被害人的独立担责不能直接推导出行为人需要为损害结果负责，只是保留了追究后者责任的可能。为确定周阳春能否构成过失致人死亡罪（《刑法》第二百三十三条），我们必须转换视角，以判决书中记载的周阳春的若干争议行为作为分析对象。在具体分析时，我们需要注意如下几点：

其一，周阳春的行为"槽点"颇多，这些"槽点"共同搅动着公众的情绪和意见，但不是每个"槽点"都具有刑法意义，并非所有不合适的举动都能触发刑事制裁。有的行为仅违反平台的相关规则，可能被平台处罚；有的行为只在道德上站不住脚，可能受到舆论非难。刑法至多只能回应公众的部分诉求，它不可能、也不应当为公众的所有情绪兜底。

其二，在本案的讨论中，人们常看到这样的假设，"如果周阳春不偏航行驶，悲剧就不会发生了""要是周阳春能及时安抚被害人的情绪，被害人就不至于跳车了"。这是在说，周阳春的某些行为是被害人坠亡的必

---

① 需要指出的是，"车某某因误判而承受精神压力"与"周阳春事实上并无加害意图"并不矛盾，只是法律意义不同。前者关系到车某某的主观状态，决定了被害人能否自我答责。后者则属于周阳春的内心事实，影响的是对行为人的刑事责任认定。

31

要条件。可是，存在条件性的因果关系不是谴责行为人的充分理由，要把危害结果算在行为人头上，还需要满足更多规范上的要求。

其三，"刑法学是最精确的法学"（王世洲教授语），因关系到对被告人的生杀予夺，刑事责任的确定需要特别的严谨和精确。我们不能笼统地说，周阳春偏航行驶、拒绝解释、言语粗鲁、未及时刹车等行为共同引起了被害人坠亡，而是必须清楚地指出，究竟是周阳春的哪一个或哪几个行为严格满足了过失致人死亡罪的成立要件。为此，下文将首先说明过失犯罪的基本原理；其次对周阳春的行为进行提取、归纳，以《刑法》关于过失致人死亡罪的规定为指导逐一进行审查。

（一）过失犯罪的基本原理

根据事后查明的事实，被告人周阳春虽因费用协商上的龃龉而对被害人心怀不忿，但全程并没有积极加害被害人的意图和行为，其在刑法上至多负过失犯的刑事责任。过失犯罪的特点在于，行为人在实施危害行为时，未认识到该行为包含侵害法益的风险，或者错误地认为，行为的风险并不明显，因而不值得注意。可是，认识上的空白或误判不足以让行为人免责，因为它们源自行为人未保持社会交往中必要的、于他而言可能的谨慎；如果尽到了这种谨慎，行为人就能够正确认识到行为的法益侵害属性，并有能力不去实施这一危险举动，从而让法益获得保全。[1] 学者们把法律期待公民遵守的、交往中必要的谨慎称为注意义务（包括结果预见义务和结果回避义务），违反注意义务就是过失的本质。[2] 相较于故意犯，过失犯的立法不是禁止我们故意地实施害人之举，而是要求我们在社会生活中腾出一部分精力，小心维护自己的认知水平，谨慎选取行为的方式和手段，以防行为的附带风险危及他人。当注意义务的违反实际造成了危害结果时，行为人就要承担过失犯罪的刑事责任。

---

① 参见 [德] 乌尔斯·金德霍伊泽尔《刑法总论教科书》，蔡桂生译，北京大学出版社 2015 年版，第 325 页。

② 参见付立庆《刑法总论》，法律出版社 2020 年版，第 210 页。

因此，过失犯的不法内涵可被归纳为：其一，行为违反了注意义务；其二，行为和结果间存在刑法上的因果关系。[①]下文在和货拉拉女乘客坠车案相关联的范围内，就这两方面作简要说明。

1. 过失犯的注意义务认定

对绝大多数过失犯罪（包括过失致人死亡罪）来说，立法者都没有明确规定注意义务的内容。因为在不同的生活领域，注意义务可以说五花八门，立法者既难以用简洁的语言精准概括，也不可能长篇累牍地一一列举。如何在个案中明确行为人应承担的注意义务的具体内容，是司法者的任务和过失犯理论的重心。本文无意分析该领域复杂的学理争议，而只是在和本案相关的意义上，说明如下三点。

第一，在交通运输等业务领域，相关法律、法规、规章等是注意义务的重要来源。但不是所有的业务规范都能作为刑法上的注意义务，有资格推断注意义务的规范至少应具备如下品质：它们和行为的风险度密切相关，违背了这种规范通常会危及他人的法益。

第二，"超出能力范围的义务无效"，注意义务的内容无论如何都不能逾越行为人的能力边界。如果在行为实施之际，行为人根本认识不到行为的危险性、根本预见不到可能的危害后果，那么，要求他承担相应的预见义务便是无意义的。在注意义务的判定上，行为人的预见能力或称结果预见可能性享有一票否决权。具体来说，在行为实施时，行为人必须能具体地预见到危害结果；为达成这种具体的预见，他必须有能力预见到因果流程的重要部分。[②]

第三，现代社会，伴随着科学技术的迅速发展、各类产业活动的扩张及交通运输业的发达，风险可谓俯拾皆是。如果公民必须竭尽所能地防范各种行动风险，那社会生活的效率必然徘徊在极低的水平，沉重的义务负担也难免让公民瞻前顾后、裹足不前。因此，人们不是要彻底地消灭风险（"消灭"了风险也就"杀死"了社会），而是要借助一定手段

---

① 参见陈璇《刑法归责原理的规范化展开》，法律出版社 2019 年版，第 158 页。

② 参见黎宏《刑法学总论（第 2 版）》，法律出版社 2016 年版，第 196—197 页。

将风险控制在社会所能容忍的限度内，并把管控风险的责任在相关方之间进行分配。刑法上的注意义务天然承载着利益协调和危险分担的使命，其范围的划定自然应诉诸利益权衡的思考方式：是否应设立某项注意义务"取决于该义务所维护的利益和设置该义务所需支付的代价之间的对比关系"①。具体来说，在探求注意义务的边界时，我们可追问如下两个问题。其一，行为人所能感知到的危险信号是什么？该信号所预示的危险是否严重和迫切？危险信号所预示的危险越是重大，法益安全在与行动自由进行比较的过程中所能获得的权重就越大，法秩序也就越迫切地要求公民分拨出精力、投入到法益保护之中。其二，面对信号所预示的危险，如果将防范该危险的注意义务普遍施加于所有人，那由此形成的生活状态能否为理性人所接受？这一问题又取决于如下两个因素：该项注意义务的施行会给人们的行动自由带来何种负担？以及，履行该义务是否会诱发其他危险？②

2. 过失犯的因果关系判断

关于过失犯的因果关系，刑法理论大致形成了如下共识。首先，行为和结果之间必须具备事实的因果关联：二者间存在"没有前者就没有后者"的条件关系，或者事态的发展合乎一般的因果法则。其次，刑法上的因果关系还应受到某些规范因素的制约。至于这些规范因素具体包括哪些，理论上还有分歧。一种观点认为，过失犯中，引起结果的因果流程应当和注意义务的规范保护目的相一致，亦即，危害结果的发生过程应属于注意义务意图防止的那种情况；否则，结果就不能被算在行为人头上。③还有观点指出，如果哪怕行为人履行了注意义务，危害结果仍旧会发生，亦即危害结果不是注意义务所能避免的，那就不存在刑法上

---

① 陈璇：《标准人的心素与注意义务的边界——与"杨存贵交通肇事案"二审裁定书展开的学术对话》，载《清华法学》2020年第6期。

② 参见陈璇《标准人的心素与注意义务的边界——与"杨存贵交通肇事案"二审裁定书展开的学术对话》，载《清华法学》2020年第6期。

③ 参见张明楷《刑法学（第6版）》，法律出版社2021年版，第241页。

的因果关系。①

根据上述过失犯罪的基本原理，过失致人死亡罪构成要件应当包括：①行为要件，即行为创设了致人死亡的风险，且针对该风险，行为人具备认识和避免的能力和义务；②结果和因果关系要件，即死亡结果、行为和他人的死亡结果之间存在刑法上的因果关系。缺少任一要件，过失致人死亡罪都不成立。

（二）本案周阳春的刑事责任分析

根据一审、二审判决书记载的事实，按照在时间上距坠亡结果由远及近的顺序，我们可以将被告人的行为事实进行如下提炼和划分，分别判断其过失责任的成立与否。

1. 周阳春搭载车某某出发后，未提醒坐在副驾驶位的车某某系好安全带

这是本案一审、二审判决书数次提到的事实。正如判决书所说的，该行为违背了平台业务规则，因为《货拉拉平台安全规则》②第二十六条规定："司机在接单过程中……应尽到保障跟车人安全的义务，包括但不限于提醒跟车人系安全带、确保安全带可用、开车不分心、不疲劳驾驶等。""提醒跟车人系安全带"的规则与保障跟车人的人身安全有关，当周阳春未尽提醒义务而驾车行驶时，未系安全带的车某某就处在一种抽象的人身风险中。但是，我们不能以此为根据让周阳春承担过失致人死亡之责。理由如下：

第一，未尽提醒义务而驾车的行为和被害人的坠亡之间缺少刑法上的因果关系。一者，被害人坠车是其内心恐惧所致，而引发恐惧的是周阳春偏航行驶等后续行为，和被害人未系安全带无关。假设周阳春尽到

---

① 参见周光权《结果假定发生与过失犯——履行注意义务损害仍可能发生时的归责》，载《法学研究》2005 年第 3 期。

② 我们假定《货拉拉平台安全规则》以及下文提到的《货拉拉司机用户行为规范和服务承诺》是司机周阳春与货拉拉平台订立的契约的一部分，尽管判决书没有明确指出这一点。

了提醒义务、被害人也系上了安全带，后者在决意跳车时只要解开安全带即可，坠亡结果照样会发生。二者，"提醒跟车人系安全带"这一规则是为了让跟车人在机动车遇险而紧急制动时，免受因惯性导致的二次冲撞的伤害，而不是要为决定跳车的被害人提供保护（事实上也做不到）。亦即，本案发生的情况超出了该规则的保护范围。

第二，更重要的是，我们需要同时考察被害人的自我负责情况，判断法律是如何在行为人、被害人之间进行风险分配的。《道路交通安全法》第五十一条规定："机动车行驶时，驾驶人、乘坐人员应当按规定使用安全带，摩托车驾驶人及乘坐人员应当按规定戴安全头盔。"可见，系安全带首先是乘车人本人的义务，司机至多负补充提醒之责。如果乘车人因疏忽未系安全带，那他就由于自己的过失放弃了一个自我保护的机会，由此招致的风险或损害[①]应主要由他本人答责，司机的不注意不值得被刑法关注。当然，如果副驾驶位的乘车人故意不系安全带，他就必须对因此遭受的额外损害负担完全的责任。

2. 周阳春在未向车某某提供任何解释的情况下擅自偏航行驶至偏僻路段

根据被告人周阳春的有关供述，其擅自偏航驾驶指的是如下事实：周阳春"出发的时候……不使用货拉拉的平台导航而是打开了自己手机里的高德导航"，在发现高德系统的推荐路线行经红绿灯较多后，周阳春凭靠对周边环境的熟悉，另行规划了一条耗时较短的路线。一审、二审判决书称，周阳春的偏航行为违背了《货拉拉司机用户行为规范和服务承诺》第2章第5条第6点规定的"（司机应当）按照导航规定路线行驶"。可违反平台的业务规则并不能当然推导出刑事责任。笔者认为，周阳春的偏航行驶其实和过失致人死亡罪无关。理由在于，过失致人死亡罪的行为必须包含引起他人死亡的危险性，偏航行为却并非如此。被告人偏航行驶而未向车某某说明，所驶入的部分路段又相对偏僻、车少灯

---

① 指在机动车紧急制动时，乘车人因未系安全带而受的额外伤害。

暗，这都难免激起被害人的紧张情绪，但尚没有超出社会生活所能容忍和接受的限度，还不至于让被害人陷入极度恐慌中、非冒生命危险跳车自救不可。实际上，被害人的反应同一个谨慎的平常人一样，她主动提醒偏航、借机寻求周阳春的解释。真正引起被害人恐惧升级而产生自救念头的，是周阳春在后续沟通中的漠然反应，而非擅自偏航行驶的行为本身。因此在分析周阳春的刑事责任时，不必纠结于偏航行驶本身是否违规、争论周阳春是否有权利不按导航规划的路线行驶，而应将分析的重点放在他面对跟车人偏航质疑和停车要求的反应上。擅自偏航只是后续冲突的一个"引子"，而不具有刑法上的意义，并非过失致人死亡罪所要求的行为。

3. 对于车某某的四次偏航提醒，周阳春一次粗鲁回应、三次沉默不语；针对车某某的停车要求，周阳春也漠然以对

在考察被害人车某某的心理变化时，我们推测正是周阳春对四次偏航提示（特别是后两次）和停车要求的不良态度及消极应对引起并加深了被害人的误判，让被害人的恐惧飙升，在惊慌无措中作出了跳车自救的危险举动。故本段事实可谓被害人坠亡的直接诱因。但笔者认为，就周阳春对被害人的数次回应而言，其同样不构成过失致人死亡罪。理由在于，过失致人死亡罪的成立要件之一，是行为制造了可被认识的死亡风险；如果在行为实施之际，被害人的死亡不能被具体地预见到，那行为人就没有过失可言。具体到本案中，由于车某某系跳车坠亡，所以要构成过失致人死亡罪，周阳春必须能在行为时认识到，该行为具有引起被害人跳车坠亡的危险性。为认定这一点，我们需要代入行为人的情境中，衡诸其行为之时的认知状况，分析其预见能力的边界。

首先，周阳春应能预料到，不回应被害人的偏航质疑及停车要求会引起她对自身安全的一定忧虑。关于被害人恐惧的可理解性，前文已有分析，这里不再赘述。按照被告人供述，在车某某第四次提示偏航时，周阳春"从她当时说话的口气可以感受到她有点恐惧和害怕了"。可见，至少在此时周阳春已经体认到车某某的疑虑和不安。可大概是出于费用

洽商期间的不忿，周阳春未及时地澄清偏航原因及安抚被害人。

其次，周阳春虽能设想到被害人的担忧，但却预见不到这会使被害人陷入极度恐慌、进而诱发其跳车举动。因此，他对被害人的死亡结果缺乏具体的可预见性。在导向死亡的因果链条上，被害人的跳车行为是至为关键的介入因素；要对死亡结果产生具体预见，周阳春必须能预见到被害人的跳车之举。但基于如下理由，这已经逾越了周阳春的预见能力。

第一，注意力是一种稀缺资源，作为驾驶员，周阳春不可能将全部的注意力集中于车内情况，而必须首先调动足够的谨慎确保驾驶安全。相应地，法律只能期待他动用这之外的精力关注跟车人的身心状态。

第二，被害人是在恐惧到极点后才作出了危险的跳车举动，跳车决定的作出和被害人当时的异常情绪状态密切相关。周阳春对跳车行为具有可预见性的前提，是他必须能认识到，自己的沉默不语会使被害人陷入异常的恐惧之中。而根据在案证据，这一前提恐怕难以成立。车某某在决意跳车之前既没有以言语表示，也没有以肢体动作传达她的高度恐慌乃至跳车意向；在她做出明确的跳车预备动作前，驾驶中的周阳春未能接收到异常的危险信号。既然是这样，周阳春有理由以常情推估被害人的可能状态和反应。周阳春虽能设想到被害人对自身处境的忧虑，但却难以预估到，自己的数次沉默会让被害人陷入不得不跳车自保的过激心理状态。在周阳春看来，其一，虽然驾车行经的部分路段较为偏僻、不免让跟车人紧张，但这仍处在日常社会生活能容忍的幅度内，在经验上绝非异常；其二，自己对第二次偏航提示的回应虽在气头上、话说得难听了些，但也算就偏航问题给了被害人一个交代；其三，自己此前并未对被害人实施恐吓、辱骂、骚扰等行为，二人全程既无激烈的言语争执，也没有明显的肢体接触；其四，更重要的是，其间他们并未偏离目的地方向，这一点，被害人借助手机导航即可确认。故在周阳春的视角里，被害人没有足够理由认定其面临重大、紧迫的人身危险。在没有确实证据判定周阳春存在加害意图的情况下，女孩可主动质询、弄清处境和局势。即便女孩断定被告人欲行不轨，她也可以首先采取其他更为缓和的自救手段，如报警、紧急向亲友求助、透过车窗呼救等。从车窗跃出车厢的行为蕴含着高程度的致死风险，不到万不得已时不会成为被害人的首选方案。综上，笔者倾向于认为，被害人跳车是一个不可预见的异常介入因素，周阳春在数次不回应被害人的正当要求时，预料不到这会引起她的跳车之举。周阳春此时对死亡缺乏具体的预见可能性，不构成过失致人死亡罪。

有人说："作为驾驶人，周阳春既有义务澄清乘车人的偏航质疑，也有义务安抚乘车人的不安情绪，毕竟乘车人的不安源自他的冷漠。只要周阳春做到了其中一点，悲剧就不会发生了，可在气头上的他都没能做到。所以，让他负责是应该的。"然而，服务或道德上的瑕疵不能成为发动刑罚的理由。社会交往中，我们难免和他人发生摩擦，并陷入持续的负面情绪。人在"赌气"时往往不能理智地行动，不理会对方的合理请求，也逃避自己应尽的责任。这样的情况在交往活动中比比皆是，实乃生活之常态、常规。以严厉的刑罚干涉日常的社会举止，是对公民自由的严重侵犯，也是让公民承受无妄之灾。只有当某个行为在经验上蕴含着致人死亡的危险性时，它才会进入过失致人死亡罪的评价视野。只有当某项义务关系到他人的生命保护时，才有理由以刑罚确保它被履行。只有准确地辨别刑法上的义务和刑法外的义务，公正的制裁才能实现。

有人说，被害人要求周阳春停车，而周阳春在有条件停车的情况下拒不停车，系非法拘禁；由此造成被害人跳车坠亡，系非法拘禁罪（致人死亡）（《刑法》第二百三十八条第二款）。首先，周阳春拒绝停车、继续驾驶确实具有非法拘禁之性质，但根据周阳春的意图，这种拘禁至多持续至到达目的地时，按情节不能以犯罪论处。其次，非法拘禁罪（致人死亡）的成立，以行为人对他人死亡具有过失为条件，但根据以上分析，这种过失并不存在。

4. 在车某某起身从车窗跳出的过程中，周阳春松开油门，打开双闪灯，未采取其他措施

一旦车某某起身试图抓住车窗，她就表现出了可被辨认的跳车倾向；基于这一异常的危险信号，周阳春必须采取一定注意措施。一方面，相较于原本的行驶状态，周阳春松开油门、打开双闪灯的动作不是提升，而是降低了被害人的坠亡风险，改善了被害人的危急处境。所以从积极作为的角度看，周阳春的行为不构成犯罪。另一方面，如果行为人有义务和能力采取积极的救助措施、完全消除法益所面临的危险，而他只是降低了这一危险，那我们就仍有理由谴责他，因为他没有尽到法律期待的救助义务、让法益彻底地转危为安。不过这时，行为人构成的不再是作为犯罪，而是不作为犯罪。针对本段事实，我们需要分析周阳春能否构成不作为的过失致人死亡罪。

相较于作为犯，不作为犯不是禁止我们积极侵害他人，而是要求我们主动伸出援手、救助危难中的法益，这显然给公民的行动自由造成了额外负担。所以，不作为犯的成立范围不能像作为犯那样宽广；刑法以处罚作为犯为原则，以处罚不作为犯为例外。[①] 另外，本案被告人涉嫌过失致人死亡罪，该罪既可能以作为的方式实施，也可能以不作为的方式实施，二者共用一个法条（《刑法》第二百三十三条）。以同一法条处罚作为和不作为的前提，是作为和不作为具有等价性。为了确保这种等价性，刑法理论对这类不作为犯提出了特殊的成立条件。不作为的过失致人死亡罪的构成要件包括：①作为义务；②有效救助措施的不履行及履行可能性；③不作为犯的因果关系；④过失。下文结合这些要件展开分析。

要件一：行为人具有作为义务。所谓不作为，不是什么都没做，而是没有做法律所期待的事。法律的这种期待被称为作为义务，负有作为义务之人被称为保证人。有关作为义务和保证人地位的认定，刑法理论

---

① 参见张明楷《刑法学（第6版）》，法律出版社2021年版，第191—192页。

争议很大，但总体上存在形式理论和实质理论两条路线。

形式理论认为，作为义务的来源包括法律明文规定的义务、职务或业务上要求的义务、法律行为引起的义务、先行行为引起的义务。其中，先行行为是指使刑法所保护的社会关系处于危险状态的行为人的行为。如交通肇事撞伤人而使被害人有生命危险时，行为人有立即将伤者送医院救治的义务。[①] 本案二审法院在分析被告人的作为义务时，采用的就是形式理论：第一，周阳春"负有职务上要求的作为义务……周阳春是一名职业司机，应当遵守货拉拉平台的各项安全规则及司机行为守则，在工作中负有保障跟车乘客人身安全的高度注意义务"。第二，周阳春"负有对其先行行为引起的法益侵害危险的防止义务。周阳春……四次无视车某某反对偏航的意见，在运输服务中与车某某发生争吵，态度恶劣，导致车某某心生恐惧而离开座位并探身出车窗。周阳春的先前行为使被害人车某某的心理恐慌逐渐升级，并使车某某人身安全陷入实质危险……故周阳春负有防止车某某从其驾驶的货车上坠亡的义务"。此外，由于周阳春和车某某此前订立了有效的运输合同，在形式理论看来，周阳春对车某某的作为义务还可能源于二人间的合同（法律行为的一种）。

主流的实质理论认为，作为义务的发生根据有如下两种：一是保护保证人义务，指行为人对被保护者承担的采取一定措施、保护其法益不受侵害的义务。这种作为义务是一种全面的保护义务，保证人有义务排除一切可能损害被保护者法益的危险，如父母对未成年子女的保护义务。二是监管保障人义务，指行为人作为特定危险源的监督者，承担的监管该危险源不对他人造成危害的义务。这是一种特殊的作为义务，紧紧围绕着危险源对法益的危险指向，如危险设备的运营人对该设备的监管义务，由先行行为引起的作为义务也属此类。[②]

---

① 参见高铭暄、马克昌主编《刑法学（第10版）》，北京大学出版社2022年版，第63—65页。有人认为，形式的作为义务来源除这四种以外，还包括公共秩序和社会道德要求承担的义务。参见贾宇主编《刑法学》（上册·总论），高等教育出版社2019年版，第114—116页。

② 参见王莹《先行行为作为义务之理论谱系归整及其界定》，载《中外法学》2013年第2期。

倡导实质理论的学者一般认为，形式理论所理解的先行行为的范围太过模糊和宽泛，导致先行行为引发的作为义务漫无边际，故有必要以更实质的标准加以限缩。有人主张，先行行为和法益侵害危险之间仅具有条件关系是不够的，"先行行为只有对损害结果具有可归责性，才能引发阻止该损害结果发生的义务"[1]。将这种见解适用于本案中：周阳春在实施先行行为、即"四次无视车某某反对偏航的意见，在运输服务中与车某某发生争吵，态度恶劣"时，对车某某的跳车坠亡欠缺可预见性。因此，该先行行为对坠亡结果不具有可归责性，不能引发作为义务；判决所称的由先行行为引起的危险防止义务并不存在。

同时，实质理论主张以机动车驾驶人对机动车的监管为根据，论证本案中周阳春的作为义务。[2]高速移动的机动车属于一种危险源，周阳春作为驾驶者，必须予以合理管控，防范风险外溢、危及他人安全。在车某某欲跳车时，其遭受的人身危险和机动车的高速运转密不可分，位于周阳春的监管范围之内，故周阳春负有采取必要措施保障车某某人身安全的作为义务。只有当跳车行为需要由车某某自我答责时，这一作为义务才可能被解除。

要件二：行为人具有履行作为义务的可能性，却未采取保护法益的有效措施。一方面，我们要判断什么样的措施能尽量有效地避免坠亡结果；另一方面，需要考察行为人是否具备足够的条件和能力采取这一措施。当被害人离开座位并试图将身体探出窗外时，为履行刑法期待的救助义务，周阳春存在多种可能的救助方案：他可以发出安全警告，要求被害人立刻缩回车内；可以将试图探出窗外的被害人强力拽回；可以轻踩刹车、靠边停车；可以紧急制动等。事前来看，首先，仅作口头上的制止恐怕不足以避免坠亡结果，如果被害人已表现出明显的跳车倾向，

---

① 王莹：《先行行为作为义务之理论谱系归整及其界定》，载《中外法学》2013年第2期。

② 参见王莹《先行行为作为义务之理论谱系归整及其界定》，载《中外法学》2013年第2期。有学者提出了第三种实质义务类型：当法益危险发生在行为人排他性支配的领域（如本案机动车），且只有该领域的支配者（如本案被告人）可以排除危险时，该领域的支配者负有作为义务。参见张明楷《刑法学（第6版）》，法律出版社2021年版，第204页。但这种作为义务还存在争议。

那么被告人应在口头制止的同时，一并采取其他行动。其次，直接将被害人拽回能有效地阻止其跳车，但驾驶过程中拉拽他人是一个有风险的举动。数据表明，驾驶位座椅右侧距离副驾驶车窗 0.7 米，周阳春在系有安全带的情况下，需要伸手去够被害人，如果在拉拽时和被害人发生进一步撕扯，被告人就可能丧失对车辆的有效控制，酿成更严重的事故。因此，将被害人强行拽回不是一项合适的救助举措。最后，及时停车应是防止被害人坠车的必要救助措施。关于停车方法，舆论大多倾向于轻踩刹车、靠边停车，因为"如果急刹车，那受惯性影响，探出车外的女孩极可能被甩出车厢，这恐怕比跳车更为致命"。但法院认为，紧急制动是可采取的更好选择。法院在判决书中列举的理由包括：第一，案发时案发路段人车稀少，存在紧急制动的空间条件；第二，涉案车辆行驶速度不快，进入曲苑路后的平均时速为 22.9 公里 / 小时，进入邻近案发地处的监控视频画面的瞬时速度为 33.75 公里 / 小时，存在紧急制动而受惯性影响较小的条件；第三，侦查实验报告证明，同型号货车以 35 公里 / 小时的初速度在案发路段行驶并紧急制动至停止时，平均制动距离 5.2 米，平均制动时间 1.46 秒。

以上两种意见都是以被害人已探身出车外为前提的。囿于证据，我们难以精确地还原被害人是如何坠车的。但依常理，被害人的跳车动作应是一个从起身到预备、再到发力的过程。该过程包括两个前后相继的阶段：①从被害人表现出可辨认的跳车倾向到其身体显著探出车窗之前；②从被害人探出车窗、预备跳车，到其发力跃出车厢。假设周阳春有足够的时间在阶段①作出反应并施加救助，那么，由于此时被害人仍基本处在车厢内，哪怕周阳春紧急制动，被害人也至多是和车身相撞，不会被甩出车外。在当时的时速下，撞击车身不是致命的，即使造成轻伤，也可援引推定的承诺或紧急避险出罪。在这种情况下，紧急制动是可行的救助措施之一。不过，不管是警方通报，还是一审、二审判决书，都只提到周阳春"发现车某某已离开座位，双手抓住货车右侧窗户下沿，上身已经探出车外"，似乎排除了他在阶段①采取紧急措施的可能性。或许是事发突然，周阳春根本来不及反应；或许是事实存疑，必须作出有利于被告人的事实认定。基于对法院所采纳事实的尊重，下文的分析以"在周阳春有能力介入管控时，被害人已尝试将身体探出窗外"为前提。

本案警方通报表明，车某某身高约1.5米。判决书则记载，涉案货车的副驾驶位的脚踏板距车窗下缘0.72米。按判决书所描述的被害人姿态，在副驾驶位车窗全开的情况下，被害人的一半身体应已处在车外。按照通常社会经验，如果周阳春在此刻紧急制动，被害人将会面临被甩出车厢的致命风险。即便制动前的时速约33公里／小时，这一风险也难以被排除或忽略。虽然法院试图以侦查实验数据表明紧急制动所受的惯性影响较小，但一方面，这些数据只能用于推断紧急制动的距离和时间，却不能直接说明紧急制动对被害人的确切影响。另一方面，判断救助措施的有效与否需要借助事前的经验预测，而不能采取"事后诸葛亮"的视角。以被害人跳车时的姿势，认为其可能因紧急制动被甩出车外具有较牢固的经验支撑。如果周阳春在此刻减速停车，那被害人就不至于因惯性被甩出车厢外。同时，因车速明显下降，被害人的坠亡概率也会降低。因此，笔者认为，如果周阳春只能在阶段②介入，那紧急制动就不是事前有效的介入措施了，合理的处置方案应是减速停车（可辅之以口头制止）。

反观被告人周阳春的实际举措：他在观察到被害人上身探出车厢时，只是将脚从油门移至刹车位置，打开双闪灯，却未踩下刹车。松开油门虽能让车速减慢，却不能在短时间内大幅减速直至停车。加之周阳春并未口头制止被害人跳车，被害人一旦发力跃出，仍会面临高速行驶产生的致命风险（实际情况正是这样）。周阳春在完全有能力减速停车的情况下，未采取该救助措施，存在不作为。

要件三：不作为和危害结果之间具有因果关系。主流观点认为，只有当行为人履行特定义务，结果就"十有八九"不会发生时，才能说不作为和结果之间存在因果关系。[①] 本案需要判断的是：在被害人尝试探身出车外的情况下，如果周阳春减速停车（可辅之以口头制止），被害人的死亡结果是否"十有八九"地不会发生？如果回答是否定的，那我们就不能把死亡结果算在行为人头上，不作为的过失致人死亡罪就不成立。而因果关系的查证取决于诸多难以确定的因素：被告人能否赶在被害人发力跃出前采取紧急措施？被告人的紧急救助（包括口头制止）会对情绪异常的被害人产生怎样的影响？她是否会放弃跳车决意？涉案车辆从减速至停车需要多久？被害人纵身跃出窗外又需要多长时间？如果被害人在货车减速过程中坠落，她有多大的概率仍会死亡？由于被害人的坠车场景难以被完全复原，即使借助侦查实验，上述因素也大多不易确定。根据存疑时有利于被告人的原则，笔者倾向于认为，作为义务的结果避免能力达不到"十有八九"的程度，不作为和死亡间不存在因果关系。

有人可能会问，不作为犯的因果关系标准为什么如此严格？其实，不作为犯、作为犯的因果关系标准是一致的。假设张某故意把李某推入水中，李某溺死，那作为犯之因果关系的成立，以"没有张某的推动，李某就肯定不会溺亡"为前提。如果父亲在具备救援能力的情况下没有救助落水的儿子，那不作为犯之因果关系的成立，也应以"没有父亲的不救助（他履行了作为义务），儿子就肯定不会溺亡"为条件。只有这样，作为犯和不作为犯才可能是等价的，我们才有理由以同样的法条施加惩罚。[②]

要件四：行为人具有过失。下面对本案周阳春不作为时的主观心态略作分析。

第一，被害人将上身探出车外的举动过于异常，其跳车倾向能为一般人及行为人所认识。哪怕这种可能性较小，可事关他人的生命，行为

---

① 参见周光权《刑法总论（第 4 版）》，法律出版社 2021 年版，第 127 页。

② 参见 [德] 乌尔斯·金德霍伊泽尔《刑法总论教科书》，蔡桂生译，北京大学出版社 2015 年版，第 366 页。

人也必须认真对待、正确处置。对其不作为，行为人至少具有过失。①

有人认为，周阳春在认识到被害人的跳车可能后仍继续驾驶，以漠不关心的态度放任了被害人的坠亡，其主观罪过形式应是间接故意。这就涉及间接故意和过失的区分。首先，间接故意、过失在认识因素上的区别是，间接故意的行为人认识到了结果发生的现实危险，过失的行为人则没能认识到这一点。没有认识包括两种情况：一是行为人因为疏忽大意根本没有设想过结果的发生（疏忽大意的过失）；二是行为人虽然曾预想到可能会出现损害结果，但在行为的那一刻还是基于他的自身能力、技术、经验和某些外部条件等原因否定了发生结果的现实可能（过于自信的过失）。其次，间接故意、过失在意志因素上的区别是，间接故意的行为人在认识到结果发生的可能性后仍决意实行，说明其对结果之发生并不拒斥，而是听之任之；过失的行为人则排斥危害结果的发生，只是因为认知的缺陷或判断的失误，才实施了有危险的举动。②

具体到本案，周阳春供述称，在观察到被害人的异常举动后，他"内心认为这是无危险的，这样很容易从车上掉下去，摔到手脚就会断手断脚，摔到头部就会有生命危险……认为应该没事，她还会把身体再缩回来"。按该供述，周阳春并未预想到被害人的坠亡，且并不接受死亡结果真的发生。不过，在区分故意、过失时，不能仅凭被告人的口供作决定，更重要的是根据所查明的客观事实推断被告人实行时的心理状态，特别是考察被告人的主观信念是否有切实根据。本案中有两点客观事实可以印证被害人系过失而非故意。其一，案发情境中，对被害人跳车概率的经验预测。如周阳春所说，以被害人上身探出车外的姿势，一旦坠车非死即伤；相比之下，被害人若选择留在车内，即使周阳春心怀歹意，也可用较缓和的手段与之周旋。两相权衡，前一种选择代价过大、危险

---

① 严格地说，要成立对不作为的过失，行为人仅能认识到被害人遭受的直接危险是不够的，还要有能力认识到与作为义务相关的客观事实。本案中，行为人必须能认识到：1.自己是运行中机动车的操控者；2.被害人是在对人身安全的忧惧中决定跳车。此前周阳春已察觉到被害人"有点恐惧和害怕了"，所以认识到这两项事实对他而言并不困难。

② 参见高铭暄、马克昌主编《刑法学（第10版）》，北京大学出版社2022年版，第111页。

迫在眉睫，后一种选择则有更多回转的余地。在对被害人的极端情绪状态缺乏充分估计的情况下，周阳春有理由认定其跳车概率并不高、"还会把身体再缩回来"。其二，周阳春采取的"松开油门、把脚移至刹车位置"的应对措施。面对被害人的危险举动，周阳春虽未及时采取刑法期待的救助举措，但也不是无动于衷，而是作出了"把脚从油门移至刹车位置"的初步应对。根据该行为我们大致可以推断，周阳春虽认为被害人不会跳车，但也做好了在出现相反征兆时踩下刹车的准备。虽然后续的发展表明，周阳春错过了最佳的制动时机，但这一预防性的动作还是表明了他对被害人坠车的拒斥心态。综上，行为人对其不作为的心态并非间接故意，而是过失。

第二，在过失形式上，法院认定周阳春"已经预见到被害人车某某处于高度危险之中，但轻信可以避免，主观上存在过于自信的过失"。笔者赞成这一结论。当然，疏忽大意的过失和过于自信的过失只是经验现象上的区分，二者在规范本质和可罚性上并无差异。

上述分析表明，周阳春存在过失的不作为，但其不作为和被害人的死亡结果间欠缺刑法上的因果关系。由于造成结果是过失犯的成立要件，在结果不可归责于行为人的情况下，行为人不能构成不作为的过失致人死亡罪。

综上，在透过被害人、行为人的双维视角——剖析了案件事实后，本文关于行为人之实体责任的基本结论也呼之欲出了：货拉拉女乘客坠车案中，被害人车某某并非自我答责地行动，但行为人周阳春不符合过失致人死亡罪的成立条件；在刑法上，车某某的死亡只能被视为一种不幸。

四、相关诉讼程序问题

本案诉讼程序上的一些问题也成了舆论焦点，下文对此略作说明。

（一）关于所谓"占坑式法援"

周阳春妻子曾在"知乎"社区发文（用户名为"可怜的橄榄树"），称其在 2021 年 2 月 24 日即委托两名律师担任周阳春的辩护人；次日，律师申请会见当事人，却被看守所拒之门外，理由是"周阳春拒绝律师会见、要申请法律援助"。自侦查至一审程序期间，长沙市法律援助中心指派的法援律师为周阳春进行了辩护，其妻委托的律师未能介入案件。直到一审判决作出、周阳春被取保候审后，他才自行委托律师担任二审辩护人。上诉意见里，周阳春称"其在信息极其不对称及刑事诉讼法知识严重匮乏的情况下接受法援律师，法援律师没有尽职尽责为其辩护，致其辩护权被严重侵犯"。

刑事诉讼中，犯罪嫌疑人、被告人有权利委托律师等担任辩护人；被追诉人处于羁押状态的，其监护人或近亲属可以代为委托，在律师会见在押被追诉人、同其协商确认后，双方的委托关系最终成立。[1] 此为委托辩护。至于法律援助辩护，则是针对那些因经济困难或其他原因无力委托辩护人的被追诉人；在被追诉人提出申请后，法律援助机构向符合条件者指派律师、为其提供辩护服务。相较于委托辩护，法援辩护具有补充性，系"国家赋予经济贫困者的一种司法福利"[2]。比起法援辩护，委托辩护的律师往往能同被追诉人及其亲属保持更好的沟通信赖关系；委托辩护系有偿法律服务，双方的权利义务更加明晰，律师的辩护质量常常较高，这都更符合被追诉人的利益。[3] 基于这些原因，《刑事诉讼法》《法律援助法》《法律援助条例》等法律、法规都确认了"委托辩护优先于法援辩护"的诉讼准则。根据该准则，只有在被追诉人没有委托辩护人时，人们才能为其提供法律援助；获得法律援助后，如果被追诉人又

---

① 参见陈瑞华《刑事诉讼法》，北京大学出版社 2021 年版，第 248—249 页。

② 陈永生：《论委托辩护优于法律援助辩护》，载《比较法研究》2022 年第 6 期。

③ 参见顾永忠《论"委托辩护应当优先法援辩护"原则》，载《上海政法学院学报》（法治论丛）2022 年第 1 期。

自行委托辩护人，则法律援助应当终止；获得法律援助后，被追诉人依然有权利拒绝法律援助辩护，另行委托辩护人。① 但是近年来，以法援律师"占位"、将受近亲属委托的律师"排挤"在诉讼外的情况屡有发生，人们称之为"占坑式法援"。"占坑式法援"侵蚀了"委托辩护优先"的准则，也背离了法律援助制度的精神，引发了公众的广泛质疑。

针对货拉拉女乘客坠车案中疑似存在的"占坑式法援"，二审法院在判决书中作出了回应。法院认为，根据 2021 年 3 月 1 日起施行的《最高人民法院关于适用〈中华人民共和国刑事诉讼法〉的解释》第五十一条，对法律援助机构指派律师为被告人提供辩护，被告人的监护人、近亲属又代为委托辩护人的，应当听取被告人的意见，由其确定辩护人人选。本案中，周阳春以家庭困难为由"手书了申请法律援助的申请和授权委托书"，"检察机关、人民法院对其视频提讯时、庭前会议时均明确告知其妻子为其委托了辩护人，让其自己自主选择法援律师或者其妻子委托的律师，周阳春明确自主选择了法律援助律师"。因此，法援辩护系周阳春本人的决定，并非办案机关强行指定。

需要承认的是，根据现行法律规定，法院的上述解释大致是能够成立的。实际上，法院是把被追诉人的意志作为法援辩护"占位"的理由：被追诉人有权自主地确定辩护方式，对于妻子代为委托的律师，他既可以确认，也有权利拒绝；既然被追诉人自愿选择了法律援助辩护，那这就排除了其他律师的参与。但另一方面，我们又要看到，被追诉人已经被羁押，其决策过程缺少足够的正当程序保障：被追诉人往往法律知识匮乏，其和外界的联系又受到了严格限制，比起天然强势的办案机关，被追诉人存在显著的信息劣势，这就给办案人员以种种不当方法干预其决定过程，说服、诱使甚至迫使其选择法援律师打开了方便之门。② 一旦被追诉人表达了放弃委托辩护、申请法律援助的意愿或作出了这种选择，

---

① 参见陈永生《论委托辩护优于法律援助辩护》，载《比较法研究》2022 年第 6 期。

② 本案疑似存在办案人员诱导选择的情况，见新浪微博用户"可怜的橄榄树"（周阳春妻子）2021 年 11 月 19 日帖，https://m.weibo.cn/7567247639/4705175707582538，2022 年 12 月 1 日访问。

办案机关就可以据此排除其他辩护人的介入。办案人员既不会允许受近亲属委托的律师会见被追诉人、当面进行沟通核实，也不愿向近亲属出具表明被追诉人决定的书面材料。这就带来了两个不利后果：其一，被追诉人不能在获得更多的信息后作出最后决定，他获得委托辩护的机会减小了；其二，近亲属没有办法核实、确认被追诉人的真实态度，其享有的代为委托权也没有受到尊重。这正是"占坑式法援"的痛点所在。

重大、疑难和复杂案件中，专门机关往往承受着较大的舆论压力；相较于委托辩护，法援辩护律师的积极性常常较低，以其辩护可以减少诉讼过程中的不确定因素、让诉讼进展更加可控，这是出现"占坑式法援"现象的诱因之一。但这种诉讼过程的顺畅有序是以被追诉人的辩护权不当减损、法律援助制度的公信力受到挑战为代价的。在"刑事案件律师辩护全覆盖"改革不断推进、律师辩护率不断提升的背景下，破解"占坑式法援"之类的不正常现象、为在押被追诉人选择辩护方式提供更有效的程序保障，应是我国刑事辩护制度继续优化的方向。

（二）关于二审不开庭审理

除疑似存在的"占坑式法援"之外，二审法院作出的不开庭审理决定也引起了质疑之声。

二审法院认为，本案不属于《中华人民共和国刑事诉讼法》（以下简称《刑事诉讼法》）明确规定的必须开庭审理的上诉案件。根据 2018 年修正后的《刑事诉讼法》第二百三十四条第一款，对于如下 4 类案件，人民法院应当开庭审理：被告人、自诉人及其法定代理人对第一审认定的事实、证据提出异议，可能影响定罪量刑的上诉案件；被告人被判处死刑的上诉案件；人民检察院抗诉的案件；其他应当开庭审理的案件（目前由二审法院根据上诉情况决定）。该条第二款进一步规定，不属于上述 4 类案件的，法院可以决定不开庭审理，但应讯问被告人、听取辩护人等的意见。货拉拉案明显不属于上述第 2 类、第 3 类案件；就其是否属于第 1 类案件，二审法院有如下说明：在周阳春提出的异议中，部分异议并非针对事实提出，而系法律评价问题；认为自己"采取了最有效的刹车制动措施"虽然是对事实的异议，但和被告人的一审庭审供述等其他事实、证据相矛盾，"其异议不能成立，不影响案件的定罪量刑"；至于证据方面的异议，经审查也不影响定罪量刑。质言之，二审法院认为，被告人并未针对一审认定的事实、证据提出可能影响定罪量刑的异议。

应当说，在被告人提出的异议是否可能影响定罪量刑上，二审法院享有一定的裁量权力，"并不是说只要诉讼当事人有异议提出上诉，第二审人民法院就要开庭审理"，"人民法院要根据诉讼当事人提出上诉的理由，结合案件事实、证据等具体情况，分析后认为可能会影响到本案定罪量刑，才决定应当开庭审理"①。就此而言，法院在对有关异议进行审查后，认定其不构成应当开庭审理的第 1 种情况，进而认为本案不属于《刑事诉讼法》明文规定必须开庭审理的案件，并无明显不当。本案是否开庭审理，可以由二审法院自行裁量。

但是，二审法院在裁量是否开庭审理时，有必要注意如下两点：其一，本案属于相对疑难、复杂的案件。关键的案件事实不够清晰，控辩双方在案件定性上分歧明显。通过开庭审理，被告人能更有效地行使辩护权，控辩对抗，让案件的真实情况充分浮现；法官可以获得一些仅通过阅卷无法了解的事实信息和法律争议点，由此摆脱对案卷材料和一审判决逻辑的依赖，形成对案件的独立判断。②其二，本案属于社会影响较大、公众关注度较高的案件。"为了以看得见的方式实现审判公正，第二审人民法院可以主动接受社会监督，以开庭的方式审理"③，从而彰显程序正义，让审判收到良好的社会效果。因此，笔者认为，本案二审仍以开庭审理为宜。

---

① 王爱立主编：《中华人民共和国刑事诉讼法释义》，法律出版社 2018 年版，第 502 页。
② 参见陈瑞华：《刑事诉讼法》，北京大学出版社 2021 年版，第 451 页。
③ 张军主编：《新刑事诉讼法法官培训教材》，法律出版社 2012 年版，第 361 页。

五、余论：缺失的个体沟通和隐形的系统助推

复盘案发过程，我们可以看到一幅现代商业社会和平台经济下的沟通图景。本案被告人周阳春的家境并不宽裕，年关岁末，仍在为生活打拼、为生计奔波。在货拉拉平台的商业模式和算法支配下，他必须马不停蹄地抢单、接单，在有限的时间里完成尽可能多的货运任务。被害人这一单赚钱少、耗时长，被告人自然不愿在这笔订单上花费心力、投入热情，其服务质量必定下降。被告人的服务是以金钱衡量的：既然车某某拒绝了付费装车提议，被告人就没有协助装车的义务；车某某搬运耗时近 40 分钟，他在一旁多次催促而没有积极协助。为不影响在平台上抢单，被告人未使用平台导航；为抢回被"耽搁"的时间，他又选择了一条相对省时但较为偏僻的路线，造成所谓偏航。如果说被告人是为"挣钱"，那被害人就是要"省钱"。她宁可一个人往返搬运十余次，也不愿接受被告人的付费搬运服务。从被告人的一再催促中，她感受到了被告人的怨气和不耐烦，但依然拒绝了后者的付费卸车建议——当然，这只是她在行使自己的权利。被告人和被害人素不相识，仅因系统内的一单生意才产生交集，本就缺乏基本的信赖感。少有的几句沟通都不是在释放善意，反倒加深了两人的疏离与隔阂：被告人把车某某看成"抠门"的人，车某某则对脾气不好的被告人心怀提防。两个人都是在权利、义务的范围内行动，自认为这样就可相安无事。他们虽对话不足、关系紧张，却并无积极沟通、建立信赖的动力，一场致命的误会就这样潜滋暗长。即便在最后关头，刑法积极介入、要求被告人施加救助，救助义务的履行也难以有效地阻止悲剧发生。

缺少互信与沟通，是酿成本案悲剧的根由。陌生人之间的信赖，或者由当事方积极地创造，或者由第三方提供必要的担保。一方面，法律遏制着人们心中的恶念，但仅由法律塑造的互动关系仍可能是逐利、生

硬，甚至冰冷的。为达成最基本的互信，人们需要诚恳的接触、沟通，释放善意，互相体认。另一方面，在周阳春和车某某的法律冲突中，存在一个隐形的第三方——货拉拉货运平台。相较于分散的个体用户，聚合大量资金、数据的货拉拉平台是明显强势的一方。平台不能仅作为交易的撮合者，在追逐利益时挺身而出，面对风险时则退避三舍。它必须成为消费安全和服务质量的担保者，既要健全产品的安全保障功能，又应致力于规范签约司机的行为、塑造尽可能标准化的服务流程，减低签约司机的法律风险，也提高跟车用户的安全指数。

在超越个体、个案的层面，本案再次引发了人们对网络平台、算法、零工经济等系统问题的反思。[①] 在激烈的商业竞争中，大平台为压缩成本而挤压零工们的利益空间，又将服务中的摩擦和纠纷风险转嫁给零工和消费者。借助自动化的决策，平台算法以极其隐蔽的方式裹挟、助推着零工们的行为选择。在一次又一次的公共事件中，这些风险和隐忧被暴露出来。如何有效监管大平台及其算法系统、保障作为弱势者的零工们的劳动权益、为僵硬的程序理性增添人文精神的底色，仍是数字时代的未竟课题。

（张嘉轩）

---

① 最早受到广泛关注的是外卖算法系统。部分互联网平台利用算法不断压缩外卖骑手的送餐时间，严重危及了骑手们的生命健康（参见赖祐萱《外卖骑手，困在系统里》，载《人物》2020年第8期）。理论上关于算法监管的探讨，参见丁晓东《论算法的法律规制》，载《中国社会科学》2020年第12期；王莹：《算法侵害责任框架刍议》，载《中国法学》2022年第3期。

迟来 28 年的正义

——麻继钢故意杀人、强奸被判死刑案

引言

2020 年 2 月 23 日凌晨,金陵城很是寂静,远处的灯火星星点点。门外,众多阴影潜伏着。突然,一阵叩门声响起。几秒后,一中年男子打开了门。面对蜂拥而至的警察,男子神色淡然,毫不慌张。不同于 28 年前的自己,这次的他没有选择逃跑,而是平静地接受了结果。"该来的还是会来的",男子在心里如此感叹道,接着就被带离了住所。当天的警方通报告诉我们,一起 28 年前的凶杀案终于告破。

一、案件回顾

(一)雨夜暴行

1992 年 3 月 20 日晚,一个再平常不过的日子,初春的金陵城下起了雨。雨声中,一场即将震惊全国的案件正在窥伺着时机。

林某是南京医学院(现南京医科大学)的大四学生,不久之前她拒绝了室友一起回寝室的邀约。现在是 22 时许,大学的课程早已结束,空

荡荡的教室里林某正在自习，惨白的灯光把阴影拉长，安静与空洞的环境放大了窗外淅淅沥沥的雨声。一个身影悄然而至。一个是被酒壮胆的游民，一个是正值美好年华的女大学生，雨声中，一场惨剧开始。

"丫头！我们出去转转。"或许是被陌生而高大的身影吓到了，或许是早已看穿对方的不轨意图，林某果断地拒绝了男人的邀约，收拾书包后就离开了教室。本以为在走出教室后两人再无任何瓜葛与交集，但男人却一路紧随。在极端不和谐的追赶中，本不公平的角逐在教学楼的天井处有个最后的结果——男人粗壮的手臂紧紧地控制住了林某，呼救声随后接连而起。这根本不是你情我愿的浪漫互动，而是一场单方面的胁迫与暴行。男人为了控制住反抗不止的林某，从不远处抄起了一根铁棍，高高举起，随着一闪而过的白光，林某的意识远去了。

雨声掩盖了施暴的声音，空无一人的教学楼使得男人更加肆无忌惮，侮辱与暴力持续了很久很久。这一夜，金陵城里的花凋谢了，林某从此再也没有醒来。

（二）毁尸灭迹

男人的暴行最终还是结束了，面对林某凌乱不堪的衣着与血淋淋的身体，他慌了神。林某的心跳已经微不可察了。要跑，与几乎所有犯罪人想法一样，逃离现场才能不被抓到，男人在慌乱中急切地整理自己的衣装，要快步离开教学楼。

如果这一去，男人从此没有回头，林某或许还有一线生机。但男人还是在害怕，害怕他一手造成的现场会指向他，害怕第二天警察的登门与传唤，在一瞬之间，他选择了一条不归路——毁尸灭迹。

男人将林某拖至楼外，趁着夜晚中的些微光线，找到了一个位置偏僻的窨井，将林某头朝下投了进去。男人或许依稀认识到林某活着的事实，但为了让自己活命就不能让她活命，施救的想法烟消云散，恐惧与慌乱战胜了他内心的最底线，男人从此一不做二不休，将窨井的盖子盖了上去。随着井盖的一声巨响，林某的生命最终困于这窨井之下。

既然走了不归路也只能一条路走到底，男人将教学楼里林某的书包、书本、衣物等随身物品也收集来准备处理掉。他选择了不远处的另一口窨井来处理这些物品。在所有证据处理完毕后，男人在洗净了身上的血迹后慌忙离开了学校，独留受尽折磨的林某在阴暗的窨井中，消磨最后的生命之光。但是，由于无人施救，林某最终溺死在了窨井中。

（三）罪行败露，犯人难寻

时间一分一秒推进，在那个信息通信不发达的时代，大家对林某的消失并没有产生任何怀疑。女生寝室里，室友们白天才听说林某这周准备回家看父母，以为林某看会儿书就自行回家去。直到 3 月 24 日，一向准时的林某仍未归，同学们才发觉不太对劲，立即报告了老师。学校组织师生力量进行搜寻却一无所获，无奈之下只得报警寻求帮助。1992 年 3 月 24 日，南京警方接到原南京医学院报警，称该校学生林某于 3 月 20 日晚自习后失踪。警方发动组织了规模浩大的搜寻队伍，将学校的每一个教室、房间一一确认。直到 24 日下午，搜寻队一成员突然报告称发现了疑似林某的书包与个人物品，地点在学校偏僻角落的窨井里，大家才将目光投向了校内这些阴暗的角落。但大家也心知肚明，种种迹象表明，林某现在是凶多吉少。

1992 年 3 月 24 日下午，学校教学楼天井的窨井被警方打开，井内一双沾满污渍和血迹已经发黑的赤裸双腿猛然露出来，俨然是林某已经僵硬到萎缩的尸体。这一宗轰动全国的凶杀案得以进入世人的眼中。经法医检验，死者林某系被钝器击打头部并实施强奸后，按入窨井中死亡。随后警方提取林某尸体上的痕迹，找到了凶手的精液与 DNA。作为一起性犯罪案件，学校里所有男性，毫无意外地都成了怀疑对象。

作为当时全国的重大影响案件，1992 年发生的此案被命名为"3·24"案件，也是南京市为数不多的恶性大案，至今仍是全国关注的有影响杀人案件之一。为了快速破案，确定犯罪嫌疑人，南京市公安局抽调数百名精干警力组成专案组，开展大规模走访调查和摸排等工作。

首先受到调查询问的是在校男性。

说来也奇怪，20 日晚的雨夜，在案发时段所有在校男性学生、老师、职工均有正当而合理的不在场证明，也就是说，此案不可能是校内男性作案。校内人员作案的可能性被排除后，学校所在的南京城成了凶手最可能潜伏的地方。但南京城是如此之大，囿于当时的警力资源与技术力量，侦查工作可谓是大海捞针。

可是，世界上不存在完美的犯罪，设计再精致的犯罪行为也总会留下蛛丝马迹。警方的大量排查询问工作并非毫无收获。学校两位保安在接受警方的询问调查时说了一件怪事。3 月 20 日晚，他们在日常巡查时发现了一个"贼"。他们首先在二楼发现了一个黑影，正准备上前查看，突然之间这个黑影就消失了。随后两位保安在厕所又遇上一个正在洗手的男子，见其形迹可疑，遂上前询问。不料男子看到保安后直接夺门而出。这让保安感到十分不解，追寻男子却没有成果，感到纳闷的保安只得回去继续巡查校园。根据保安的叙述，警方断定，慌忙出逃的男子就是凶手。这一线索极为关键，警方立即派出专家，根据现场留下的脚印等线索，推测出了犯罪嫌疑人的年龄、身高等信息，还原出了凶手的具体相貌。

在有了这一突破口后，破案工作得以有了实质性推进。数月来，南京的大街小巷贴满犯罪嫌疑人的画像，工作量巨大的走访排查也夜以继日地继续着，南京警方核查了线索数千条，走访排查人员超过 1.5 万人，但案件还是没有取得决定性的突破，案件从此进入了停滞期。

多年来，尽管公安部门对此案高度重视，各届领导也相继指示要督办破案，但一晃 20 多年过去了，凶手始终没有被抓获。20 多年，这宗曾轰动全国的案件终于还是淡出了大众的视野，新闻媒体也不再进行跟踪报道，二三十年如一日关注案件的，或许还剩下坚持不懈的警方与无比痛苦的死者家属。死者母亲每年 3 月 24 日或赴南京，或打电话向公安机关询问案件侦破进展。凶手并未被及时抓捕归案。受害者的亲人压抑着痛苦，日日煎熬。被害人的父母从年轻力壮，到后来的白发苍苍，他们没有放弃。每一年都会来南京事发地怀念他们的女儿，询问案件的进程。失去女儿的痛苦环绕在两位老人的头上，也缠绕在每一位参与办案的民警心里。① 不抓住凶手，就无法慰藉死者的在天之灵，也无法对生者进行交代。

（四）时隔 28 年，真凶落网

时间来到 2003 年，南京率先全国启动 DNA 数据库建设。大数据的录入为许多因技术尘封的案件指引了新的侦查方向，林某被害案件现场的物证 DNA 也被录入数据库，定时对比。天网恢恢，疏而不漏。高科技技术的支持下，此案终于出现转机。

2018 年 6 月，南京市公安局进一步加强对该案的攻坚力度，成立了"3·24"命案积案侦破工作领导小组，全力投入到新一轮的案件侦破工作当中。② 在上级领导高度重视下，案件终于出现了最为关键的线索。

2020 年 2 月 19 日，南京市公安局进行数据库比对时，竟然出现一个让所有人都惊奇不已的消息：28 年前的凶杀案凶手的 DNA 找到匹配者了！28 年来的深思让警方无法妄下结论，为谨慎起见，专案组进行了进一步核查。在多次走访调查、检测后，一个姓"麻"的男子被确定为犯罪嫌疑人。

接下来就是紧锣密鼓的抓捕环节。但出乎警方预料的是，犯罪嫌疑人面对抓捕行为极为冷静，没有任何抗拒行为：2 月 23 日凌晨，警方打开了麻某的家门，面对一拥而入的警察，麻某极为冷静，吩咐妻子照顾

---

① 当年参与办案的警察叶宁在一篇题为《难以释怀》的文章中写道："女大学生的父母，已经从两个中年人变为两个老人。他们身体时好时坏，有的年份来，有的年份来不了，就打电话来。这个牵动人心的案件，过去了二十年。这个日子因为那对背影，却像定时的闹钟，一到日子就搅动我的心情。"在 2012 年，林父因为悲伤过度，猝然离世。去世前，不忘惦记着凶手未被抓获。中年丧女、老来丧夫的林母，面对众人的关心，顶着常年忧思的斑驳白发，字字锥心："案件不破，死不瞑目，我一定要活着看到你们把他抓住！我的生命哪怕仅剩一天，我都不会放弃努力。"

② 2020 年 2 月 19 日下午，省公安厅副厅长、南京市公安局局长常和平专门听取该案有关线索情况的报告，并要求以"命案必破"的警察情怀与追求，全力侦破此案。省公安厅刑警总队多次组织专案会诊研究，南京市公安局几代刑侦人多轮次组织开展专案攻坚。

好女儿，在临走前感叹道："该来的还是会来的。"

经讯问，犯罪嫌疑人麻某名叫麻继钢。在讯问中，麻继钢主动交代了 28 年前在原南京医学院将林某强奸并杀害的犯罪事实。至此，这宗 28 年前的血案终于侦破。

本案的凶手麻继钢何许人也？在邻居眼里他是一个乐于助人、不计得失的人，在妻子眼中他是一个踏实肯干、老实勤奋的人。那他为何在 28 年前犯下如此滔天大罪？又是什么因素让他 28 年能有如此高的"心理素质"？

据麻继钢自己交代，他从小缺乏温馨、美好的家庭，每日面对的是父亲的无端毒打与母亲的不闻不问。由于缺少家庭的管教，麻继钢小时候就开始"独立混社会"，做一些小偷小摸的事情，也因此有过前科。这种不完美的童年经历在他心中种下了一颗黑暗的种子，它潜伏着、壮大着，终于在那个雨夜冲破了理性的牢笼。或许也是少年时经历了较大苦痛，使得麻继钢早早地就练就了较好的"心理素质"：在事发之后，麻继钢继续住在距离作案地不远的巷子里；面对满街的画像，麻继钢甚至还评头论足地说，和他很像。正是这种极高的"心理素质"使得麻继钢没有被畏罪感压倒，反而还结了婚，重新找了一份体面的工作。

麻继钢心里或许还是有所愧疚的。在犯下罪过后，他一改曾经游手好闲的品性，开始认真工作，学着做一个好儿子、好父亲。对外乐善好施，时常做些好事。在决定踏实做人后，麻继钢仿佛开始了"第二段人生"，收入越来越高，住房从小巷变为了别墅，口碑也越来越好。甚至在被抓后，他的邻居都不敢相信。① 但他最终还是没有选择自首来赎罪，而是继续藏着这个秘密，陪伴女儿长大，哪怕他很清楚，林某的父母，是如何在悲痛中每天以泪洗面、度日如年。

---

① 麻继钢曾在讯问时交代："我女儿从玻璃箱里抱出来时，我就一直坐在那儿看着她。当时我就想可能是林某回来了，虽然当时不知道她叫什么，但我就是这么想。我就坐那儿，两个多小时。真的说不出来，很难受。"显然，麻继钢在看到女儿出生时，也有愧疚和后怕。参见《专访江苏公安文联副主席：起底南医大女生被害案凶手麻继钢》，载《新民晚报》2021 年 6 月 12 日。

（五）历经两次审判，正义最终实现

2020 年 3 月，南京市人民检察院对犯罪嫌疑人麻继钢作出了批准逮捕的决定，其后以麻继钢涉嫌强奸罪、故意杀人罪为由公诉至南京市中级人民法院。2020 年 9 月 16 日上午 9 时 10 分，南京市中级人民法院对此案进行开庭审理。[①] 经审理，2020 年 10 月 14 日，该案在南京市中级人民法院一审公开宣判。[②] 一审法院认为，被告人麻继钢故意非法剥夺他人生命，致一人死亡；以暴力、胁迫手段强奸妇女，其行为已触犯 1979 年《中华人民共和国刑法》的规定，构成故意杀人罪、强奸罪，决定执行死刑，剥夺政治权利终身。

面对一审的死刑判决，麻继钢选择上诉。他说道："现在我判了，判了以后，总归想活着。作为我自己，回头想想犯下这种罪，确实不可饶恕。"在不容置疑的事实面前，他的忏悔或许仅是对他 28 年来创造的新生活进行的最后争取，其结果可想而知。

但法律还是给予了他机会，为了更好地查明事实，确保每一个人都能有平等的救济机会，二审如期而至。2020 年 12 月 30 日下午，江苏省高级人民法院依法开庭审理麻继钢故意杀人、强奸一案。2021 年 1 月 19 日，江苏省高级人民法院依法委托江苏省南京市中级人民法院对麻继钢故意杀人、强奸一案进行二审宣判。江苏省高级人民法院在二审裁判中补充道："鉴于上诉人麻继钢犯罪动机极其卑劣，犯罪后果极其严重，造成了极其恶劣的社会影响，依法应予严惩。"江苏省高级人民法院认同一审认定的事实，并维持了一审的裁判，决定驳回麻继钢的上诉，对麻继

---

① 因此案涉及被害人隐私，法庭决定案件不公开庭审理。

② 南京市中级人民法院认定事实如下：1992 年 3 月 20 日 22 时许，被告人麻继钢在南京市汉中路 140 号原南京医学院校园内，发现被害人林某独自在教室自习，遂持铁棍将林某胁迫至该教学楼天井处强行发生性关系，其间因遭到反抗，用铁棍多次击打林某头部。后因担心罪行败露，麻继钢将林某拖至教学楼外，将林某头朝下投入窨井后盖上井盖，后又将林某的书包、书本、衣物等随身物品投入旁边另一窨井内。作案后，麻继钢因形迹可疑被校卫队员盘查时逃离现场。同年 3 月 24 日，林某的尸体被发现。经鉴定，林某系被他人用钝器击打头部致颅脑损伤合并溺水引起机械性窒息而死亡。

钢执行死刑，并报送最高人民法院进行复核。

2021 年 6 月 10 日，遵照最高人民法院下达的执行死刑命令，南京市中级人民法院已依法对故意杀人、强奸犯麻继钢执行了死刑。[①] 这一天，距离林某遇害已经过去了 29 年，南京城中的一具冤魂终得瞑目。迟到了 29 年的正义终于来到。

二、法理分析

（一）新技术助力犯罪侦查

1.DNA 鉴定的司法适用

在刑事诉讼活动中，需要鉴定的专门性问题非常广泛，常见的有法医学鉴定、司法精神病学鉴定、刑事科学技术鉴定等。DNA 在刑事侦查领域被称为"生物指纹"。某些特殊案件或纠纷中相关资讯在很大范围和程度上都与 DNA 相关。DNA 鉴定技术，法医学上称为法医 DNA 分型，是遗传学在个体识别领域的最高技术，也是目前人类同一认定的最尖端、最准确的一项技术。对 DNA 进行鉴定后会以一种"社会一般人"能够读懂的方式对结果进行"转译"，这一过程，产生了所谓的"DNA 鉴定意见"。[②] "DNA 鉴定意见"的最大应用领域是个体识别，通过对物证检材的遗传标记检验，判断前后两次或多次出现的物证检材是否属同一个

[①] 有关本案的案情介绍，另参见《南医大女生奸杀案犯罪嫌疑人麻某钢被批准逮捕》，载《人民日报》2020 年 3 月 6 日；《原南京医学院女学生被杀案罪犯麻继钢被执行死刑》，载《新京报》2021 年 6 月 10 日；《南医大女生被杀案二审开庭，被告人一审被判死刑》，载《中国新闻》2020 年 12 月 31 日。

[②] 参见吕泽华《DNA 鉴定技术在刑事司法中的运用与规制》，2010 年中国人民大学博士论文。

体。[①]DNA 鉴定作为鉴定意见[②]的一种，其具有特定性、稳定性与反映性三个固有特征。

特定性提供了个体差异的本质，是个体间区别的根本依据；同时，特定性也为个体与自身同一提供了最本质的鉴别依据，因此，特定性是鉴定技术的根本依据。[③]利用 DNA 进行同一认定的最大基础就是特定性原理，依托统计学与概率论，现代科学可以用"数字化"的"具体方式"实现对于 DNA 片段的分析、鉴定，得出精确的计算结果，去评估结果出现的可能性大小。据有关研究，DNA 鉴定的同一认定的识别可以实现全覆盖，达到 100%，而结果的精确度也近乎 100%。或许，随着 DNA 技术的继续发展，我们在不久的将来就能实现直接确定犯罪嫌疑人、免去破案工作的伟业。

稳定性是指 DNA 遗传物质本身具有的这种高度的遗传不易变化性，是 DNA 鉴定技术稳定性的重要基础。DNA 鉴定技术在法医学上通过各种法医分型技术来实现，这些分型的分析对象在"生物学意义上"具有稳定性，也就是说，个体的 DNA 由基因位点所决定，这些确定多态性的基因位点在一般条件下不会发生改变，或者这种改变是有迹可循的。[④]

反映性是指 DNA 鉴定技术可以将一种信息表现验证为其他信息的属性。依据 DNA 鉴定群体遗传学原理，"在生物物证学领域，利用 DNA 分析技术从生物检材中获取信息，是目前进行个人同一认定与血缘关系鉴

---

① 个体识别在刑事案件中体现为人身同一认定，即利用 DNA 物证双联性原理，物证的"双联性"一般表现为连接两个事实要素的桥梁，而且往往一方面连接已知案件事实，一方面连接嫌疑客体或未知客体。这就是物证的"双联性"。参见何家弘、刘品新《证据法学》，法律出版社 2013 年版。

② 鉴定意见是鉴定人在诉讼活动中运用科学技术或者专门知识，对于诉讼涉及的专门性问题进行鉴别和判断后得出的结论性意见，是我国法定证据种类之一。见陈卫东《刑事诉讼法》，中国人民大学出版社 2015 年版。

③ 人类个体中的 DNA 序列几乎都是有差异的，尽管这种差异所占的比例非常小（30 亿个碱基中有 1000 万个碱基存在差异），但这些差异却表明每个生命个体的 DNA 序列是不同的，这就为法医物证个体同一认定提供了根本性的理论依据——DNA 鉴定依据的特定性。

④ 另外，稳定性还表现在 DNA 鉴定的原理、操作方法的可靠性，也就是指 DNA 数据或图谱的可重复性，即在同样的实验条件下反复进行实验可得出同样的实验结果。操作方法是可靠的，结论得出的基础是客观的，而非鉴定人员的主观臆测。

定工作中最为有效的技术手段"①。自 1985 年英国遗传学家杰弗里斯教授发明了多基因座 DNA 指纹技术，开创了 DNA 生物物证时代以来，DNA 分型技术发展飞速，单基因座 DNA 纹印、VNTR-PCR、STR-PCR、SNP 序列分析技术、MVR-PCR 技术、mtDNA 多态区序列测定技术和 Y 染色体单倍型检验等新技术相继问世。DNA 鉴定的方法多样，针对不同的特殊情形有不同的鉴定方法，同一鉴定的准确性也不断增强。②

2.Y-STR 基因检测技术

时隔 28 年，该案件得以侦破的原因一方面是警方的重视与不懈努力，另一方面也得益于 DNA 最新技术的深度应用。轰动一时的全国十大悬案之首的甘肃白银变态杀人狂高承勇也正是通过此技术被锁定。③这种先进的鉴定技术名为 Y-STR 基因检测技术。

Y-STR 基因检测手段是法医学对精子的一种 DNA 检测手段。STR（Short Tendom Repeat）全名为短串联重复序列，Y-STR 是人类男性所特有的，Y 染色体特异短串联重复序列。④Y 染色体上存在 STR 位点，根据有关研究，目前已确认的 STR 位点有 200 多个，经检测如果两个人有 4 个 Y 染色体 STR 位点完全匹配，他们拥有共同父系祖先的概率近 95%，若有 5—9 个 STR 位点完全匹配，概率则将近 100%，这就是 Y-STR 检测技术的运用原理。⑤

其实，Y-STR 检测技术在麻继钢案中并非首次应用。在白银连环杀

---

① 参见公安部政治部编《生物物证学》，中国人民公安大学出版社 2008 年版。

② 参见 [美]John M.Butler《法医 DNA 分型——STR 遗传标记的生物学、方法学及遗传学》，侯一平、刘雅诚主译，科学出版社 2007 年版。

③ 参见杨凡、王清宇《白银连环杀人案告破，Y-STR、DNA 检测技术功不可没》，齐鲁网，http: // news.iqilu.com/other/20160905/3017691.shtml，2023 年 1 月 20 日访问。

④ Y 染色体上的遗传标记主要包括 STR 和 SNP（Single Nucleotide Polymorphisms，单核苷酸多态性），由于 SNP 的个体识别能力较低，所以 STR 的应用范围要更广一些。Y-STR 由于其按父系单倍遗传，所以又被称为"姓氏基因"。

⑤ 参见 [美] 霍华德·科曼、艾利克·史威森《法庭上的 DNA》，何美莹译，商业周刊出版社 2000 年版。

人案①的侦查过程中就有使用 Y-STR DNA 比对技术的先例。②白银连环杀人案是 Y-STR 方法在刑事侦查领域对重大悬案的成功应用。为侦破这起"世纪悬案"，警方采集指纹达 23 万枚，DNA 排查超过 10 万人。最终，通过对无意中发现的 DNA 线索使用 Y-STR DNA 检测技术，终于告破 20 多年悬而未破的连环杀人案。

未来，为了更好地发挥 DNA 检测技术的优势，我们应当大力建设涵盖全国的 DNA 数据库。尽管当下我国的法庭科学 DNA 数据库自开始建立以来已经发挥了巨大作用，但它的数据量依然较少，不能满足大数据筛查的需要。应当明确的是，DNA 鉴定虽然可以达到比对同一、人身识别的重要作用，但如果没有充分的比对样本资源，则寻找嫌疑人比对样本仍是一项烦琐的工作。例如，甘肃省公安厅加强了刑事侦查 DNA 库建设，对所有违法犯罪人员采集血样和指纹，并在化验分析后录入 DNA 库，这成为破案的关键。③当前数据库的数据总量已超过 1500 万，对于全国 14 亿人口来说，是一个微不足道的数字。另外，DNA 的对比是要在库中进行，如果犯罪嫌疑人一方的 DNA 或被检测者的 DNA，其中有一个没有被收录库中，那么 DNA 技术的运用就无法得到匹配结果，进而就无法确定犯罪嫌疑人。另外，有学者提出，由于罪犯绝大多数为男性，在 DNA 数据库中增加 Y 染色体的男性家系遗传特性及其比对功能，可在未来进一步扩展 DNA 数据库的作用，使其功能从个体覆盖扩展到家系覆盖。④

3. "证据之王"能否"坐实"？

随着社会的发展进步，各种高科技手段进入了刑事司法领域。在这些应用于司法的高科技成果中，DNA 证据无疑是当代最具有代表性的科

---

① 参见李铁柱《白银连环杀人嫌犯涉四罪被诉》，载《北京青年报》2017 年 4 月 26 日第 A11 版。

② 目前应用 Y-STR 数据库系统的单位共有 12 家 DNA 实验室，公安机关已利用 Y-STR 数据库系统相继破获内蒙古赤峰锡林郭勒特大持枪抢劫金店案、云南保山强奸案、山东东营强奸案、"2005.03.04"命案等多起积压多年的命案积案，"9·29"杀人碎尸案等公安厅挂牌命案以及多起强奸、杀人、入室盗窃案件。

③ 李铁柱《白银连环杀人嫌犯涉四罪被诉》，载《北京青年报》2017 年 4 月 26 日第 A11 版。

④ 参见葛建业、严江伟等《中国 Y-STR 数据库建设相关问题探讨》，载《法医学杂志》2013 年第 3 期。

学证据。① 作为 20 世纪自然科学领域的重大技术发明之一，DNA 分析技术的发展不仅能为人类回答"我从哪里来"的重大问题，也能在刑事司法中解决众多"悬案""疑案"。鉴于种种优势，加之其近乎百分之百的准确性，DNA 证据一举取代传统的"指纹证据"而成为当代的"证据之王"。

一方面，在刑事司法领域，因为 DNA 证据的出现，之前缺少破案条件的案件得以"重见天日"，一众社会影响恶劣的凶杀案件得以顺利告破。② DNA 技术也为无辜者获得救济提供了帮助。美国的"无辜者协会"中一些所谓的"罪犯"也通过了 DNA 证据证明了自身的清白。③ 可以说，DNA 证据依托其固有的属性，革新了刑事证据领域，使得整个刑事诉讼阶段有了可以依据的"可靠证据"。

但是另一方面，任何证据都不是万能的。作为一种技术型手段，必然存在一定的薄弱环节甚至盲点，因为任何技术应用都离不开人的因素，都有发生错误的可能性。DNA 鉴定技术也一样有其缺陷和不足之处，需要我们谨慎地对待。美国的世纪大审判——辛普森杀妻案中，DNA 证据因为血液样本被污染而受到排除处理，国内发生的"山西李逢春案"、湖北鄂州杨叶镇的"二次强奸案"等冤假错案都因为 DNA 鉴定出现了问题。在我国，这一问题有了新的情况。一是我国缺乏对 DNA 鉴定样本采集程序的法律规范。在刑事程序中，犯罪嫌疑人或被告人的供 DNA 鉴定用的比对样本采集是决定 DNA 鉴定结果的关键环节。而且，DNA 鉴

---

① 参见黄建平《刑事司法程序视野下 DNA 鉴定的探讨》，载《湖北警官学院学报》2009 年第 2 期。

② 在侦查中，因 DNA 鉴定技术的应用，可以获得准确的侦查线索，拓宽了侦查的途径，从而侦破了大量的疑难复杂案件，特别是在强奸案和谋杀案中，罪犯遗留的实物证据相对较多，更加适合应用 DNA 技术进行鉴定，从而给法庭提供更为科学、客观、真实的证据。在审判活动中，因为 DNA 证据高度准确的人身同一认定价值，为准确地认定犯罪和排除无辜发挥了举足轻重的作用。

③ DNA 鉴定除了为发现犯罪嫌疑人提供认定依据，还可以纠正错案、排除无辜。根据密歇根大学法学院 Samuel R. Gross 教授等人发表的《美国自 1989 年至 2003 年错案报告》，在 1989 年到 2003 年 15 年中的 328 例错案中，其中 145 人依靠 DNA 洗清了冤情。参见宋远升、陆薇《DNA 证据的价值解析与法律判读》，载《中国司法鉴定》2008 年第 2 期。

定具有高度的隐私介入性，与正当程序密切相关。根据我国刑事诉讼法规定，为了确定被害人、犯罪嫌疑人的某些特征、伤害情况或者生理状态，警察可以对人身进行检查，可以提取指纹信息，采集血液、尿液等生物样本。但我国刑事诉讼法对采集供 DNA 检验的比对样本尤其是对犯罪嫌疑人、被告人血液样本的采集并没有特别规定，实践操作呈现出随意性。这一方面不利于对公民隐私权的保障，也影响了 DNA 鉴定结果的证据能力，如果 DNA 样本的采集过程违反正当程序，可能无法被法庭采纳为认定事实的依据。[①] 二是我国对 DNA 鉴定结果的审查判断缺乏明确的法律规范。"鉴定意见"作为一种法定的证据种类，不能直接作为定案的根据，要像其他证据一样，在证明力和证据能力方面经受法庭上的审查过程。在司法实践中，由于 DNA 鉴定可以直接"认定"犯罪嫌疑人，而且同一认定率非常高，因而使得一些司法人员对它产生迷信，认为它是"铁证"，对 DNA 鉴定产生无条件的依赖和盲目的迷信，从而夸大了 DNA 鉴定意见的证据效力。

应当明确，被誉为当代"证据之王"的 DNA 鉴定结论并不是完美无缺的，DNA 证据也可能出错，科学也会"说谎"。为此，我们需要贯彻证据裁判规则，既不能一味地将 DNA 证据奉为圭臬，无视其他证据，也不能否认 DNA 证据所带来的客观性与科学性。

（二）"命案必破"背后的得失

在 2004 年 11 月，公安部认可了此前湖北、河南等地所作的尝试，正式提出"命案必破"口号。而所谓的"命案必破"是指，对于有人被杀死的刑事案件，不采取限期破案的做法，而是追查到底，直到查获犯人为止。这一概念侧重于"必"字，即不惜代价、全部不能遗漏地破除

---

① 如在美国著名的辛普森案件中，辩方胜诉的一个重要原因就在于对控方 DNA 证据采集程序合法性的质疑。辛普森的"梦幻律师团"以现场取证时的警官取证时没有按操作规定戴橡胶手套，让技术级别不够的助手操作取证等原因，指出 DNA 证据获取程序不合法，参见林达《历史深处的忧虑》，生活·读书·新知三联书店 1997 年版，第 232 页。

悬案、疑案。

这一口号的产生是有其深刻的背景的。早在"文化大革命"后重新领导政法工作的彭真同志对于命案一类的刑事案件确立了今日依然奉行的"重重轻轻"的刑事政策："对于凶杀、强奸、抢劫、放火、爆炸和其他严重破坏社会秩序的现行刑事犯，目前应该继续依法从重、从快处理"；"对他们的放纵、宽大就是对人民的残忍。现在，群众对治安情况已很不满，不从重、从快判处就会脱离群众，对国家对人民不利"。① 更为现实的因素则是极为无奈的。在 2004 年以前，由于持续的投入不足以及资源调配不均衡，造成命案的侦破率的下降甚至命案侦破上的无所作为。② 这种状况积久后，结果就是黄勇案件③、杨新海案件④ 凸显的悲剧。这些悲剧使得杀人犯不能及时被捉拿归案，使得更多的民众受到了伤害，甚至导致了更多的死亡。命案的侦破虽会增强公众对政权的认同并减少社会成本付出，但是并没有给公安机关带来物质上的收益。相反，公安机关必须在财政预算经费包干的现实体制下，持续投入以保证命案的侦破。这样就存在社会收益和部门成本支付之间的张力。⑤ 这一张力的形成通过自然与时间的调节很难抚平，从被害人受到抚慰角度、从国家威信确立角度而言，"命案必破"无疑是符合政治利益与社会利益的。

在"命案必破"的刑事政策理念确立之后，该刑事政策在刑法中得

---

① 参见彭真《在五大城市治安座谈会上的讲话》（1981 年 5 月 21 日、22 日），载《彭真文选》，人民出版社 1991 年版。

② 由于公安机关内部有严格的职能分工，而"命案"主要由刑警队负责，公安机关内部跨管辖权办案又是"讳莫如深"的事情，在很多大要案警力不足，需要经侦、治安、派出所等其他警种配合的时候，分管刑侦工作的副局长是难以号令其他支队的。因此，如果没有对"命案"提出特别激励的话，公安各警种分散的警力和各级公安部门主管领导分散的精力导致的结果一定是"命案破不了"。参见刘忠《"命案必破"的合理性论证》，载《清华法学》2008 年第 2 期。

③ 河南驻马店市平舆县农民黄勇从 2001 年 9 月到 2003 年 11 月，通过交网友方式先后将骗到自己家中的 17 名青少年杀死（另有一名未遂）。而两年多来，在最初几起案件中被害人的父母持续向当地公安机关反映孩子失踪的情况却均未引起重视，致使更多的被害人被杀。

④ 河南省驻马店市正阳县农民杨新海从 1999 年 11 月到 2003 年 8 月，在皖豫鲁冀四省连续抢劫、强奸、杀人、伤害并杀死 67 人，奸污尸体 19 具，但是却多次逃脱了公安机关的"十分不得力"的搜捕。

⑤ 参见刘忠《"命案必破"的合理性论证》，载《清华法学》2008 年第 2 期。

到具体贯彻，体现了中国在命案的刑事政策上保持的强硬态势。其一，《刑法》在故意杀人罪的量刑上一反通常的量刑排序，而是将死刑作为优先适用刑种，然后逐渐降低为无期徒刑、10 年以上有期徒刑。其二，《刑法》规定只有已满 16 周岁的人犯罪才应当负刑事责任，但是基于对严重危害社会的故意杀人、故意伤害致人重伤或者死亡、强奸、抢劫、贩卖毒品、放火、爆炸、投毒这 8 种犯罪的顾虑，刑事政策表现出"趋重"的倾向。《刑法》第十七条第二款降低了法定刑事责任年龄，规定已满 14 周岁不满 16 周岁的人要对所犯的 8 种罪负责。公安部规定的"命案必破"涉及的 8 种罪，除了将贩卖毒品置换为绑架之外，整体趋向与《刑法》第十七条第二款一致，与中国刑事政策的一贯态度保持一致。尽管这一口号在大多数时刻发挥了应有的作用，使得众多大案要案最终实现了"迟来的正义"，但其弊端也是值得我们反思的。

这种弊端集中表现在将"命案必破"错误地理解为政绩的体现。我们都知道，刑法的设计有一定的功利目的。过去长时间以来，由于刑事案件高发，我国刑法在社会防卫功能和公民权利保护功能两者之间，更加注重强化刑法的社会防卫功能。出于维护社会稳定，震慑犯罪分子，增强人民群众安全感，平息被害人及家属的情绪激愤，应对新闻媒体及社会公众的强大压力等一系列之需要，公安机关提出的"命案必破""限期破案""既不冤枉一个好人，也不放过一个坏人"等口号增强了破案的信心和决心，其成为刑事案件侦查工作的一种自我要求和价值目标也值得肯定，但"命案必破""限期破案"的提法却有违侦查规律。事实上，世界上总有一些因证据不足、理不清头绪、找不到线索而无法侦结的"冷案"。侦破率并不是一个可以人为规定的数字，必须尊重客观规律。现在还没有一项研究可以预测出基于当前侦查力量、科技水平、人员素质等条件下命案应当侦破的比率，即便有一个相对确定的比率，也可能存在因环境因素、不可抗力、意外事件等导致该侦破比率的无法实现。"命案必破""限期破案"，这些违背侦查规律的不切实际的要求，将侦查机关和侦查人员置于无法企及的神能标准。一方面，很多侦查机关和侦查人员因为侦破重大命案受到奖励、职级晋升。另一方面,"命案必破""限期破案"成为有的地方考核公安机关和侦查部门的硬性指标。在不科学的奖惩机制和绩效考核指挥棒下,基于利与弊的权衡与考量,背负巨大压力的侦查人员,为了完成上级指令,很可能忽视案件可疑点,强化主观推断,降低案件质量,进而引发刑事错案。[①]为此,当下我们还需要科学看待"命案必破""限期破案"这一刑事政策理念,破除错误的政绩观,让更多的疑案、悬案实现正义。

(三)核准追诉背后的重大利益考量

1. 本案中时隔 28 年的核准追诉

追诉时效核准制度是我国刑罚论中追诉时效制度的一个组成部分,它是指"法定最高刑为无期徒刑、死刑的,如果二十年以后认为必须追诉的,须报请最高人民检察院核准"。核准追诉的案件虽然不多,但它们大多很典型,并且社会影响大、犯罪情节恶劣。

而《刑法》中的追诉时效,是指依法对犯罪分子追究刑事责任的有效期限。在法定的期限内,司法机关有权追究犯罪分子的刑事责任;超过这个期限,除法定最高刑为无期徒刑、死刑的,经过最高人民检察院特别核准必须追诉的以外,都不得再追究犯罪分子的刑事责任,已经追究的,应当撤销案件,或者不起诉,或者终止审理。一般来说,即使是最高刑期为无期徒刑或者死刑的案件,过了 20 年追诉期限便不再追诉了。但是如果认为确有必要追诉的,必须报送最高人民检察院核准。最高人民检察院于 2012 年颁布了《最高人民检察院关于办理核准追诉案件若干问题的规定》,其中第五条对于报请核准追诉的条件作出了如下规定:(一)有证据证明存在犯罪事实,且犯罪事实是犯罪嫌疑人实施的;(二)涉嫌犯罪的行为应当适用的法定量刑幅度的最高刑为无期徒刑或者死刑的;(三)涉嫌犯罪的性质、情节和后果特别严重,虽然已过二十年追诉期限,但社会

[①] 穆书芹:《侦查阶段刑事错案防范之侦查理念、行为与制度构建》,载《中国刑事法杂志》2016 年第 1 期。

危害和影响依然存在，不追诉会严重影响社会稳定或者产生其他严重后果，而必须追诉的；（四）犯罪嫌疑人能够及时到案接受追诉的。在本案中，在抓获犯罪嫌疑人后，以上四个条件已经同时满足，虽然犯罪行为发生距今已有 28 年之久，但是经过最高人民检察院的依法核准，仍然可以对犯罪嫌疑人麻继钢提起公诉，追究其刑事责任。核准追诉制度的具体条件包括量刑条件、证据条件、到案条件和追诉必要性条件。

其中，量刑条件是指核准追诉的对象为所犯罪行法定最高刑为无期徒刑、死刑，且案件已经经过 20 年最长追诉时效期限，经最高人民检察院核准认定为必须追诉的犯罪人。证据条件是指核准追诉的证据标准应达到批准逮捕的证据标准较为适宜，即"有证据证明有犯罪事实"。[①] 到案条件是指犯罪嫌疑人能够及时到案接受追诉的，即对于经过 20 年后仅发现犯罪事实，但没有明确犯罪人的应核准追诉。最后也是最重要的一点，即追诉必要性条件。它是指根据《刑法》规定，只有被认为必须追诉的犯罪，才能够核准追诉。追诉必要性条件无法量化，需要司法人员通过案情判断，因此属于此类司法实践领域中的重点和难点。一般而言，一个严重犯罪经过 20 年以上的时间仍需追诉，需要具备以下条件：一是犯罪行为具有严重的社会危害性；二是犯罪行为仍未被社会公众原谅和遗忘；三是不核准对其进行追诉不利于预防犯罪。[②]

在本案中，犯罪行为发生在 1992 年 3 月 24 日，即 1992 年《刑法》生效之前，虽然案发之后警方迅速进行了立案并对此进行了侦查，但由于当时的侦查水平及技术条件有限，直到 2019 年 2 月才得以锁定犯罪嫌疑人麻继钢。根据案情可知，该案所涉及的罪名为故意杀人罪，《刑法》中规定，故意杀人罪的追诉时效为 20 年，从案发时起至锁定犯罪嫌疑人时已超过 20 年的法定追诉期。因此，本案在法律适用上较为复杂，需要

[①] 这具体是指如下三点：一是有证据证明发生了犯罪事实；二是有证据证明该犯罪事实是犯罪嫌疑人实施的；三是证实犯罪人实施犯罪的证据已有查证属实的。

[②] 参见王登辉《追诉时效延长抑或终止——〈刑法〉第八十八条之教义学解释及其展开》，载《当代法学》2016 年第 2 期。

从以下两个角度来思考。

首先，犯罪人麻继钢在该案的追诉时效期限内（1992 年 3 月 24 日至 2012 年 3 月 23 日内）是否还实施了其他的犯罪。根据《刑法》规定，犯罪嫌疑人在追诉期限内又犯罪的，前罪的追诉期限从犯后罪之日起开始计算，因此，只要查明麻继钢在本罪的追诉期限内还实施了其他犯罪，无论为故意犯罪还是过失犯罪、无论是轻罪还是重罪，该罪的追诉期限都应当归零，从犯后罪之日起计算 20 年的追诉时效。其次，应当考虑在新法生效之后，本案是否出现新法第八十八条规定的法定情形。《刑法》第八十八条做出了不受追诉时效限制的特别规定，即在人民检察院、公安机关、国家安全机关立案侦查或者在人民法院受理案件以后，逃避侦查或者审判的，不受追诉期限的限制。被害人在追诉期限内提出控告，人民法院、人民检察院、公安机关应当立案而不予立案的，不受追诉期限的限制。如果出现上述情形之一，那么需要进一步考虑其出现的时间是否超过法定追诉期限。如果未出现上述情形，那么本案不能够适用无期限追诉规则。根据本案案情，案发后侦查机关迅速进行立案侦查，并且始终没有停止对该案的侦查，因此不存在"被害人在追诉期限内提出控告，人民法院、人民检察院、公安机关应当立案而不予立案"的情形。而根据法律解释可知，"逃避侦查或者审判"是指以逃避、隐藏的方法逃避刑事追究，即在司法机关锁定犯罪嫌疑人并告知其不准逃跑后而逃跑的，属于逃避侦查或审判。而本案在法定追诉期限内一直未能锁定犯罪嫌疑人麻继钢，因此其由于各种原因离开南京市的行为我们无法进行评价。据此可知，本案也不存在"在人民检察院、公安机关、国家安全机关立案侦查或者在人民法院受理案件以后，逃避侦查或者审判"的情形，无法适用不受追诉时效限制的特殊规定。

根据前述可知，超过追诉时效的案件如果法定最高刑为无期徒刑、死刑的，经过最高人民检察院特别核准必须追诉的，可以追究犯罪分子的刑事责任。由于本案为故意杀人案，最高法定刑为死刑，因此符合本条款的适用条件，在根据追诉时效的基本计算规则已经超过追诉期限且不存在适用无期限追诉规则的情形下，依然可以根据上述规定报请最高人民检察院核准后，继续进行追诉。

2. 核准追诉的利益考虑

核准追诉制度是追诉时效制度的重要组成部分，设立目的在于解决极少数极其严重犯罪在超出追诉时效期限后的追诉问题。

设置核准追诉制度在我国是必要的。我国《刑法》第八十七条根据犯罪的法定最高刑，确定了 5 年、10 年、15 年、20 年四个档次的追诉时效期限，规定相应犯罪只要经过上述期限就不再追诉。但刑法同时考虑到，法定最高刑为无期徒刑、死刑的犯罪往往是社会危害性极其严重、犯罪嫌疑人人身危险性极大、社会影响极其恶劣的重大犯罪，在经过 20 年后犯罪仍然可能对社会安全存在较大的现实影响、被破坏的社会关系和社会秩序仍然没有恢复，如果一律规定不予追诉，将会不利于刑事诉讼目的的实现和社会公众对公平正义的期盼，因此，特别规定如果 20 年后认为仍然必须追诉的，应当报请最高人民检察院作出核准追诉或者不核准追诉的决定。这充分体现了我国对行使国家刑事追诉权的审慎态度，有利于确保社会和谐稳定、维护法治权威和司法公信。[①] 从一定意义上说，核准追诉制度是追诉时效制度的"修正例外"和"补充"。

设置核准追诉制度是符合我国国情的。特定的法律制度是特定文化的体现和传承。核准追诉迎合了我国民众的传统观念，将"复仇"目的的实现有条件地延长了期限，满足了"杀人偿命，欠债还钱"的"自然正义观"，使得民众可以信赖司法，避免过激的"私人复仇"行为，也缓和了国家与个人之间的紧张关系。另外，如果对极其严重的刑事犯罪一概不予追究，势必会助长犯罪分子的嚣张气焰，让被害人无从得到应有的慰藉，尤其在凶杀案件中，民众"严惩凶手"的心理更为明显，放纵犯罪则会激化社会矛盾，使得社会更加混乱，不利于法治秩序的建立与维护。上述观念反映到刑事法律制度之中，建立核准追诉制度是我国立

[①] 参见王牧、张萍《核准追诉制度实务问题研究》，载《法学杂志》2018 年第 3 期。

法的必然选择。

另外，也有学者认为设置核准追诉制度契合"罪刑法定"原则。我国《刑法》第八十七条明确规定："如果二十年以后认为必须追诉的，须报请最高人民检察院核准。"这是罪刑法定原则的充分体现。罪刑法定原则是世界各国刑法中最基本、最重要的一项原则，其内容和要求是宽泛的，凡是违反罪刑法定原则的思想基础或基本理念的，都是违反罪刑法定原则的。① 在核准追诉制度中贯彻罪刑法定原则，就是要求从形式上对于追诉期限和超期追诉要有明确的立法依据，从内容上确定这些条文是符合罪刑法定原则的思想基础和基本理念的。追诉期限是为国家追诉权划定了一个最远射程界限，原则上一旦抵达此界限，国家追诉权就应悬崖勒马，即便要突破期限的限制也应基于特定的"法定事由"。② 贯彻落实罪刑法定原则的核准追诉制度，在国家刑罚权和公民自由权利之间划分出一条"泾渭分明"的界限，划定了"犯罪圈"，设置了国家追诉权的边界。这也使得国家的追诉行为在一定程度上具有了"可预测性"：民众总会知晓在何种情况下国家会追诉，这就在根本上排除了公权力肆意扩大的基础，使得民众无须对不确定的危险过于担心。

其实，麻继钢案中核准追诉并不是罕见的个例。近年来，我国每年都有一些超过 20 年追诉时效期限的罪行极其严重的刑事案件被提请到最高人民检察院核准追诉。最高人民检察院秉持"以不核准追诉为原则、以核准追诉为例外"的原则和立场，核准追诉的案件非常少，③ 起到了较好效果。2015 年 6 月，最高人民检察院发布了第六批指导性案例，4 件案件全部是提请核准追诉的案件，其中，2 件核准追诉、2 件不核准追诉，充分展现了检察机关宽严相济刑事政策的衡平运用和核准追诉制度的良性运转，对于督促司法机关及时追究犯罪也起到了重要作用。最高人民检察院也加大了对此类案件的研究，2012 年制定发布了《关于办理

---

① 参见张明楷《刑法格言的展开》，法律出版社 2007 年版。

② 陈国坤、郑泽善：《超期追诉制度之反思与重构》，载《南通大学学报》2016 年第 2 期。

③ 韩晓峰、王海：《核准追诉制度若干问题研究》，载《人民检察》2009 年第 4 期。

核准追诉案件若干问题的规定》，对核准追诉条件、案件办理程序等问题作出明确规定；在此基础上，2019 年颁布施行的《人民检察院刑事诉讼规则》对核准追诉规定作了补充完善，为侦查机关和检察机关办理核准追诉案件提供了更具操作性的规范依据。[1]

但核准追诉制度在实践中仍然存在一些问题。尽管核准追诉制度日益规范严谨，运行状况良好，但是由于法律对核准追诉的规定比较宏观原则，理论界对此研究也不多，在核准追诉案件办理过程中，不少困惑和问题由此产生。比如，如何确定核准追诉的必要性条件？核准追诉的证据标准是什么？核准追诉的程序性要求有哪些？核准的对象是"犯罪事实"还是"犯罪嫌疑人"，或者两者兼具？如何理解和准确把握犯罪嫌疑人"逃避侦查或者审判"？如何理解核准追诉的"法定最高刑"？此外，还有如何理解追诉时效的暂停、重启与延长？核准追诉是"以不核准追诉为原则、以核准追诉为例外"，还是"以核准追诉为原则、以不核准追诉为例外"，以及"从旧兼从轻"原则在核准追诉制度中如何适用，[2]等等这些问题有待我们进一步研究。

三、启示

（一）"命案"何以被"破"

在目前的转型时代，犯罪率的上升是正常的。但是，在犯罪率上升的同时，破案率却在大幅度地下降。从全国公安机关近几年来的情况看，目前立案数的增长及破案率的下降似乎已经成了一个大致稳定的趋势。据公安部办公厅统计处统计，2003 年全国共立刑事案件 4393893

---

① 参见王牧、张萍《核准追诉制度实务问题研究》，载《法学杂志》2018 年第 3 期。

② 有关争议可参见侯国云、白岫云《新刑法有关追诉时效的几个问题》，载《国家检察官学院学报》1998 年第 2 期；赵秉志、于志刚：《论追诉时效的停止制度》，载《法学评论》2001 年第 2 期；曲新久：《追诉时效制度若干问题研究》，载《人民检察》2014 年第 17 期。

件，当年破获 1842699 件，破案率 41.9%。①2007 年，公安部的新闻发布
会上，发言人介绍当年前三季度刑事案件立案数 338.3 万起，破获年内
案件 161.3 万起，据此测算出的破案率为 47.68%。而现有的数据已经显
示，即便是侦查工作走在全国前列的广东省公安机关，其 2001 年、2002
年的破案率也仅为 27.1%、35.1%。②

　　导致破案率下降的因素很多。可以说，所有可能给成功的侦查带来
障碍的因素，都可能成为导致破案率下降的原因。首先是人员的高度流动
化，削弱了公安机关破获案件的能力。2006 年《人口与劳动绿皮书》曾
指出，中国的流动人口已达全国人口的 10% 以上。作为社会转型过程中
形成的一类特殊群体，流动人口无疑对于中国经济的发展，起到了十分积
极的促进作用。但是，不容否认的是，高度的人员流动既引发了违法、犯
罪率的增加，也给公安机关的布控、摸排、追逃带来了极大的困难。③

　　不仅如此，受经济水平限制，我国对侦查的投入明显不足，尤其是
办案警力严重短缺、经费相对匮乏，等等。这些必然会大大影响侦查破
案率。毫无疑问，"对于同一个案件来说，投入两个侦查员和十个侦查
员，没有办案经费和有办案经费，有办案经费和有充足的办案经费，没
有装备和有装备，有装备和有精良的装备，没有技术手段和有技术手段，
有技术手段和有先进的技术手段，其效果是完全不同的"。④在破案的高
压下，基层民警可谓"叫苦连天"。⑤这是因为，公安机关对于命案投入
的人力、物力要比普通刑事案件大得多。但是，中国的警力配置明显处
于较低水平，这根本无法适应刑事案件大幅度上升的需要。大量案件无

---

① 参见《2003 年全国公安机关刑事案件分类统计表》，载《公安研究》2004 年第 1 期。
② 参见郭超然《福建重提发案率和破案率引发的争议》，载《中国刑事警察》2005 年第 3 期。
③ 参见柯良栋《优化侦查权配置的几点思考》，载《法制日报》2008 年 6 月 22 日。
④ 参见柯良栋《修改刑事诉讼法必须重视的问题》，载《法制日报》2007 年 11 月 30 日。
⑤ 典型的例证是，公安部在 2004 年提出"命案必破"，随即在全国开展了"侦破命案专项行
动"。此后，"命案必破"成为新的政策性目标并初见成效。2005 年，我国公安机关命案侦破率就
达到了 89.6%，其中江苏、河南、湖北、山东、吉林等 14 个省份命案破案率超过 90%。参见王姝
《"命案必破"不会引发逼供》，载《新京报》2006 年 5 月 17 日。

法去侦查或来不及侦查。许多民警常年超负荷工作，有病也不能休假，每天疲于奔命。[①]目前，在很多地方的公安机关，办案主要还不得不依赖于口供、证言等言辞证据，侦查方法往往也主要是"摸排""蹲点守候"等原始方法。而最能体现侦查技术含量的现场勘查却应用不多。有学者在对 L 市 J 区公安分局进行调研，发现该局现有的人手和技术设备只可作手印、足印、指纹、尸检、血型、文检、钢印等的鉴定，致使 20%—30% 的时候即使作了现场勘查，对侦查破案也没有多少实质性的帮助，总体上现有的侦查手段和 10 年前没有太大变化。[②]

当然，影响破案率的远不止上文中所提到的几种因素，实际的情况可能更为复杂。对于一个具体案件的侦破而言，侦查模式、警察的办案能力、相关部门的重视程度、犯罪人的反侦查能力、被害人的督促力度、社会公众的关注程度，等等；都可能会对其产生相当大的影响。[③]尤其在命案中，我们可以推知，一线警方面临多大的破案压力去办案。这种"必破"的理念固然有"犯罪控制"的良好考虑，但当其将破案作为最终目的时，资源的价值将会被完全忽略，科学地厘清"打击犯罪"与"司法效益"之间的关系，我们还有很长的路要走。

（二）"报应"抑或是"恢复"

报应，或称报复，是指对某一事物的报答或者反应。陈兴良教授认为：在刑法理论中作为刑罚目的的报应是指刑罚作为对犯罪的一种回报、补偿的性质以及对此的追求。[④]报应是一种十分古老的观念，作为一种理论形态，它经历了从神意报应到道义报应，再到法律报应这样一个演进过程。尽管在各种报应刑论之间存在理论上的差异，但贯彻始终的是报

---

① 参见陈卫东主编《刑事诉讼法实施问题调研报告》，中国方正出版社 2001 年版。

② 参见何永军《犯罪、侦查、人权——一个观察者在 L 市 J 区的见闻》，载《中国诉讼法判解》（第 4 卷），中国人民公安大学出版社 2006 年版。

③ 以上参见李奋飞《刑事被害人的权利保护——以复仇愿望的实现为中心》，载《政法论坛》2013 年第 5 期。

④ 参见陈兴良《刑罚目的新论》，载《法学论坛》2001 年第 3 期。

应的基本精神——即根据已然之罪确定刑罚及其惩罚程度、追求罪刑之间的对等性等。[1]

在刑事案件中，"报应"多是有道德制高点一方才能持有的观点，诸如被害人一方、公安机关与检察机关等。而依据刑法的目的说，正义与伦理是报应论的理论基础。正义是评价某一行为或者某一社会制度的道德标准，它往往成为一种行为或一种社会制度存在的正当性根据。刑罚制度要合乎正义，而报应就是这种刑罚正义的体现。首先，报应要求将刑罚惩罚的对象限于犯罪人，而不能适用于没有犯罪的人，即所谓有罪必罚、无罪不罚。因而，报应限制了刑罚的适用范围，这是报应刑的质的要求。其次，报应还要求将刑罚惩罚的程度与犯罪人所犯罪行的轻重相均衡。对犯罪人的刑罚惩罚不得超过犯罪的严重性程度，即重罪重罚、轻罪轻罚。因而，报应限制了刑罚的适用程度，这是报应刑的量的要求。伦理是报应的道义基础。报应作为刑罚目的体现了刑罚的道义性。刑罚是一种法，它具有强制性，这种强制性不仅要求具有合法性，而且要求合乎伦理性。刑罚的报应性就体现了伦理上的必要性，使刑罚不满足于成为一种外在的强制，而具有内在的道义根据。[2]

尽管报应理论具有很强的道德说服力，且符合一般民众的心理认知，但是也有一定的不足。如王世洲教授认为，报应说提出的任务并不是为刑罚提供什么目的，而是为刑罚提供一个合理性的根据。这种仅考虑一方的观点是"绝对的"。尽管倡导这一学说的先贤（如康德、黑格尔等人）认为刑罚不再被认为是满足对个人报复的需求的，而是为实现正义服务的，并且在需要使用刑罚的时候，只能以正义的方式进行。但报应的合理界限的界定无论如何都离不开对于"正义"一词的界定，对于违法行为，尽管我们很容易得知它是否违反社会公共利益、社会一般伦理或是法律规定，但是对于这一违法行为我们到底该如何处理才恰当却是

---

① 参见陈兴良《刑法公正论》，载《法学研究》1997 年第 3 期。

② 此外，还有观点认为常识也是报应论的一种理论基础。参见陈兴良《刑罚目的新论》，载《法学论坛》2001 年第 3 期。

莫衷一是的。换言之，对于所有违法犯罪行为，我们不可能全都实现个案的实体正义，总有一些案件的处理结果因各种原因而或轻或重，尽管最后总体上是轻重平衡的。另外，报应理论强调适合的惩罚，使人遭受痛苦的做法经常是没有社会意义的。在报应理论下的刑罚是根据附加痛苦的原则来执行的。在这样的理论指导下犯罪行为的社会和心理原因难以为人们所认识，刑罚也不能达到消除经常是犯罪行为实施原因的心理上的社会化损害的效果。[①] 本质上，这种仅出于报应理论而进行的处罚是"以暴制暴"，本质是一次伤害，且对于非死刑惩罚外后续的社会回归难以顾及。

正义的处理结果仍是我们所期待的，但一味地强调处罚、实现报应似乎也并不是完美无缺的。此后，有众多学者提出了区别于"绝对理论"的"相对理论""综合理论"，但相互之间总不能达成一致。近年来，随着刑法目的的多元性日益被人们所接受，一种以"恢复性"为代表的理论学说崭露头角。

恢复性司法并不是报复性司法的反面，更准确地来说，它是报复性司法的有益补充。恢复性司法的渊源可以追溯至人类早期的司法形式，即将犯罪看作是对人们的伤害，通过司法帮助被害人、犯罪人和社区治愈创伤。可见，恢复性司法是一种关注被害人遭受的损失的恢复程序、强调犯罪人对其造成的损害承担责任、重建社区和平的犯罪反应方式。宋英辉教授认为，构成恢复性司法基础的基本原则，是正义要求恢复被损害者的权利。直接卷入犯罪和被犯罪影响的人如果愿意，应当有机会全面参与对犯罪的反应。在这个程序中，政府的作用限于维护正义的公共秩序，社区的作用则是建设和保持公正的和平。恢复性司法的理念基础是对报应性正义取而代之的恢复性正义的理念。[②] 而上文所介绍的纯粹的报应性的犯罪处罚不仅不能减轻社会的损失总量，无法有效地满足被害人的赔偿需要和促进社区冲突的解决，而且在促进公共安全方面的作

---

① 参见王世洲《现代刑罚的目的理论与中国选择》，载《法学研究》2003 年第 3 期。

② 参见彭海清《论恢复性司法》，载《中国刑事法杂志》2004 年第 3 期。

用也是有限的。

现实中，对于诸如麻继钢案等重大的命案，我国社会公众出于对社会安全的期望，对于犯罪者一般深恶痛绝，希望国家机关处罚犯罪，维持社会安全，保障自身的合法权益。因此，社会公众对于犯罪人还能减刑、还能与被害人一方和检察院一方谈条件是完全不能接受的。可以说，恢复性司法是一种趋势，但在一些重大利益面前，这一底线确实是不能打破的。尽管如此，遭受犯罪行为侵犯后，被害人会或多或少地产生复仇的心理。在提倡"和谐司法"、贯彻"宽严相济"、呼吁"司法救助"的同时，我们当然不应忽视被害人复仇心理的正常满足。被害人的复仇心理，需要通过参与案件的处理过程得以疏导，但是更需要通过案件的处理结果得以满足。

四、结语

正义永远不会缺席，邪恶必受法律严惩。28 年前的雨夜恶行，28 年后的狱中忏悔，正是侦查技术手段的革新与"命案必破"的高压态势才使得凶手最终落网。近年来，如"白银连环杀人案"等众多悬案、疑案相继告破，这些成就的背后是无数一线办案人员旷日持久的努力。在新时代、新技术的助力下，相信更多案件会圆满解决，更多的正义将不再迟到，中国的法治事业也会行稳致远。

（赵家祥）

身陷囹圄十六年　申请"国赔"何为限

——吴春红申请再审无罪赔偿案

引言

2020 年 4 月 1 日，"吴春红投毒案"在河南省高级人民法院（以下简称河南省高院）开庭进行再审宣判，河南省高院认为，原审认定吴春红故意杀人罪的事实不清、证据不足，改判无罪。从 2004 年 11 月 20 日被刑拘到无罪出狱，经过整整 5612 天的羁押，吴春红终被宣告无罪释放，重获自由之身。被改判无罪后，吴春红向河南省高院申请国家赔偿，包括人身自由赔偿金 972 万余元、精神损失赔偿 500 万元、误工费和补偿费 200 万元、相关医疗费用 200 万元，以及伤残赔偿金等。同时，吴春红要求河南省高院在商丘市范围内，为他消除影响、恢复名誉、赔礼道歉。河南省高院于 2020 年 8 月 5 日作出（2020）豫法赔 1 号国家赔偿决定，赔偿吴春红总金额 262 万余元，其中精神损害抚慰金 68 万元，向吴春红赔礼道歉，但驳回吴春红的其他赔偿请求。

对于这一赔偿金额，吴春红及其家属表示不满，尤其是认为精神损害抚慰金太低，而后于 2020 年 8 月 13 日递交了国家赔偿复议申请书。同年 8 月 17 日，最高人民法院立案受理吴春红的国家赔偿复议申请。2021 年 4 月 23 日，针对吴春红申请再审无罪赔偿案，最高人民法院经复议作出（2020）最高法委赔 25 号国家赔偿决定，将原来的 68 万元精神损害抚慰金提高至 120 万元，占自由赔偿金比例从约 35% 提升至约 62%。吴春红申请再审无罪赔偿案是最高人民法院发布《关于审理国家赔偿案件确定精神损害赔偿责任适用法律若干问题的解释》后，首个依照 "后果特别严重，精神损害抚慰金可以在人身自由赔偿金 50% 以上酌定" 条款作出赔偿决定的重大冤错案件，对于人民法院在今后如何认定精神损害程度，如何确定精神损害抚慰金数额具有重要指导意义。

一、案情回顾

（一）因缴电费，卷入凶案

2004 年 11 月 15 日，一起投毒案打破了河南省民权县周岗村清晨的宁静，村民王战胜用厨房案板上面瓢内的面粉制作面托，其两个儿子食用后先后出现中毒症状，6 岁的大儿子王晨峰经抢救脱险，3 岁的小儿子王晨龙却抢救无效，与世长辞。村中一时众说纷纭，有人说是俩孩子吃了别人给的糖，有人怀疑是人为投毒，也有人猜测是 "中邪了"。悲痛欲绝下，死者家属于当天下午报警。民权县公安局随即组织技侦人员前往王战胜家进行勘验、调查，当晚尸检结果显示王战胜儿子的胃内容物以及王战胜家的水瓢和面粉中均有 "毒鼠强" 的成分，两幼儿均因 "毒鼠强" 中毒。王战胜认为儿子绝对不会误食 "毒鼠强"，警方经初步勘查认为这是一起人为投毒案，随后对死者家属及周边村民展开调查，询问是否有村民看见王战胜家中出现过可疑人士。案发第三天，村民王二轩为警方提供了一条信息，将吴春红引入调查视野。七天后，民权县公安局刑警大队宣布侦破此案，吴春红因有作案时间和作案动机之嫌，被锁定为 "真凶"。

原来，2004 年 11 月 14 日，也就是案发前一天，王战胜曾通过村里的大喇叭催缴电费。上午 7 时许，吴春红和王二轩到王战胜家缴纳电费。根据王二轩向警方提供的信息，案发头一天两人交完电费后一起从王家堂屋走出，走到院外时王二轩等了一分钟才见吴春红出来。这一分钟的去向使得吴春红的疑点上升。2004 年 11 月 19 日，这天吴春红因为眼睛不舒服早早睡下，后来警察上门说要了解情况，34 岁的吴春红被连夜带走进行讯问，此后就再也没有回来，直到第一次开庭才得和儿女再相见。

针对王二轩证词中的可疑之处，警方询问吴春红案发当日细节，吴春红却否认了王二轩的证词，吴春红向《中国新闻周刊》回忆道："交完电费，我和王二轩一前一后走出去的。出了门，他往南，我往东，他叫住我让我一起走，我就改往南走了。"①民权县警方认为吴春红否认离开王家后一分钟内的去向，有很大可能利用这一分钟进入王家厨房中投毒。尽管吴春红态度坚决地否认，警方也没有调查到吴春红投毒的直接证据，为尽快破案，警方仍仅以吴春红、王战胜、王二轩等人提供的口供和证词咬定吴春红有投毒的重大嫌疑，并以吴春红狡辩为由对其进行了长时间的违规讯问。在讯问期间录过的七次口供中，吴春红指出大部分情况下他又累又困、精神高度紧张，讯问人员也并没有做任何记录，而是拿着一份已经记录好的笔录讯问其是否为本案真凶，最后一次讯问中即便吴春红已经翻供，民权县公安局依旧宣布此案已经侦破，并公开声明吴春红已然交代全部犯罪事实。就是凭这些证人证词、犯罪嫌疑人供述，加上王战胜家水瓢、面粉中检测出的"毒鼠强"成分，在没有提取到"毒鼠强"证物的前提下，警方勾勒出了吴春红购买"毒鼠强"、烧毁包装袋、洗裤子的犯罪情节。

（二）破案经过，疑点重重

警方认为，吴春红和王二轩在王战胜家交完电费后，趁王二轩走出大门院内无人之际，偷偷溜进厨房把提前买好的"毒鼠强"撒在王战胜

---

① 黄孝光：《吴春红投毒案：争议的 1 分钟与被囚的 16 年》，载微信公众号"中国新闻周刊"，2020 年 4 月 9 日。

家案板上的面粉以及水瓢内，并于投毒后把剩余的"毒鼠强"放进口袋里打算带回家中销毁。随后，吴春红故意拿起厨房窗口的马达轮弄出声响，然后离开现场。在王二轩回家之后，吴春红找到本村闫学超家墙南边将包装袋点燃，回家后又故意打扫家中猪圈弄脏裤子，在其妻户金环将其所穿裤子清洗后，怕洗不掉口袋中的鼠药又将裤子口袋洗了两遍，这也是为什么警方迟迟没能找到"毒鼠强"残留物的原因。

勘测现场没有发现吴春红的脚印和指纹，除了吴春红的口供外没有吴春红投毒的直接证据，就是在上述背景下，警方凭几人存在逻辑冲突的证词就判断吴春红有重大投毒嫌疑和充分作案时间，凭死者胃内容物中发现有"毒鼠强"成分就认定吴春红向面粉里投毒并致两幼儿伤亡，这样破获的案件，其侦破和揭发情况疑点重重。

第一，吴春红这一分钟带来的嫌疑出现得莫名。案发前，吴春红是家里的顶梁柱，在周岗村从事着带锯加工木材的生意，大部分时间在自家院里做木工活，家境不错，为人老实巴交，不善交际。警方撰写的《破案经过》显示，案发第三天警方从村民王二轩处了解到吴春红于案发当天早上来过王战胜家，两人一起来电工王战胜家交电费，交完电费后两人从王战胜家离开，王二轩看见吴春红先往东边走、后来又往南边走，在短暂的分开后从同一个方向走了，这间隔的一分钟内吴春红的去向不得而知。但吴春红被带走询问时却否认和王二轩分开过，所谓改道也是在出门后被王二轩叫住让二人一起走，后两人沿同一方向离开。对于二人不同的说辞，警方一句"经技侦排查，认为吴春红回避前述一分钟的去向，疑点明显上升"，吴春红就被扣上了"杀人凶手"的帽子。且不论两人的说辞都没法得到第三人的印证，孰是孰非尚未可知；即便是同一件事从不同角度看都能有不同的说法，怎么能仅因一人怀疑就锁定真凶、排除其他人的作案可能性。资料显示，警方在收到王二轩提供的信息后进一步调查发现，王二轩、吴春红二人与王战胜均有不同程度的矛盾，又如何能确定王二轩说的吴春红离开一分钟是事实而吴春红所言二人并未分开过是故意隐瞒，因此吴春红有很大嫌疑？难道只是因为王二轩先向警方提供信息而吴春红后向警方陈述案发当日情形吗？更何况，从商丘市中级人民法院查明的案件事实和认定的证据来看，案发前一天，王战胜在吴春红和王二轩走出堂屋门后一分钟因听到外面声响扭头就"看到吴春红在其厨房的窗户下"，若当日吴春红确实如判决书所载因王战胜在村中催缴电费语气强硬并联想到与王战胜的矛盾产生报复恶念，且下毒后还被王战胜看见了在厨房窗户下，王战胜缘何不在案发当日就与警方说明相关情况，反而是三日后在王二轩的证词中才将吴春红引入，吴春红又怎么会选择在一两分钟的时间内、在王战胜一转头就能够看到的地点投毒，这样的作案时机安排也是不合常理的。

第二，吴春红的作案动机说法多变，未经查证属实。按照商丘市中级人民法院一审判决书所载，"王战胜催交电费时，吴春红认为其口气强硬并联想到以前的矛盾，便产生投毒报复之恶念，遂从家中取出存放的鼠药带在身上到王战胜家交电费"①。找到犯罪嫌疑人的作案动机往往是侦查机关侦破刑事案件的关键点，《破案经过》中提到"吴春红一开始百般抵赖，不承认与王战胜家有矛盾。突审民警围绕吴的家庭、子女、老人展开心理攻势，经过耐心工作，吴春红交代了为报复而投毒杀人的犯罪情况"。从"百般抵赖""心理攻势""耐心工作"这些看似温柔平和却字字能扼住犯罪嫌疑人心理防线的字眼中，不难想象这样获取的作案动机水分有多少。此外，警方从吴春红和王战胜口中了解到双方对矛盾的解释也不同，吴春红的供述中矛盾缘于其在村中经营加工木材生意，用电量较大，曾经被前来查电表的王战胜怀疑偷电并遭侮辱；而王战胜则向警方表示和吴春红因收苹果产生矛盾，吴春红想去王战胜家拿一袋苹果却遭拒绝，因此吴春红对他产生了意见。用这些矛盾来解释杀人动机和案件的严重程度显然是不匹配的，吴春红在村中的条件本身就比较好，依靠做木材加工一个月能挣1000多元，在村中是为数不多拥有摩托车、彩电的家庭，女儿12岁、儿子9岁，一家人生活幸福甜蜜，为这点过节

---

① 吴春红故意杀人案，河南省高级人民法院（2009）豫法刑四终字第19号刑事裁定书。

犯险杀人并不合理。而且当天缴纳电费时王战胜还给吴春红点了烟，案发后听到村中有人说可能是吃了他人给的食物才中毒的猜测，吴春红还特意嘱咐儿女不要吃别人给的东西，可见有关吴春红当天为泄私愤投毒杀人的说法也是需要打上一个大大的问号的。除了吴春红在第一次讯问时称和王战胜家没有矛盾外，警方也曾询问王战胜和谁有过矛盾，王战胜并没有认为和吴春红有过矛盾，其妻吴新丽提到的六七个怀疑对象中也不包括吴春红。但警方从王二轩处获得线索后并未就夫妻二人的怀疑对象进行全面排查，反而是草率地将吴春红锁定为犯罪嫌疑人，自此对吴春红连夜讯问，王战胜一家也逐渐觉得吴春红有重大嫌疑，把吴春红当成了杀人凶手。正如吴春红的一名辩护律师金宏伟所形容的那样，警方的破案过程就像是"邻人疑斧"，再加上屈打成招和威胁诱供，作案动机就这么被缝缝补补地定下了。

第三，警方查获证词和线索存在互相矛盾之处。相关判决显示，警方搜集和法院采纳的证据中，以吴春红、王二轩、王战胜等人的口供或证言为主，对于投毒这一核心犯罪事实，更是缺乏人证或物证，只有吴春红本人的口供。除吴春红本人庭前供述外，警方提供的证据还有：1. 刑事技术鉴定结论，证实被害人胃内容物及王战胜家面瓢内的面粉、炒豆糁，均检出杀鼠剂类药物"毒鼠强"。2. 现场勘验笔录及照片，证实被害人家中厨房内案板及面瓢摆放位置情况与吴春红供述的摆放位置一致，被告人在案发前至少到过被害人家中厨房并有逗留。3. 法医鉴定结论，证实王战胜幼子死于"毒鼠强"中毒。4. 被害人家属王战胜证言，证实曾因给吴春红安装电表及收电费等问题而与吴春红产生了矛盾，案发前一天早上催交电费时语气有点狂，当天早上吴春红和王二轩交完电费走出其家堂屋门后约一分钟看到吴春红在其厨房窗户下。5. 证人吴某证言，证实看到吴春红走到闫学超家墙南边时烧了一张纸条。6. 证人王某某证言，证实吴春红因想当电工、架线、安装电表等问题与王战胜产生了矛盾，且吴某告诉过其看到吴春红在案发前一天烧纸条的事实。7. 证人陈某证言，证实麦收前周岗村带锯的那个男子骑摩托车来其门市部买了灯泡和两包老鼠药。警方因未能提取到老鼠药物证，为补强证据不足，采信了关于吴春红购买老鼠药、烧毁包装袋、洗裤子的证词，尚且不提这些证词是否满足真实性和合法性的证据要求，其相互之间以及和吴春红的供述之间就矛盾重重。案卷材料说明中，侦查机关称被害人胃内容物已经全部糜化，并未检测出被害人吃过该"有毒面食"。而事实上，被认定为吴春红投放过"毒鼠强"的面食，被害人家属吃了、被害人家中的狗也吃了，[①] 却安然无恙，而未被检测出胃内容物含有面食的被害人，反而被认定为食用该"有毒面食"而中毒身亡。根据公安部《法医学》教材和辩护律师金宏伟所做实验，进食时间和死亡时间若仅隔两小时，胃内容物是不可能完全糜化的。即便被害人真的是因为食用面托中毒，那夫妻二人亲手炒制面托的过程中，其指甲缝隙、作为炒制工具的锅和铲是否有毒物残留，相关案卷材料中也并无记载。王战胜有关听见响动后看到吴春红在其厨房窗户下的证言真实性在上文中已经详述，正如上文强调的，如果真的案发前一天就看见过吴春红出现在厨房附近，王战胜又怎么会在事关杀害儿子真凶这件事上没有第一时间想起来？在警方盘查和自己有嫌隙的对象时也没有想起来？反而是在警方接到第三人的线索，现场勘查没有发现吴春红脚印和指纹的情况下，凭借明显短缺的证据一步步勾勒出犯罪情节时，才笃定这位邻居曾出现在案发现场附近并且就是投毒真凶呢？再说购买毒药和毁灭证据这两个环节，陈某所言其所卖老鼠药为塑料袋包装，而吴某看到吴春红烧掉的是一张纸条，且如果吴春红已经找到一个隐蔽角落烧毁了鼠药包装袋，为什么又要在家多此一举专门弄脏裤子让其妻为其清洗，如果担心妻子洗不干净口袋中的鼠药，又为什么不一开始就自己偷偷将裤子口袋清洗干净呢？这些孤证或是互相矛盾，或是缺乏印证，加上吴春红在讯问期间录过的七次口供前后存在出入、说法多变，吴春红在之后的《刑事申诉状》中也强

---

① 王战胜的妻子吴新丽在 2009 年 3 月 26 日的询问笔录中记载："堂屋剩下的面也做成'面托'，但人未吃了，给狗吃了，也没什么事，公安机关也提取了。"金宏伟：《为蒙冤者写书——河南商丘吴春红故意杀人案》，载微信公众号"念兹集"，2017 年 12 月 2 日。

调其卷宗中的有罪供词系被刑讯逼供和诱供所得，这些证词是否具有法律效力值得推敲。更为荒唐的是，现场勘验笔录记载被害人家中厨房内案板及面瓢摆放位置情况与吴春红供述的摆放位置完全一致。吴春红 14 日投毒后并未再进入被害人家中，但王战胜一家 15 日做饭过程中必然使用和移动了厨房中的厨具、面粉等，而侦查人员一天之后的现场勘查笔录却和吴春红供述中关于其 14 日进入涉案现场时物品摆放位置的描述完全一致，吴春红竟然能未卜先知地准确说出这些被移动、使用后的物品的摆放位置，这样的供述显得吊诡又滑稽。辩护律师金宏伟曾去监狱会见吴春红，排队等候时和警察聊起吴春红的讯问笔录与一天后现场勘查笔录完全一致的问题，警察说道："这就是照着现场勘查喂口供没喂好嘛，那么多东西，怎么可能用了一天，正好又放回了原处？ 谁又不是神仙。"[①] 短短一分钟的作案时间内，吴春红的供述中没有出现诸如水缸、柜子、灶台这种显眼且不易移动的大型物件的位置，却将如案板、面瓢这种被多次移动的小物件的位置表述得清清楚楚，一审中法院认定的可以和现场勘查笔录互相佐证的被告人供述，恰恰暴露了本案中存在刑讯逼供的极大可能。

第四，除了案件事实本身的表述存在诸多相悖之处外，能够锁定吴春红作案的唯一直接证据——吴春红的有罪供述，对案件细节的表述也前后不一致，存在翻供现象，有指供、诱供之嫌。有关毒物的成分，2004 年 11 月 20 日吴春红接受讯问时说其在王战胜家下的是在内黄集姚民农药门市部买的一袋"敌害清"，呈微黄色面状，跟面粉颜色差不多。而在侦查人员 21 日取得证人陈某的证言后，2004 年 11 月 21 日的讯问笔录中吴春红的供述就变成在购买灯泡时捎带了一包老鼠药。对比吴春红和陈某最终版本的陈述，也是细节之处漏洞百出：吴春红供述中鼠药是一袋、在家里找多蔺买袋子进行包装，而陈某说的是两袋、在店里特意用方便袋包装好；吴春红供述中购买物品只有灯泡和鼠药，陈某则称

---

① 参见金宏伟《法官的挣扎 | 不敢判无罪，就把无罪线索藏入案卷》，载华一律师事务所网，http://www.huayilawfirm.com/？p=1933，2018 年 5 月 24 日访问。

包含矿灯、小灯泡、鼠药和食品；吴春红供述中是只给了一块钱，陈某虽然没说具体金额但显然不可能销售灯泡、鼠药和食物只收一块钱。有关投毒的过程，吴春红的供述中是趁王二轩走出大门时溜进厨房并将鼠药投入王战胜家厨房案板上面瓢内的面粉中，从侦查人员出示的现场照片也可以看到该面瓢放置在厨房的最里端，要想将毒物投放到面瓢内就必须走进厨房实施投毒行为。在厨房凌乱的环境下和投毒的紧张心态中，吴春红不仅要在短短一分钟内发现厨房最里面的小面瓢，甚至还要清理现场以使侦查人员无法提取到其足迹和指纹。吴春红只在侦查阶段作出了有罪供述，在最后一次的讯问中还存在翻供，以后的历次庭审中始终坚持自己无罪，并称有罪供述系刑讯逼供下违心作出，甚至坦言面粉的现场位置系侦查人员告诉他后通过刑讯逼供让他承认，他无奈之下只能按照侦查人员的指供进行陈述。吴春红还称供述时讯问人员也并未做记录，而是拿着已经记好的笔录一步步让他"如实供述"犯罪的细节，即侦查人员按照自己的判断明示或暗示犯罪嫌疑人按其要求供述犯罪事实，口供内容的提供主体显然已从犯罪嫌疑人易位为侦查人员。有关毒物的销毁，吴春红的供述中于投毒后先是烧毁了包装袋后又回家清洗衣物，但不论是 2004 年 11 月 21 日接受侦查机关的询问，还是 2005 年 5 月 19 日接受检察机关的询问，吴春红的妻子户金环都否认了交电费那天有洗过衣服。就算暂且忽视清洗裤子问题上夫妻两人互相矛盾的说辞，如果裤子内真的有沾到"毒鼠强"，水洗过后还是应该能够检测到具有可长期留存特性的"毒鼠强"残余；如果裤子内没有沾到"毒鼠强"，那么在烧毁包装袋后还要清洗裤子这个举动显然多此一举。

（三）三次重审，诉讼拉锯

尽管民权县警方证据不足，吴春红依旧于 2005 年 6 月 23 日被一审判处死刑。商丘市中级人民法院认定吴春红故意杀人罪成立，判处其死刑，缓期两年执行。此后，河南省高级人民法院和商丘市中级人民法院就该案进行了长达 5 年的诉讼拉锯，吴春红本人及其妻女也踏上长达 16

年的多方申诉的漫漫长路。

商丘市中级人民法院第一次开庭审理吴春红投毒案时，吴春红当庭推翻了在侦查阶段作出的有罪供述，其律师陶有献在庭审中也提出吴春红存在被屈打成招的较大可能性，并就投毒案情提出如死者胃内容物中没有发现面粉和豆糁，现场勘查没有发现吴春红的脚印和指纹等多项质疑。但即便是主审法官都明确承认本案中缺少认定犯罪嫌疑人构成犯罪的证据，商丘市中级人民法院依然作出（2005）商刑初字第49号刑事附带民事判决，认定被告人吴春红犯故意杀人罪，判处死刑，缓期二年执行，剥夺政治权利终身；赔偿附带民事诉讼原告人经济损失人民币50813元。宣判后，吴春红不服，提出上诉。河南省高级人民法院于2005年12月9日作出（2005）豫法刑二终字第424号刑事附带民事裁定，撤销原判，发回重审。

2006年6月22日商丘市中级人民法院作出（2006）商刑初字第33号刑事附带民事判决，认定被告人吴春红犯故意杀人罪，判处死刑，缓期二年执行，剥夺政治权利终身；赔偿附带民事诉讼原告人经济损失人民币54400元。宣判后，吴春红再次提起上诉，同年12月22日河南省高级人民法院作出（2006）豫刑一终字第343号刑事附带民事裁定，又撤销了判处死刑的原判，将此案发回重审。

2007年7月13日商丘市中级人民法院作出（2007）商刑初字第32号刑事附带民事判决，第三次认定被告人吴春红犯故意杀人罪，判处死刑，缓期二年执行，剥夺政治权利终身，同时判处吴春红赔偿附带民事诉讼原告人经济损失人民币60000元（于判决生效后30日内付清）。2007年10月30日，河南省高级人民法院在吴春红的上诉下作出（2007）豫法刑二终字第271号刑事附带民事裁定，再次撤销原判，发回重审。客观证据不足是河南省高级人民法院先后三次撤销原判发回重审的重要原因，2008年10月8日，吴春红案的原审法官在开庭前接待受害者家属时，明确承认了案件证据不足，"关于吴春红故意杀人一案，经本院三次一审，省高院三次以事实不清发回重审，本案存在的主要问题是被告人供述包老鼠药的药包未找到，吴春红供述放毒药的裤子已提取，但未提出毒鼠强，认定吴春红杀人的直接证据只有被告人供述，除此之外，再无其他证据"，①这段话以正式笔录的形式留在了案卷中。

河南省高级人民法院第三次以事实不清将案件发回重审，侦查机关又找不到新证据之际，给吴春红进行了一次测谎实验。案卷中有关测谎实验记录显示对吴春红采用 CQT 测试法（准绳问题测试法）进行测试，但测谎人员并没有设置任何中性问题、准绳问题、题外问题，只是问了吴春红三遍"W 家厨房里的药是不是你下的？"便得出吴春红在相关问题的回答上有说谎反应的结论。②2008 年 10 月 15 日，商丘市中级人民法院第四次就吴春红案进行审理。或许是这份测谎报告连基本的测谎程序都弃置一旁、假得过于招摇，公诉人员并没有将这份荒唐的测谎报告在庭审中作为公诉证据使用。在没有任何新证据的情况下，商丘市中级人民法院作出（2008）商刑初字第 70 号刑事附带民事判决，认定被告人吴春红犯故意杀人罪，判处无期徒刑，剥夺政治权利终身，赔偿附带民事诉讼原告人经济损失人民币 13737.5 元。商丘市中级人民法院判决吴春红无期徒刑后，河南省高级人民法院于 2009 年 7 月 6 日作出（2009）豫法刑四终字第 19 号刑事裁定，驳回上诉，维持原判。原本三次认定事实不清的案件变成了犯罪事实清楚，证据确实、充分，唯一的变化就在于对吴春红的刑罚由死缓改判为无期徒刑。裁判生效后，吴春红提出申诉，于 2012 年 12 月 7 日被河南省高级人民法院驳回。

（四）接力申诉，终得昭雪

吴春红入狱后，其妻女在村中无法立足，情绪激动的受害人家属冲到吴春红家，他们的房子被砸、电线被剪、水井被堵、家具被毁，连

---

① 参见金宏伟《法官的挣扎 | 不敢判无罪，就把无罪线索藏入案卷》，载华一律师事务所网，http://www.huayilawfirm.com/？p=1933，2018 年 5 月 24 日访问。
② 参见金宏伟《法官的挣扎 | 不敢判无罪，就把无罪线索藏入案卷》，载华一律师事务所网，http://www.huayilawfirm.com/？p=1933，2018 年 5 月 24 日访问。

家中的二十几头猪和两只羊也相继被村民们抢走卖钱，一个原本幸福美满的家因一人锒铛入狱就此破碎。无奈之下母亲带着儿女在亲戚的村边搭起一个小房子，横竖各放一张床，生活了两三年。吴春红出事后，家中生活日益拮据，为维持生计，吴春红的妻子远赴广东打工，其女吴莉莉和其子吴云磊也在村中饱受冷眼，相继辍学，随母亲一起外出打工。2009 年，吴莉莉首次在监狱中见到父亲，"第一次探监，他跟我说，你要相信爸爸是冤枉的，爸爸没有给家里抹黑"①。

服刑期间，吴春红始终拒不认罪，不接受学习改造，从原审审查起诉程序时起就开始喊冤，这一喊就是十多年。尽管只有小学文凭，他每天都在想自己的案子，一封接一封地写申冤书，隔几天就向上递交一次。在监狱中，吴春红但凡遇见领导视察也会向领导喊冤，为此被多次关禁闭，其中一次甚至被监狱管理人员关了三个月禁闭，一顿饭只给半块馒头。其间，法院还曾到监狱提过要为吴春红减刑，让他不要申诉，好好表现争取早日出狱，但都被吴春红拒绝了。吴春红的女儿吴莉莉向记者透露："我父亲在会见的时候说，减刑就意味着要认罪，我没罪就不认罪。要不就无罪释放，要不就老死在狱中。"②

高墙外，生活的艰难、申诉的坎坷也没能阻止家里人为吴春红申诉的脚步。变故发生之后，吴春红父母的身体每况愈下，妻子也要外出打工维持生计，但家里人从未放弃过为吴春红申诉。最开始是吴春红的父亲吴庆亮四处申诉，2014 年随着吴春红三弟因病逝世，年迈的父亲因承受不住身心上的双重打击，不能再出远门，申诉的重担就交给了吴莉莉。吴莉莉坚持每周都去邮局邮寄申诉材料，光是被她保留下来的申诉信邮寄单据就有 630 余张，虽然绝大部分都石沉大海，但吴莉莉始终觉得只要坚持申冤，最终一定会等到好结果。

---

① 黄孝光：《吴春红投毒案：争议的 1 分钟与被囚的 16 年》，载微信公众号"中国新闻周刊"，2020 年 4 月 9 日。

②《吴春红案三次死缓改判无罪的背后：拒绝认罪和六七百封申诉状》，载澎湃新闻，https://www.thepaper.cn/newsDetail_forward_6798680，2020 年 4 月 2 日访问。

2014 年福建念斌投毒案获得平反，让吴莉莉看到了希望，在为父亲奔走申冤的过程中还偶然结识了北京京谷律师事务所李长青、北京华一律师事务所金宏伟两位律师。通过听吴春红的陈述、查阅案卷，两位代理律师发现该案有罪供述前后存在出入、作案动机说法多变、缺乏客观证据等可以突破的疑点。两位律师都表示，辩护人在这种证据可左可右的案件中始终执着坚定，这种态度给辩护人以信心上的支持。申诉案件往往耗时多年，如果吴春红并非真正蒙冤，很难坚持到改判无罪。接案后，两位律师频频去法院询问申诉的进展，虽然原审中暴露出的问题明显，想要申诉获得批准却依旧显得遥遥无期。

2016 年 6 月 3 日，已经服刑 12 年的吴春红写下了一份《刑事申诉状》，并强调其有罪供述系刑讯逼供和诱供所得，他在申诉状中写道："十多年以来，一直在黑暗的'无期'日子里，我多次上诉、申诉，以求清白，没动摇过坚定的信念。希望真相大白，让蒙受冤枉的人得到清白公道。"所幸这一次，吴春红没有再度失望。2018 年 10 月 15 日，狱中的吴春红从律师手中接过最高人民法院的指令再审决定书，逐字读完后，他泣不成声。两年后，吴春红终于迎来了再审宣判，审判长表示纵观全案并未形成完整证据链，缺乏锁定吴春红作案的客观证据，没有达到犯罪事实清楚，证据确实、充分的证明标准，原审认定吴春红犯故意杀人罪的事实不清、证据不足，决定撤销原审判决，改判吴春红无罪。终于，在失去自由 5611 天后，年届五十的吴春红被当庭释放，在家人搀扶下哭泣着踏上回家的路。因投毒案入狱后，吴春红每每想到这件事就忍不住掉眼泪，一掉眼泪就用手揉眼睛，直到有一天右眼只能看到面前一点模糊的影子，出狱后，吴春红在室外始终戴着一副墨镜，摘下墨镜后能看到他明显充血的右眼角。16 年的牢狱给他添了一身的伤病，除眼疾外双臂上也是斑痕点点，回家途中一度因为身体不适，临时下高速就医。来接吴春红的吴云磊告诉新闻记者，回家后除了一家人好好团聚外，还要带父亲去检查身体，待父亲身体好些后，考虑申请国家赔偿。

（五）申请国赔，何谓"天价"

出狱后的两个月，吴春红除了去医院看病，更多的时候是待在从亲戚处租来的出租屋中。在接受红星新闻采访时，吴春红表示："不管多少钱，都买不到失去的 16 年。出狱两个月了，对这个社会感到陌生，变化太大了，我出门孩子都得始终陪着我。"[①]

2020 年 6 月 2 日，吴春红向河南省高级人民法院申请国家赔偿。吴春红的代理律师李长青介绍，此次吴春红申请国家赔偿的金额为 1872 万元，其中人身自由赔偿金 972 万元，精神损害赔偿金 500 万元，误工费和补偿费 200 万元，相关医疗费用 200 万元，以及伤残赔偿金（具体金额待伤残等级鉴定后计算）。吴春红自 2004 年 11 月 20 日被刑事拘留，至 2020 年 4 月 1 日被再审改判无罪释放，一共被羁押 5612 天，按照《中华人民共和国国家赔偿法》（以下简称《国家赔偿法》）第三十三条"侵犯公民人身自由的，每日赔偿金按照国家上年度职工日平均工资计算"和 2020 年 5 月 18 日最高人民法院发布的法〔2020〕138 号《关于作出国家赔偿决定时适用 2019 年度全国职工日平均工资标准的通知》的规定，国家赔偿中的每日赔偿金应按 346.75 元计算。但吴春红和李长青认为，按照这样的标准来计算只能获得 190 万余元的人身自由赔偿，不能弥补吴春红的损失，因此在计算赔偿时借鉴了《国家赔偿法》第三十三条第一款对因误工减少的收入"每日的赔偿金按照国家上年度职工日平均工资计算，最高额为国家上年度职工年平均工资的五倍"的规定，最终提出了人身自由赔偿金 972 万元的申请。[②]吴春红的另一位代理律师金宏伟也表示提出 1800 万元的赔偿金并非不合理的天价，考虑到吴春红入狱前在村中优渥的生活条件，赔偿金本身就会比较高。

---

①《被羁押 5611 天无罪释放，吴春红申请国家赔偿 1872 余万元》，载红星新闻，https://static.cdsb.com/micropub/Articles/202006/a736deaae52717495a9e6c8971c0402e.html，2020 年 6 月 1 日访问。

② 参见李爱、顾慧敏《吴春红投毒案：被耽误的 5611 天》，载荔枝新闻，http://news.jstv.com/a/20200605/1591405503254.shtml。

同年 8 月，河南省高级人民法院作出《国家赔偿决定书》，决定赔偿吴春红侵犯人身自由赔偿金 194 万余元，精神损害抚慰金 68 万元，并向吴春红赔礼道歉。河南省高级人民法院认为，关于侵犯人身自由赔偿金，应按照 2019 年度全国城镇非私营单位就业人员日平均工资标准 346.75 元的标准予以赔偿，共计 1945961 元；关于精神损害抚慰金，吴春红以涉嫌故意杀人罪被刑拘、逮捕，后经再审改判无罪，客观上给其身心和家庭生活造成一定影响，决定给予其精神损害抚慰金 68 万元；关于误工费、补偿费、医疗费、伤残赔偿金，不属《国家赔偿法》规定的无罪羁押赔偿范围，不予支持。

吴春红认为该决定中的赔偿金额偏低，尤其是精神损害抚慰金太低，遂向最高人民法院赔偿委员会申请作出赔偿决定。2020 年 8 月 13 日，吴春红递交了国家赔偿复议申请书，申请金额仍为 1872 万余元。8 月 17 日，最高人民法院立案受理吴春红的国家赔偿复议申请。2020 年 10 月 29 日，最高人民法院赔偿委员会举行公开质证，吴春红指出近年媒体报道的刘忠林、金哲红案精神损害抚慰金比例均达 75%，陈满、廖海军、李锦莲案精神损害抚慰金比例也在 50% 以上，而本案赔偿比例为 35%，明显偏低。且服刑期间，吴春红一直顶着"杀人犯"的罪名，家人受到歧视，儿女及配偶被迫外出打工还债，吴春红本人在狱中也因为申诉被严管两次，其认为自身所遭受精神损害后果超过刘忠林、金哲红、陈满等案，赔偿比例却相差悬殊，原决定赔偿 68 万元精神损害抚慰金不公正，应提高到 500 万元。

2021 年 4 月，经最高人民法院复议决定，针对吴春红申请国家赔偿案作出（2020）最高法委赔 25 号国家赔偿决定，虽然就人身自由赔偿金和误工费、补偿费和医疗费用问题维持了河南省高级人民法院的决定，但将原决定确定的 68 万元精神损害抚慰金数额提高至 120 万元。最高人民法院赔偿委员会指出，虽然吴春红刑事案件已经依法得到纠正，赔偿义务机关河南省高级人民法院也在尽力为吴春红消除刑事错判影响，协调善后工作，并对吴春红给予了 5 万元的国家司法救助，对吴春红的精神损害有所缓解，但尚未消除。在确定本案精神损害抚慰金的数额时，最高人民法院赔偿委员会充分理解吴春红因被错误追究刑事责任所遭受的巨大精神痛苦，针对其主张赔偿精神损害抚慰金 500 万元的请求，在充分考虑吴春红刑事案件原判罪名重，羁押时间长，劳动能力受限，家庭经济条件较差，刑事申诉过程曲折漫长，无罪释放后身患多种疾病，影响生活等因素的情况下，依法酌定赔偿义务机关河南省高级人民法院向吴春红支付精神损害抚慰金 120 万元。①

二、法理研判

刑事错案不仅对误判者及其家庭造成严重伤害，而且对司法公信力造成重大影响。党的十八大以来，党中央对冤假错案的纠正给予了高度关注，最高人民法院、最高人民检察院、公安机关相继发布关于如何加强防范冤假错案的文件，自 2013 年至今，人民法院纠正了数十起重大冤假错案。正如习近平总书记在 2014 年中央政法工作会议中所指出的："不要说有了冤假错案，我们现在纠错会给我们带来什么伤害和冲击，而要看到我们已经给人家带来了什么样的伤害和影响，对我们整个的执法公信力带来什么样的伤害和影响。我们做纠错的工作，就是亡羊补牢的工作。"② 本系列丛书中选取过多次冤错案再审改判无罪的案例，如张玉环案、张志超案、聂树斌案等，亦足可见冤假错案防治的重要性再怎么宣传也不为过。冤错案的防治大致可以分为冤错案产生前和产生后两个方面，产生前的防治主要针对存在的如忽视无罪证据、超期羁押、刑讯逼供盛行、重口供轻证据、指供诱供等问题，往期文章中已多次强调要

---

① 本节中有关河南省高级人民法院和最高人民法院赔偿委员会对应向吴春红支付的赔偿范围和具体数额的观点，均参见吴春红与河南省高级人民法院再审无罪赔偿纠纷案，最高人民法院赔偿委员会（2020）最高法委赔 25 号决定书。

②《纠正冤假错案：勇于担当 有错必纠》，载最高人民法院网，https://www.court.gov.cn/zixun-xiangqing-83912.html，2018 年 3 月 7 日访问。

坚持疑罪从无理念、贯彻证据裁判原则、强调侦查机关的全面取证义务、加强对侦查权的控制、推进以审判为中心的诉讼体制改革；至于产生后的救治，则主要集中在平反和赔偿方面，由于种种原因，刑事错案中救济权的实现在实践中遇到了很多困难，尤其体现在冤错案的平反和平反后取得赔偿两方面。吴春红申请再审无罪赔偿案是最高人民法院适用精神损害司法解释审理并作出国家赔偿的第一起案件，对于新时代法治建设有重要推动作用，故本文将主要围绕刑事错案发生后的救与治展开论述。

（一）再审启动困难

近年来，刑事错案纠正的漫长和获赔的艰难见诸报端，充分暴露了我国冤假错案的纠正机制存在诸多问题，刑事案件申诉难、再审程序启动难已是老生常谈的话题。有学者曾经统计过 20 余起重大冤案的平反过程，没有一件是仅通过当事人及其近亲属申诉途径得以成功启动再审后改判无罪的，大多数还必须有"亡者归来"、真凶出现、律师抗争、媒体报道等外力配合。[1] 刑事错案的救济权是公民享有的基本权利，《宪法》第四十一条第一款和第三款分别规定公民享有"申诉控告权"和"获得国家赔偿的权利"，但刑事申诉制度的落实与刑事再审程序的启动长期以来都是刑事诉讼研究与实践中的一大难题。申诉难指的是现实中被生效裁判确认有罪者及其近亲属通过申诉启动再审程序以纠正错误裁判的目标往往不易实现。按照《刑事诉讼法》第二百五十三条规定，只要当事人及其法定代理人、近亲属的申诉符合法定条件，法院就应当启动再审。但根据《中国法律年鉴》的数据来看，我国刑事再审案件的数量一直都处在较低水平。

---

[1] 参见陈永生、邵聪《冤案难以纠正的制度反思》，载《比较法研究》2018 年第 4 期。

表　2011—2020 年全国刑事再审案件的数量及再审率①

年份	再审案件数量（件）	生效判决总数（件）	再审率（%）
2011	3080	839973	0.37
2012	2853	986392	0.29
2013	2785	953976	0.29
2014	2906	1023017	0.28
2015	2844	1099205	0.26
2016	2713	1115873	0.24
2017	2769	1296650	0.21
2018	3176	1198383	0.27
2019	3235	1297191	0.25
2020	3288	1115890	0.29

　　从实践中法院受理刑事再审审查案件情况和我国刑事诉讼法的规定来看，申诉是启动再审程序的重要方式，②但再审启动的情况却不容乐观，笔者认为可以从以下几个方面进行分析。

　　首先，根据《刑事诉讼法》第二百五十三条的规定，当事人提出申诉的法定理由为："（一）有新的证据证明原判决、裁定认定的事实确有错误，可能影响定罪量刑的；（二）据以定罪量刑的证据不确实、不充分、依法应当予以排除，或者证明案件事实的主要证据之间存在矛盾的；（三）原判决、裁定适用法律确有错误的；（四）违反法律规定的诉讼程序，可能影响公正审判的；（五）审判人员在审理该案件的时候，有贪污受贿，徇私舞弊，枉法裁判行为的。"但一方面，冤错案的当事人及其近亲属囿于法律专业知识的缺乏和获取相关证据事实的信息壁垒，要依靠力量薄弱的蒙冤者平反成本很高；另一方面，法定理由规定的模糊性也导致滥用申诉权现象存在，不仅扰乱了正常的申诉秩序和诉讼秩序，浪

----

① 本表中的全国刑事再审案件数量以及（一审）刑事案件生效裁判总数来自《中国法律年鉴》。

② 如 2020 年全国法院受理的刑事再审审查案件中，申诉再审审查案件为 19197 件，依职权再审审查案件为 2585 件，抗诉再审审查案件为 822 件，可见法院、检察院主动纠错的比例不高，当事人申诉为启动再审的重要力量。参见邵晓悦《审判工作》，载《中国法律年鉴》2021 年第 1 期。

费了有限的诉讼资源，而且使一些真正的刑事错案被忽略，有冤屈的当事人难以通过申诉得到及时有效的再审救济。① 由于以上两个原因，以"证据不确实、不充分、依法应当予以排除""证明案件事实的主要证据之间存在矛盾""适用法律确有错误"为由引发刑事再审程序几乎不太可能，而大多数申冤者又没有"新的证据"，因此虽然刑事申诉案件居高不下，但实际通过申诉引起再审的数量却少之又少。② 此外，我国司法实践中还存在将当事人申诉再审的条件和法院、检察院主动启动再审的条件混同的问题。《刑事诉讼法》第二百五十三条规定了当事人申诉启动再审的条件，第二百五十四条规定了法院、检察院依职权主动启动再审的条件，根据这两条的规定，当事人启动再审的条件较法院、检察院依职权主动再审的条件低，如第二百五十三条列举的第一、第二、第四项，只需要"可能影响"和"存在矛盾"就应当启动再审程序，而并不需要达到原审裁判"确有错误"的证明标准，这也符合当事人信息收集能力较法院、检察院更低的法理。毕竟在审查是否应当启动再审阶段，法院主要对申诉材料进行书面审查，此时调查核实、收集证据的范围有限，而一旦启动再审，法院就可以通过开庭审理、言词辩论的方式确定原审裁判是否存在错误，这样才能保障尽可能查明案件事实，发现和纠正错误的判决。现实中当事人启动再审的条件被拔高的现象屡见不鲜，如轰动一时的聂树斌案件中，在王书金供认被害人系其奸杀及相关犯罪细节后，显然已经达到"可能影响定罪量刑"的程度，但河北省高级人民法院却一直拒不启动再审，直到经山东省高级人民法院四次延长复查期限、举行听证确认原审裁判确有错误后，最高人民法院才决定启动再审，这显然是极不合理的。③

其次，我国并未建立系统完善的证据保管链制度，实践中证据保管存在问题，管理不善，从而导致证据被污染、损毁，甚至遗失的现象屡

---

① 参见江必新《完善刑事再审程序若干问题探讨》，载《法学》2011 年第 5 期。

② 参见李奋飞《刑事误判纠正依赖"偶然"之分析》，载《法学家》2015 年第 4 期。

③ 参见陈永生、邵聪《冤案难以纠正的制度反思》，载《比较法研究》2018 年第 4 期。

屡发生。[①]吴春红投毒案中，侦查人员给受害者糖吃的妇女做过残留物检验，自然也会为王战胜夫妻这对面托制作者，以及锅铲等厨具进行残留物检验，但在后续的审理中相关证据却缺失。我国法律规定中证据的审查对再审启动及改判具有决定性作用，若被告及其近亲属提出申诉后，法院、检察院却因证据遗失、污染无法核实证据的真伪，也就以此为由不愿启动再审。特别是生物证据在刑事错案的平反中发挥着重要作用，如美国允许被定罪者申请 DNA 检测，通过 DNA 鉴定技术不仅使得冤错案的当事人被无罪释放，而且在一些案件中还能帮助查获真凶。美国的"无辜者计划"开创性地使用 DNA 技术解放无辜者，迄今为止已有 375人通过 DNA 检测被无罪释放。[②]我国法律中并未规定被告人定罪后可以申请 DNA 鉴定，实践中被告人通过申请进行 DNA 鉴定而得以洗清冤屈的案例尚为空白。

最后，律师在刑事诉讼案件中参与率仍然较低，法律援助制度尚不普及。我国刑事案件的辩护率低，但纵观历年来重大冤案的纠正，均离不开律师的申诉、抗争。绝大多数案件中，犯罪的被告人大多不懂法律，尤其是在再审案件中，很难证明公安司法机关的认定存在错误，但又因为贫困而无力聘请律师，刑事申诉往往也很难获得法律援助。重大案件中律师大多自愿为被冤的被告人提供法律服务，可以想见，在社会影响力不大的案件中，想要依靠被告人及其近亲属的申诉促使法院、检察院启动再审程序可谓难上加难。为发挥律师在刑事错案纠正中的作用，必须延伸法律援助制度的触角，提高刑事申诉案件中律师的参与率。刑事辩护全覆盖是完善法律援助制度的重要支柱，2021 年 8 月 20 日出台的《法律援助法》在《刑事诉讼法》的基础上扩大了刑事案件法律援助的适用范围，对于申诉或申请再审的案件，当事人及其近亲属也可以申请法律援助，有效扩大了法律援助的覆盖面。但考虑到法援机构实际能力，

---

① 参见陈永生《证据保管链制度研究》，载《法学研究》2014 年第 5 期。

② 参见美国无辜者计划官方网站，https://innocenceproject.org/exonerate/，2023 年 1 月 13 日访问。

立法使用了"可以"的表述，考虑到法律援助工作者得到的补贴依然偏低，当事人能否得到合格的法律援助、办案质量能否得到保证的问题依然存在。① 为充分发挥辩护律师的作用，一定要进一步完善刑事案件申诉和再审程序中的法律援助制度，为申诉及再审程序中的律师查阅、摘抄、复制案卷材料等提供方便，保障被告人及其辩护律师的合法权益。

（二）审查主体"自错自纠"动力不足

刑事错案的救济不仅通过当事人申诉途径难以启动，而且由于审查主体"自错自纠"的设计，法检主动纠错的动力不足。2007年陈永生教授统计的20起案件中，没有一起是司法系统主动发现原审判决事实不清、证据不足或发现新的能证明被告人无罪的证据而主动纠正的。② 新一轮司法改革之后，2016年又有学者以23起冤错案为样本进行归纳分析，虽然刑事错案的平反依赖"真凶浮现""亡者归来"这样偶然性因素的比例降低，但在冤错案的平反中依旧占据较高比例，涉诉法院、检察院自纠以外的平反事由占比高达53%，更依赖于司法机关自身纠错的平常型"证据不足"事由推动案件平反的动力不足。③《刑事诉讼法》第二百五十四条规定，原审法院和上级法院都可对生效裁判进行再审，由上级检察院对生效裁判提起抗诉，多元的启动主体和启动程序的设置本是为了便于当事人行使申诉权，但实际上却造成了启动责任不明，不同机关之间互相推诿，出现无人受理情形，也导致当事人不得不在不同机关之间重复申诉。

此外，最高人民法院和最高人民检察院制定的司法解释有架空刑事诉讼法关于多元启动主体的规定之嫌。《最高人民法院关于适用〈中华人

---

① 参见陈卫东《〈法律援助法〉的三点创新》，载《中国检察官》（司法实务版）2021年第19期。

② 参见陈永生《我国刑事误判问题透视——以20起震惊全国的刑事错案为样本的分析》，载《中国法学》2007年第3期。

③ 参见郑磊、陈对《冤错案平反中的救济权实现状况分析——以新一轮司法改革中23起冤错案为样本》，载《浙江大学学报》（人文社会科学版）2016年第6期。

民共和国刑事诉讼法〉的解释》第四百五十三条规定："申诉由终审人民法院审查处理"。《人民检察院刑事诉讼规则》第五百九十三条规定："由作出生效判决、裁定的人民法院的同级人民检察院依法办理。"当事人及其法定代理人、近亲属向人民检察院的申诉，最高人民法院和最高人民检察院的上述规定导致由原审法院及同级检察院负责再审以及审查申诉。由终审人民法院审查处理带来的突出问题是，由于错案责任追究制度和严格的绩效考核制度，为避免业绩考评的不利影响乃至承担刑事责任的不利后果，原审法院与刑事错案纠正因存在职业上的牵连关系而缺乏启动再审程序的内在动力，为防止提高再审改判率和发回重审率，尽量不启动再审程序，甚至千方百计地阻止再审程序的启动。与此同时，我国国家赔偿法规定国家赔偿的赔偿义务机关是实施违法行为或作出错误裁判（决定）的公检法机关，这也会导致原审法院及其同级检察机关为避免承担国家赔偿义务而利用职权之便尽量不启动再审程序，拒绝当事人的申诉。[①]

吴春红就曾提到在监狱中法院多次协商减刑，"第一次是在 2013 年，要给我把无期变成有期，让我不要再申诉了，以后好好表现还会减刑。第二次是几个月没看到我的申诉，误以为我愿意认罪了。我说我没有认罪，我一直在申诉，我的申诉状可能被寄丢了"[②]。即使是视察时向领导申冤引起领导注意，也会被扣上神经病的帽子，之后还要被关禁闭、被体罚、被节食。甚至在向最高人民法院提出申诉后，商丘市中级人民法院还曾主动和当事人家属沟通，希望他们放弃申诉。因为一旦被认定是错案，审理案件的法官就可能被追究错案责任，甚至刑事责任，实践中也就出现了"明白人"一旦成为案件承办人，为防止承担不利后果就会尽量不启动，甚至百般阻挠启动审判监督程序、阻止推翻原判的现象。

---

① 参见陈永生《冤案为何难以获得救济》，载《政法论坛》2017 年第 1 期。

② 黄孝光：《吴春红投毒案：争议的 1 分钟与被囚的 16 年》，载微信公众号"中国新闻周刊"，2020 年 4 月 9 日。

（三）刑事司法理念落后

刑事错案的纠正之艰难还与落后的刑事司法理念有关。我国不同群体在刑事诉讼基本理念上分歧较大，加之自古以来中国的刑事司法观念都更强调结果公正、宁枉不纵，很多制度的设计立足于犯罪控制，但对人权保障考虑不足。法院改判无罪的标准被拔高到能够查明真凶的程度，既有来自被害人及社会公众要求的破案压力，也有来自公安机关"命案必破"的要求、检察机关"枉法裁判"监督的压力。本来刑事诉讼从侦查、起诉到审判，从一审、二审到死刑复核、再审，应该是一个不断纠错的过程，但实践中三机关及不同审级的法院之间过度强调互相配合而轻视互相制约，审判阶段对侦查、起诉阶段错误认定有罪案件的纠错能力非常低，侦查、起诉阶段的错误定罪绑架了审判阶段的救济途径。

现代的法治社会虽然早已不是那个同态复仇的时代，但显然民众心中朴素的正义观依旧受着这些传统文化潜移默化的影响，"报应刑"观念在普通民众心中占据重要地位。过于激愤的舆论报道容易在公众甚至司法人员中造成先入为主，干扰审判工作的正常进行。在"不是你，那是谁""那总要说出来是谁吧"的舆论环境下，尚未发现真凶的疑案、冤案平反动力削弱，过度强调追究错案责任也使得司法机关及其工作人员对冤错案平反产生抵触心理。

此外，司法机关维稳考量也会成为冤错案平反的重大制约。"无罪推定""疑罪从无"等现代司法理念虽然在我国刑事诉讼法中得到确立，但"疑罪从有"的观念在我国司法领域根深蒂固，人民法院对重大刑事案件以证据不足宣告无罪要承担诸如"放纵罪犯""打击犯罪不力""影响社会稳定""枉法裁判"的风险和责问，[①]平反冤假错案虽然可以恢复司法权威，但推翻已经生效的判决本身会对稳定的局面带来波动，多次审理结果前后不一致也会对法院判决的既判力带来冲击，加之在真凶未出现的

---

① 参见张正新《论解决刑事错案的长效机制》，载《武汉大学学报》（哲学社会科学版）2007年第4期。

情况下作出无罪宣告势必导致法院面临来自被害人家属的强烈压力，司法机关为稳定被害人家属的情绪也会对冤错案当事人的申诉久拖不决。

如本案中，基于"命案必破"的时代背景，商丘市中级人民法院的法官在明知案件"只有被告人供述，除此之外，再无其他证据"的情况下，一次又一次判决吴春红有罪，而连续三次将案件发回重审的河南省高院最终也"放弃抵抗"，维持了有罪判决。吴春红被无罪释放后，也有质疑声称并未完全排除吴春红作案的可能性，回到家乡后村里人依旧对他指指点点，王战胜称自己不接受法院的无罪判决，专门从打工的外地赶回，准备寻求警方的帮助，查明真凶。再如赵艳锦案中，审判长姚志强称："案发后，死者家属情绪激烈，强烈要求重判严惩赵艳锦。第一次判决赵艳锦无罪时，死者家属情绪失控，大闹法庭，当天围堵中院大门，谩骂法官，要求检察机关抗诉。在检察机关未明确表态抗诉前，死者赵紫旭的姥爷李老国撞碎市检察院玻璃门，欲割腕自杀，最后检察院作出抗诉决定。""接到河北省高院的判决书后，保定中院既要严格依法办事，同时重点考虑到不宜再酿事端，在对李老国做好稳定工作之前，不便贸然宣判。"[1] 即在维稳考量下，便会出现司法机关以牺牲个人权利为代价的现象。

三、反思与启示

正如英国哲学家培根所言："一次不公正的审判，其恶果甚至超过十次犯罪。因为犯罪虽是无视法律——好比污染了水流，而不公正的审判则毁坏法律——好比污染了水源。"程序公正是实体公正的保障，再审程序、国家赔偿制度设置得不合理导致被告人的救济机制不通畅，其后带来的是无故遭受牢狱之灾者救济无门，遭受物质和精神上的双重打击。

---

[1] 参见《河北女子蒙冤被关 10 年　无罪判决后仍被关 20 个月》，载观察者，https://www.guancha.cn/society/2013_05_06_142649.shtml。

我国刑事错判不仅存在昭雪难的问题，而且随着一纸判决定下对无罪者施以刑罚，在不同程度上限制了被告人身自由和权利，如果不予以及时、合理的救济，还会严重影响被告人的社会地位、职业生涯、个人声誉，对被告人的身、心在不同程度上造成损害。上述因国家从刑法上作出的否定性评价带来的污名化"标签"，对被告人而言不仅是不公正的，而且使其置于家破人亡、负债累累的生活困境。故及时通过审判监督程序确定被告人无罪，对刚刚重获自由的冤错案当事人进行赔偿，既是人权保障的内在要求，也有利于查明案件真相。在法院改判宣告被告人无罪后，如果没有超过法定的追诉期限，公安机关应当重新立案侦查，通过调整侦查思路，既有利于早日查清事实、抓获真凶，也能更好地保障社会安全，实现刑法和刑事诉讼法惩治犯罪、保障人权的目的。

（一）克服制约机制乏力，坚持疑罪从无理念

我国刑事错案救济难的问题，首先需要克服再审审判制约机制的乏力，调整公检法三机关的诉讼地位，规定再审必须由上级法院审理，规范党委政法委刑事案件协调制度，有效发挥再审程序的纠错功能。

现行刑事诉讼法的结构、原则、主要制度承继 1979 年刑事诉讼法，关于侦查、起诉、审判三阶段的规定线性结构明显，审判中心地位难以确立，故即便在党的十八届四中全会中提出要"推进以审判为中心的诉讼制度改革"，因为法律的线性结构不变，在此基础上想要确立审判中心地位阻力较大，呈现司法实践和法律规定脱离的现象。宪法将我国公检法三机关设计为平行的三大主体，侦查、起诉、审判各负责一段，法院无权介入侦查和审查起诉活动，宪法还规定检察机关负有法律监督职能，包括对法院的审判活动进行监督，这导致在刑事诉讼中检察机关的地位实际上高于法院。刑事诉讼中审判偏离了程序的中心位置，"以审判为中心"异化为"以侦查为中心"，在后办案机关不敢纠正在前办案机关的错误，对明显存在错误进入二审、再审程序的案件，出于配合公安机关工作、顾及检察机关面子的考量，陷入制约机制乏力的局面。宪法规定法

检公三机关遵循"分工负责，互相配合，互相制约"的原则，按照历史解释的方法，之所以明确写入此条，一个突出的历史背景是"文革"期间"无法无天""砸烂公检法"的沉痛教训；按照目的解释的方法，司法审判权具有最终判断的性质，对于公权力机关来说，司法的职能就是审查公权力行为的合法性及合理性，因此必须维护法院的终局地位。也就是说，"互相制约"是三机关关系的核心价值要求，三机关之间的职能关系不是平行的而是递进的，检察院主导制约公安机关，法院主导制约检察院，法院主导三者的制约关系，处于制约顶端的是审判机关。虽然从三机关权力运作的过程上看，"流水作业"的形态的确存在，但也只是程序进程的外观而已，"流水作业"体现的是司法效率的要求，但其前提是遵守宪法和法律、尊重和保障人权，即"公平优先，兼顾效率"，不能为了配合某一机关的工作放弃自己的诉讼权能，或为了达到某一目的人为削弱另一机关的权能。

其次，实践中三机关的地位颠倒过来，公检法三机关地位逐渐降低，其根本原因固然在于我国宪法和刑事诉讼法的规定缺陷，但也有以往政法委书记兼任公安机关负责人弊病的负面影响。根据我国宪法的规定，人民法院要接受党的领导，在审理重大、疑难、社会影响力大的案件时，人民法院应主动向党委请示报告，必要时请求党委协调。党委政法委的介入和协调有其必要性，如张氏叔侄案等多起冤假错案中政法委高层的介入对错案平反起到关键性的推动作用，但地方党委政法委协调、公检法联合办案也是诸多冤假错案形成的常见原因，如赵作海案件中，法院、检察机关虽认为该案事实不清、证据不足，存在很多疑点，但不得不按照政法委的意见移送审查起诉、快审快判，导致冤案发生。[①]不仅如此，如果某一生效裁判是经由法院院长、庭长审判，审判委员会讨论或地方党委政法委协调确定的，由于我国规定由终审人民法院审查处理申诉，再审程序中其即便发现错误也不愿、不敢依法纠正。因此，

---

① 参见陈永生《冤案的成因与制度防范——以赵作海案件为样本的分析》，载《政法论坛》2011年第6期。

要进一步规范党委政法委对案件的协调制度，明确协调案件的范围、程序和最后的责任主体。要从有利于错案纠正的角度出发重新设置当前的错案责任追究制度，冤错案司法责任应遵循法定过错原则，如果司法人员在办案过程中都能够谨慎地认定案件事实、适用法律，不存在故意歪曲事实、违法办案的行为，即使最终认定为错案也不应让其承担法律责任。

最后，制约机制的乏力还在于实践中法院再审改判往往要求证明被告人无罪的证据达到事实清楚，证据确实、充分的程度，甚至要求查明真凶。我国法律没有对再审改判无罪设立明确的证据标准，实践中对于证明被告人有罪证据不充分的疑罪，法院往往不愿意按照疑罪从无规则改判无罪，而是遵循"疑罪从缓"的逻辑进行处理，作出"留有余地的判决"。[①]这种"留有余地"的裁判方式是很多冤案形成的重要原因，因此中央政法委出台的首个《切实防止冤假错案的指导意见》中对审判环节疑罪从无原则、证据裁判原则等都作出重申性规定，提出："坚持证据裁判原则，对于定罪证据不足的案件，应当坚持疑罪从无原则，依法宣告被告人无罪，不能降格作出'留有余地'的判决。"[②]根据疑罪从无的原理，只要综合全案证据，对认定案件事实不能排除合理怀疑，就应该对其启动再审。需要注意的是，既要坚持"疑罪从无"，也要警惕走向"只要存在疑问就做出存疑无罪判决的另一个极端"。[③]《刑事诉讼法》第二百条规定作出有罪判决应达到"案件事实清楚，证据确实、充分"，第五十五条规定："证据确实、充分，应当符合以下条件：（一）定罪量刑的事实都有证据证明；（二）据以定案的证据均经法定程序查证属实；（三）综合全案证据，对所认定事实已排除合理怀疑。"即我国刑事诉讼法中明确规定了"排除合理怀疑"的定罪标准。就再审程序而言，根据"排除

---

① 参见陈兴良《张氏叔侄案的反思与点评》，载《中国法律评论》2014年第2期。

②《中央政法委出台首个切实防止冤假错案的指导意见》，载中华人民共和国中央人民政府网站，http://www.gov.cn/jrzg/2013-08/13/content_2466100.htm。

③ 参见张正新《论解决刑事错案的长效机制》，载《武汉大学学报》（哲学社会科学版）2007年第4期。

合理怀疑"的标准，只要能证明被告人有罪的证据达不到事实清楚，证据确实、充分的程度，就应该改判被告人无罪。

（二）规范国家赔偿制度，及时有效弥补损害

从宏观上来说，国家赔偿是人权保障的一项重要法律制度，是衡量一国法治文明程度的重要标志；从微观上来说，完善国家赔偿的范围、标准、归责原则制度，更是司法实务中降低损害，及时让冤错案当事人生活重新起步的迫切需要。我国国家赔偿法无论是立法体例，还是具体内容设置，都存在明显的不足，这对国家赔偿法的贯彻实施和公民权益的有效保护产生了一系列消极影响，在刑事司法赔偿中刑事错案的赔偿较为薄弱。国家赔偿制度的规范和完善至关重要，应明确刑事错案赔偿的归责原则，提高赔偿标准，扩大赔偿范围，及时有效地弥补冤错案当事人因侵权行为造成的物质损失和心灵损害，如此才能树立公检法机关威严和良好的形象，确保国家的长治久安和政治稳定。

首先，国家赔偿决定的作出者和赔偿义务机关同构，导致原审法院、同级检察机关为避免承担国家赔偿义务而尽量不启动再审程序，即便启动再审程序也尽量维持原判。根据《国家赔偿法》第二十一条的规定："行使侦查、检察、审判职权的机关以及看守所、监狱管理机关及其工作人员在行使职权时侵犯公民、法人和其他组织的合法权益造成损害的，该机关为赔偿义务机关……再审改判无罪的，作出原生效判决的人民法院为赔偿义务机关。二审改判无罪，以及二审发回重审后作无罪处理的，作出一审有罪判决的人民法院为赔偿义务机关。"即对犯罪嫌疑人是否构成犯罪的判断通常是由赔偿义务机关作出的，这导致相关的司法机关有时为了逃避国家赔偿，往往作出有利于己方的判决。由此带来的不良后果，就是冤错案当事人取得国家赔偿的耗时过长，实际取得的赔偿数额与申请数额相差较大。有学者曾通过研究24起重大冤案发现，在我国被告人从被公安司法机关拘留、逮捕到认定无罪，其平均蒙冤时间长达17

年，① 相比之下美国无辜者在无罪释放之前平均服刑 14 年。② 虽然两国冤案纠正的时间都普遍较长，但考虑到美国强调程序正义，其再审启动受到严格限制，而我国则更偏重追求实体正义，强调实事求是、有错必究，我国被错误定罪的被告人蒙冤时间却平均比美国长 3 年，冤案的纠正程序比美国更难启动。为改善刑事赔偿的现状，是否应当将赔偿义务机关与侵权行为机关在程序和归责原则上脱钩，以提高冤错案赔偿时效性。

其次，赔偿请求人获赔额度低。从媒体报道的重大刑事冤案来看，被告人及其近亲属为申诉耗费了大量的钱财和精力，高昂的经济成本使得当事人即便申诉成功也负债累累，甚至倾家荡产、家破人亡。但我国的赔偿标准为抚慰性标准，赔偿的种类、标准、方式、限额都是法定的，而非根据当事人受到的实际损害。当事人与赔偿义务机关赔偿额计算差距悬殊还有很大一部分是源于精神损害赔偿的落差。2010 年《国家赔偿法》修改增加精神损害赔偿体现了人权保障的一大进步，但精神损害抚慰金存在数额低和不平等的特征。一方面精神损害赔偿方式的计算标准并不明确，《国家赔偿法》第三十五条规定："致人精神损害的，应当在侵权行为影响的范围内，为受害人消除影响，恢复名誉，赔礼道歉；造成严重后果的，应当支付相应的精神损害抚慰金。"严重性和相应性的法律内涵具有不确定性，加之第三十七条规定"赔偿费用列入各级财政预算"，导致地域因素和社会影响力对国家赔偿比例具有较大影响。精神损害赔偿方式的计算标准并不明确，导致所在地区的富饶与否、冤错案的社会影响力成为决定能够获得国家赔偿数额大小的重要因素，这不仅会影响司法的权威性和诱发当事人的不满情绪，更是与法治的一般性和平等性相悖。法治的诉求中包含法律实施的平等适用，即"同等情况同等处理"，排除司法过程的恣意妄为。③ 为确保精神损害赔偿的平等性，

① 参见陈永生、邵聪《冤案难以纠正的制度反思》，载《比较法研究》2018 年第 4 期。
② 参见美国"无辜者计划"官方网站，https://innocenceproject.org/exonerate/，2023 年 1 月 13 日访问。
③ 参见徐显明《论"法治"构成要件——兼及法治的某些原则及观念》，《法学研究》1996 年第 3 期。

2014 年最高人民法院《关于人民法院赔偿委员会审理国家赔偿案件适用精神损害赔偿若干问题的意见》对精神损害抚慰金的具体数额明确规定了上下限，"原则上不超过依照国家赔偿法第三十三条、第三十四条所确定的人身自由赔偿金、生命健康赔偿金总额的百分之三十五，最低不少于一千元"，但这也意味着如张氏叔侄案中高额的精神损害赔偿数额成为历史。① 吴春红申请再审无罪赔偿案审理期间，最高人民法院发布了法释〔2021〕3 号《最高人民法院关于审理国家赔偿案件确定精神损害赔偿责任适用法律若干问题的解释》（以下简称《精神损害赔偿解释》），相比以前的法律、相关司法解释及司法政策，其进一步明确、细化了《国家赔偿法》第三十五条有关精神损害赔偿责任的规定，确定了较高的精神损害抚慰金赔偿标准。吴春红被无罪羁押时间超过 15 年，符合《精神损害赔偿解释》第七条第二款规定的致人精神损害"后果特别严重"的情形，按照该解释第八条的规定，受害人精神损害"后果特别严重"的，精神损害抚慰金数额可以在人身自由赔偿金、生命健康赔偿金总额的 50% 以上酌定。这为今后人民法院在认定精神损害程度及确定精神损害抚慰金数额方面提供了指导，对保障公民的基本人权、缓解社会矛盾、维护社会稳定起到重要作用，属于适应时代需要的良性发展。

最后，我国刑事赔偿范围过窄。我国国家赔偿法对刑事司法赔偿范围作出了比较具体的规定。从《国家赔偿法》的立法体例看，国家刑事司法赔偿的范围规定在《国家赔偿法》第三章第一节，但《国家赔偿法》第十七条的规定并未囊括所有应当予以赔偿的情形，如对有罪但不应当判处死刑立即执行的人判处死刑并已执行的情形，轻罪重判但实际执行刑期已经超过改判后的刑罚的情形，对无罪的人错误定罪但没有予以羁押，而是判处管制、有期徒刑缓刑、剥夺政治权利、监视居住、取保候

---

① 参见郑磊、陈对《冤错案平反中的救济权实现状况分析——以新一轮司法改革中 23 起冤错案为样本》，载《浙江大学学报》（人文社会科学版）2016 年第 6 期。

审等非羁押刑罚的情形，① 这些情形虽然较有期徒刑、无期徒刑、死刑更轻，但依旧是国家行使刑罚权的结果，在不同程度上限制了被告人的权利，根据"有损害便有救济"的原则，我国国家赔偿法不应将其排除在外。诚然，国家赔偿范围的设立需要综合考虑我国法制状况、财政状况和充分保护受害人权益的现实需要，但我国立法过于考虑经济状况而忽视了对公民合法权益的有效保护，且自从《国家赔偿法》1994年颁布以来，第十七条的规定始终局限于错误拘留、错误逮捕、再审改判无罪、刑讯逼供，或以暴力行为、或违法使用武器、警械造成公民身体伤害或死亡等几种情形，使得一些赔偿请求被排除在国家赔偿法的规定之外，导致一些公民虽被侵权但求偿无门。

四、结语

每一次刑事错案的纠正都有助于让我国的司法公正走得更远、更深。近年来冤案平反频频被媒体报道，体现我国司法文明进程的同时，也揭示了刑事错案救济难的问题。刑事错案难以纠正，存在申诉难、改判难和赔偿难等多方面难题，其深层原因包括申诉启动再审程序的规定模糊，再审的审判主体"自错自纠"的设计，落后的刑事司法理念，"排除合理怀疑"的证明标准未贯彻落实，国家赔偿制度的缺陷与不足等，应针对上述因素对我国再审制度和国家赔偿制度予以规范和完善，以达到刑事诉讼惩治犯罪和保障人权的双重目的，促进办案机关和办案人员树立正当程序意识，将严格司法和规范办案落实到位，进而推进中国现代法治文明步入正轨并良性运转。

（周若溪）

---

① 参见樊崇义、胡常龙《走向理性化的国家赔偿制度——以刑事司法赔偿为视角》，载《政法论坛》（中国政法大学学报）2022年第4期。

拿什么保护你，医生！

——"1·20"北京朝阳医院伤医案

引言

近年来，全国各地医患纠纷事件逐渐增多，医患矛盾进一步升级，甚至演变成恶性暴力伤医、杀医案件。2020年初，全球最具影响力的四大医学期刊之一《柳叶刀》（*The Lancet*）发表最新一期文章"Protecting Chinese Doctors"（《保护中国医生》），明确指出中国医务人员遭受袭击的规模、频率和危害性尤为严重。由此，我们不得不警醒与深思，医患关系何以至此，该如何保护我们的医生？本文拟以"1·20"北京朝阳医院伤医案的法律适用问题为切入点，在分析医患纠纷中"患者之苦"与"医者之叹"的基础上，探究刑法作为社会治理之利器，如何在伤医刑事案件中进行价值抉择，发挥其应有的功能。

一、案情回顾

崔振国是首都医科大学附属北京朝阳医院（以下简称朝阳医院）眼科的一名病人，之前由一位医生给他做过手术。术后不久，崔振国出现术后并发症——脉络膜上腔出血。脉络膜上腔出血是最严重的并发症之一，很有可能会导致失明，而且治疗该并发症的手术难度系数极高，全国只有包括陶勇在内的少数几位医生能做这门手术。为了保住崔振国的眼睛，陶勇医生忍着剧烈的腰部伤痛，为崔振国做完了手术。最终手术成功，崔振国的眼睛保住了，视力上也有所恢复。可是，崔振国不但没有对陶勇医生心怀感激，反而不满手术的治疗效果，对陶勇医生以及他的第一位主治医生等心生怨恨，伺机报复。

2020 年 1 月 20 日，崔振国带着一把新买的菜刀到了朝阳医院。他先去找了他的第一位主治医生，但对方当天没有出诊。然后，崔振国带着刀冲进了陶勇医生的诊室，看到陶勇医生正在为患者做检查，遂趁其不备，砍击他的后脑部、颈项部。生死之间，陶勇医生挣扎着跑出了诊室，从七楼跑到了六楼，而崔振国追砍不舍，过程中又将陶勇医生的手臂砍伤，并先后将阻拦其行凶的其他三人砍伤。最终，崔振国的砍击行为使陶勇医生左手骨折、神经肌肉血管断裂、颅脑外伤、枕骨骨折，失血 1500 毫升，紧急抢救七个小时才被抬出手术室，两周后才得以脱离生命危险。作案之后，崔振国让他人报警，自己在现场等候。①

2020 年 1 月 21 日，北京市公安局以涉嫌故意杀人罪，将犯罪嫌疑人崔振国移送北京市人民检察院第三分院审查逮捕。检察机关经提前介入、引导侦查并认真审查，于 2020 年 1 月 22 日，依法以涉嫌故意杀人罪对崔振国批准逮捕。②

2021 年 2 月 2 日，北京市第三中级人民法院一审公开宣判朝阳医院

① 参见梁辰《陶勇医生受伤后首发声：我看过太多悲惨的命运，更能承受打击》，载微信公众号"南方人物周刊"，2020 年 2 月 28 日，https://mp.weixin.qq.com/s?__biz=MTY0MzI5NDcwMQ==&mid=2651214106&idx=1&sn=967844f46be7a22d2b87c49498a923af&chksm=523fa9986548208e8d599780a7fe0d3cd07d40a8da71c12588f750fc95c74ac20796a6c1ffaf&scene=21#wechat_redirect；二水：《眼科医生陶勇被砍后的 21 天》，载微信公众号"环球人物"，2020 年 2 月 10 日，https://mp.weixin.qq.com/s/3v4q5LQkmDCgBvwUTvycDg；卢美慧：《陶勇：人类的眼睛里面，藏着他想要征服的山峰》，载微信公众号"人物"，2020 年 3 月 30 日，https://mp.weixin.qq.com/s/gaGnyyfOciixkR4LR24KdQ；沈彤：《专访遇袭医生陶勇：开启人生下半场，救人不一定一直在手术台上》，载微信公众号"新京报"，2020 年 4 月 29 日，https://mp.weixin.qq.com/s/Zo173pS3wjuZi4DnPAjKLg。
② 参见《北京检方对在朝阳医院内行凶的犯罪嫌疑人崔振国批准逮捕》，载央视网，http://m.news.cctv.com/2020/01/22/ARTIihJlW4flq4kmJKuoEHbM200122.shtml，2020 年 1 月 22 日访问。

崔振国伤医案，以故意杀人罪判处被告人崔振国死刑，缓期二年执行，剥夺政治权利终身。法院审理查明，被告人崔振国因其眼睛治疗效果未达其预期，对朝阳医院陶勇等诊治医生心生怨恨，伺机报复。2020年1月20日13时50分许，崔振国持事先准备的菜刀进入朝阳医院门诊楼七层，趁正在为患者检查的医生陶勇不备，砍击陶勇的后脑部、颈项部，后继续追砍陶勇至其他楼层，过程中又将陶勇手臂砍伤，并先后将阻拦其行凶的其他三人砍伤。根据陶勇的伤情恢复情况，司法鉴定机构于2020年11月4日出具鉴定意见，陶勇身体损伤程度为重伤二级。另经鉴定，其他三名被害人身体损伤程度为一人轻伤二级、二人轻微伤。法院认为，被告人崔振国以非法剥夺他人生命为目的，持刀故意砍击他人要害部位，造成一人重伤、一人轻伤、二人轻微伤，其行为已构成故意杀人罪。本案虽系杀人未遂，且崔振国作案后让他人报警并在现场等候，可视为自首，但考虑到其在人员众多的医疗公共场所公然持刀追砍行凶，手段残忍，造成的后果特别严重，社会影响极其恶劣，人身危险性极大，不足以对其从轻处罚，依法应予严惩。综合其犯罪的事实、性质及对于社会的危害程度，北京市第三中级人民法院作出上述判决。[①]

二、法理研析

对于本案的法律适用问题，北京市第三中级人民法院已经进行了较为详细的分析论证。可以说，无论是定罪还是量刑，法院都给出了精准而妥适的结论。以下结合本案案情，对法院的判决展开进一步法理研析。

（一）刑法适用之方法论

本案的关键问题是对崔振国的定罪与量刑，而这两者均涉及对刑法

---

① 参见吴文诩：《死缓！北京朝阳医院崔振国伤医案一审宣判》，载最高人民检察院网站，https://www.spp.gov.cn/zdgz/202102/t20210203_508352.shtml，2021年2月3日访问。

法条的具体适用。因而，有必要就刑法法条的适用方法作简要说明。一般而言，刑法法条适用的逻辑模式在于三段论推理。为便于理解三段论推理，以下列举最为经典的例子：

> 人终有一死（大前提）
>
> 苏格拉底是人（小前提）
>
> 所以，苏格拉底也终有一死（结论）

在这一三段论中，第一段代表大前提，第二段代表小前提，第三段则代表结论。从形式逻辑的观点来看，如果大前提为真，小前提为真，则结论也必然为真。三段论所得出的结论乃是从前提中推断出来的无懈可击的逻辑结论[①]，因而三段论推理也被称为必然性推理。在刑法法条适用的司法三段论中，作为大前提的是刑法法条，小前提是法律事实，结论是最终的判决。由此，在刑法法条和法律事实都是真实的情况下，通过司法三段论，能够保证最终判决的正确性。即：

> 刑法法条（大前提）
>
> 法律事实（小前提）
>
> 判决（结论）

当然，并非所有的刑法法条都能够直接放在司法三段论中作为大前提适用，例如，《刑法》第一条规定："为了惩罚犯罪，保护人民，根据宪法，结合我国同犯罪作斗争的具体经验及实际情况，制定本法。"这是对立法宗旨的规定，就无法直接适用于司法三段论中。作为司法三段论大前提的刑法法条应当是刑法规则，从语句逻辑上看，规则是作为规范句的条件句：只要具体案件事实 S 实现构成要件 T，对于该案件事实即

---

① 参见 [美]E. 博登海默《法理学·法律哲学与法律方法》，邓正来译，中国政法大学出版社2017 年版，第 511 页。

应赋予法效果 R，简言之，每个 T 的事例都适用 R。[1] 由此，刑法法条适用的司法三段论可被表述为：

假使任何一个案件事实实现 T，则应赋予其法效果 R（大前提）

特定案件事实 S 实现 T，质言之，S 系 T 的一个"事例"（小前提）

对 S 应赋予法效果 R（结论）

通过符号可简要表达为：

T→R（对 T 的每个事例均赋予法效果 R）

S＝T（S 为 T 的一个事例）

S→R（对于 S 应赋予法效果 R）[2]

值得注意的是，尽管我们已经知道了作为司法三段论大前提的刑法法条应当是刑法规则，即作为规范句的条件句，但我们依旧很难找到正确的大前提。例如，《刑法》第二百三十二条规定："故意杀人的，处死刑、无期徒刑或者十年以上有期徒刑；情节较轻的，处三年以上十年以下有期徒刑。"表面上看，这一法条确实是作为规范句的条件句，也确实是一条刑法规则，但我们不能说这就是正确的大前提。事实上，由于我国刑法采取了"提取公因式"的立法技术，将刑法规则的共同部分提取到了总则，因而分则条文尽管规定了具体罪名的构成要件与法律效果，但也只是不完整的刑法规则。所以，在找寻大前提的时候需要诉诸体系性观念，保证所适用的大前提的完整性与正确性。例如，《刑法》第二十三条规定了犯罪未遂："已经着手实行犯罪，由于犯罪分子意志以外的原因而未得逞的，是犯罪未遂。对于未遂犯，可以比照既遂犯从轻或者减轻处罚。"由于任何犯罪都存在因犯罪分子意志以外的原因而未得逞的情形，所以这一规定被放在了刑法总则，是任一刑法规则不可或缺的

---

① 参见 [德] 卡尔·拉伦茨《法学方法论》，陈爱娥译，商务出版社 2003 年版，第 137 页。

② 参见 [德] 卡尔·拉伦茨《法学方法论》，陈爱娥译，商务出版社 2003 年版，第 150 页。

一部分。

在找寻作为大前提的刑法法条之后，又会遇到另一个棘手的问题，即如何确定犯罪的构成要件 T？以前文所提及的《刑法》第二百三十二条为例，是否该法条的构成要件就是"故意杀人"？易言之，是不是任何一个案件事实实现了"故意杀人"，都应赋予其"处死刑、无期徒刑或者十年以上有期徒刑"的法效果？对于精神病人所实施的故意杀人行为，是否也要赋予"处死刑、无期徒刑或者十年以上有期徒刑"的法效果呢？答案显然是否定的。那么应当如何确定犯罪的构成要件？在刑法理论上，犯罪构成要件是指依照我国刑法的规定，决定某一具体行为的社会危害性及其程度，而为该行为构成犯罪所必需的一切主观要件和客观要件的有机统一。我国刑法分则共规定了 400 余种犯罪，它们的具体构成要件都不一样，但为了便于认定犯罪，理论上将各种犯罪的构成要件归纳为四个共同的构成要件：犯罪客体、犯罪客观方面、犯罪主体、犯罪主观方面。犯罪客体是指我国刑法所保护而为犯罪所侵犯的社会主义社会关系。犯罪客观方面是指犯罪活动的客观外在表现，包括危害行为、危害结果以及危害行为与危害结果之间的因果关系等。犯罪主体是指实施危害社会的行为并且承担刑事责任的自然人或单位，有的犯罪构成还要求特殊主体，即具备特定职务或身份的自然人或性质有所限定的单位。犯罪主观方面是指犯罪主体对其实施的行为及其结果所持的心理态度，某些犯罪的犯罪构成还要求有特定的犯罪目的。[①] 因而，在找寻作为大前提的刑法法条之后，应当基于犯罪客体、犯罪客观方面、犯罪主体和犯罪主观方面确定具体犯罪的构成要件 T。

（二）本案之刑法适用

在知悉刑法的基本适用方法之后，就可以回归本案的具体法律适用问题。按照司法三段论的推理模式，首先需要寻找到合适的大前提，而

---

① 参见王作富、黄京平主编《刑法（第 7 版）》，中国人民大学出版社 2021 年版，第 37—39 页。

大前提的寻找需要结合案件事实加以确定。本案中，崔振国持刀砍击陶勇医生的后脑部与颈项部。后脑、颈项作为人体最为关键的部位之一，一旦被砍伤，就极有可能危及生命安全。崔振国作为完全刑事责任能力人，在清楚地认识到其行为危险性的基础上，仍然有意为之。由此可以初步推断，崔振国实施的是故意杀人行为，进而可以寻找到《刑法》第二百三十二条关于故意杀人的规定，"故意杀人的，处死刑、无期徒刑或者十年以上有期徒刑；情节较轻的，处三年以上十年以下有期徒刑"。当然，如前所述，单独的《刑法》第二百三十二条只是不完整的刑法规则，需要结合被提取到刑法总则中的共同的刑法规则，才是完整、正确的大前提。而对于故意杀人罪的构成要件，则需要结合《刑法》第二百三十二条以及刑法总则中的相关规定，从犯罪客体、犯罪客观方面、犯罪主体和犯罪主观方面加以厘清与确定。

1. 故意杀人罪的构成要件与法效果

故意杀人罪，是指故意非法剥夺他人生命的行为，是一种最严重的侵犯公民人身权利的犯罪。本罪的客体是他人的生命权利。侵犯他人的生命权利，是故意杀人罪在犯罪客体方面区别于其他侵犯人身权利犯罪的重要特征之一。本罪的客观方面表现为实施非法剥夺他人生命的行为。是否将人杀死，是区别本罪既遂与否的标志。当犯罪分子已经着手实行犯罪，但由于意志以外的原因而未得逞的，则应当结合《刑法》总则第二十三条关于犯罪未遂的规定适用法律。本罪的主体是一般主体，主观方面的内容是故意剥夺他人的生命。[①] 本罪的法效果，即本罪的刑罚共有两档：其一，故意杀人的，处死刑、无期徒刑或者十年以上有期徒刑；其二，故意杀人，情节较轻的，处三年以上十年以下有期徒刑。考虑到故意杀人罪是一种非常严重的侵犯公民人身权利的犯罪，必须予以严厉打击，立法对刑罚作了比较特殊的表述，是按照从重刑到轻刑的顺序列举的。首先是死刑，然后是无期徒刑或者十年以上有期徒刑，这样规定

---

① 参见高铭暄、马克昌主编《刑法学（第10版）》，北京大学出版社、高等教育出版社2022年版，第460页。

的目的在于显示刑法对故意杀人罪从严处罚的态度，维护公民的生命权利不受非法侵犯。对于第二档所规定的"情节较轻"，一般从犯罪的动机、原因、后果等方面加以考虑，如出于义愤杀人等情况。实践中故意杀人的情况比较复杂，如果一律处以重刑，既不符合罪责刑相适应原则，也有悖公平正义。

2. 对崔振国行为的刑法评价

在确定作为大前提的刑法规则之后，按照司法三段论的推理模式，即可将本案的案件事实涵摄于大前提，检验崔振国的行为是否符合故意杀人罪的构成要件，并因此产生故意杀人罪的法效果。

（1）定罪：故意杀人罪

如案情所述，崔振国趁陶勇不备，持事先准备的菜刀砍击陶勇的后脑部、颈项部，在陶勇逃离时继续追砍，又将陶勇的手臂砍伤。经鉴定，陶勇身体损伤程度为重伤二级。对于这一事实，比照作为大前提的刑法法条，可以十分清晰地得知，崔振国的行为符合《刑法》第二百三十二条故意杀人罪的构成要件，同时构成《刑法》第二十三条犯罪未遂。在客观层面，崔振国没有任何正当事由，非法持刀砍击陶勇的后脑、颈项等要害部位，并且在陶勇逃离时持续追砍，直接威胁到陶勇的生命权利这一重要客体，属于规范意义上的杀人行为。由于陶勇躲避及时、其他人员帮忙挡刀以及救助及时等原因，崔振国的杀人结果没有实现，尽管陶勇受伤达到重伤二级的程度，但并没有死亡。在主观层面，崔振国作为正常的社会一般人，明知自己的砍杀行为极有可能导致陶勇死亡却仍然实施，并积极追求这一结果发生，体现了直接故意剥夺他人生命的主观心态。因此，崔振国砍杀陶勇的行为应当被定性为故意杀人罪的未遂。

除了砍杀陶勇，案情中还有一部分事实尚未被评价，即崔振国在继续追砍陶勇的过程中，先后将阻拦其行凶的其他三人砍伤。经鉴定，其他三人的身体损伤程度为一人轻伤二级、二人轻微伤。对于这一事实，可能存在两种不同的认识，从而产生两种不同的评价路径。

第一种认识是：崔振国基于概括的杀人故意，连续针对陶勇及其他三人实施性质相同的数个杀人行为，触犯故意杀人罪一罪。所谓概括的犯罪故意，指行为人概括地具有实施数次同一犯罪的故意，每次实施的具体犯罪并非都是明确地包含在行为人的故意内容之中。本案中，可以认为崔振国具有概括的杀人意图，针对的对象并非陶勇一人，而是包括陶勇在内的医护人员及其他人员。由此，崔振国砍伤其他三人的行为同砍伤陶勇的行为一样，都可以被评价为故意杀人罪未遂。而在刑法理论上，这种基于概括的犯罪故意，连续实施性质相同的数个行为，触犯同一罪名的犯罪形态被称为连续犯。对于连续犯，按照一罪处断，不实行数罪并罚，根据不同情况分别从重处罚或者加重处罚。①

第二种认识是：崔振国为追求杀害陶勇而放任其他阻拦人员被砍伤，即崔振国对陶勇死亡的主观心态是直接故意，而对其他三人伤亡的主观心态是间接故意。所谓间接故意，是指行为人明知自己的行为可能发生危害社会的结果，并且放任这种结果发生的心理态度。司法实践中，犯罪的间接故意常常表现为行为人追求某一个犯罪目的而放任另一个危害结果的发生。本案中，可以认为崔振国为积极追求杀害陶勇的犯罪目的，而放任其他阻拦人员被砍伤的危害结果发生。对间接故意而言，特定的危害结果可能发生，也可能不发生，结果发生与否都不违背行为人的意志，都包含在其本意中，因而要根据主客观相统一的原则，仅有行为而无危害结果时，尚不能认定行为人构成此种犯罪（包括也不能认定为此种犯罪的未遂形态），只有发生了特定危害结果才能认定构成特定的犯罪。即特定危害结果的发生与否，决定了间接故意犯罪的成立与否。②本案中，其他三人都只是被砍伤，没有死亡结果发生，因而崔振国针对该三人只可能成立（间接）故意伤害罪。故意伤害罪规定在《刑法》第二百三十四条："故意伤害他人身体的，处三年以下有期徒刑、拘役或者

---

① 参见高铭暄、马克昌主编《刑法学（第 10 版）》，北京大学出版社、高等教育出版社 2022 年版，第 192—193 页。

② 参见高铭暄、马克昌主编《刑法学（第 10 版）》，北京大学出版社、高等教育出版社 2022 年版，第 106—107 页。

管制。犯前款罪，致人重伤的，处三年以上十年以下有期徒刑；致人死亡或者以特别残忍手段致人重伤造成严重残疾的，处十年以上有期徒刑、无期徒刑或者死刑。本法另有规定的，依照规定。"根据 2005 年 12 月 27 日公安部《公安机关办理伤害案件规定》第二十九条，对于故意伤害他人致轻伤，情节显著轻微、危害不大，不认为是犯罪的，以及被害人伤情达不到轻伤的，应当依法予以治安管理处罚。换言之，只有伤情达到轻伤以上程度，才可能构成刑事犯罪。本案中，其他三人的身体损伤程度为一人轻伤二级、二人轻微伤，只有一人达到了故意伤害罪的入罪标准。由此，崔振国针对其他三人的三次砍伤行为中，最多有一次行为可能构成故意伤害罪。进而，崔振国的全部行为可能同时构成故意杀人罪未遂（针对陶勇）和故意伤害罪（针对受二级轻伤的阻拦人员）。

同时应当注意到，崔振国砍击陶勇的行为与砍击其他阻拦人员的行为之间存在着极为密切的联系，事实上是交织在一起、不可分割的，此时可以认为，砍击陶勇的行为作为数行为中性质最为严重的行为，包容吸收了砍击其他阻拦人员的行为，因而崔振国只成立故意杀人罪一罪即可。在刑法理论上，当数个犯罪行为中一个犯罪行为可以吸收其他犯罪行为时，仅成立吸收的犯罪行为一个罪名，这种犯罪形态被称为吸收犯。对吸收犯，依照吸收行为所构成的犯罪处断，不实行数罪并罚。[1]

以上是针对崔振国砍伤其他阻拦人员行为的两种不同认识及其对应的评价路径。实际上，两者之间的分歧并不大，主要在于对崔振国主观心态的把握有些许差异，而无论崔振国对其他阻拦人员伤亡的主观心态是直接故意还是间接故意，最终评价结果基本一致，均以故意杀人罪一罪论处。法院判决的观点更倾向于第一种认识，"崔振国以非法剥夺他人生命为目的，持刀故意砍击他人要害部位，造成一人重伤、一人轻伤、二人轻微伤，其行为已构成故意杀人罪"。即崔振国在概括的杀人故意支配下，连续针对陶勇及其他三人实施杀人行为，触犯故意杀人罪一罪。

---

[1] 参见高铭暄、马克昌主编《刑法学（第 10 版）》，北京大学出版社、高等教育出版社 2022 年版，第 195—196 页。

基于对案情事实更为全面的了解与分析，法院判决对被告人崔振国主观心态的把握无疑更加精准。在此意义上，针对崔振国行为的第一种认识及其对应的评价路径更为可取。

（2）量刑：死刑缓期二年执行

根据司法三段论的推理模式，在小前提案件事实完全符合大前提法律规则的情况下，顺理成章地就会产生相应的法效果。对本案而言，在确定了崔振国的行为构成故意杀人罪的前提下，综合考虑崔振国的犯罪性质、犯罪情节、社会危害程度以及人身危险性等相关因素，就可以得出恰当的量刑。当然，量刑并非一蹴而就的，需要在一定的指导原则下，按照特定的方法与步骤加以完成。

根据 2021 年 6 月 17 日最高法、最高检《关于常见犯罪的量刑指导意见（试行）》（以下简称《量刑指导意见》），量刑应当遵循四大指导原则：其一，量刑应当以事实为根据，以法律为准绳，根据犯罪的事实、性质、情节和对于社会的危害程度，决定判处的刑罚。其二，量刑既要考虑被告人所犯罪行的轻重，又要考虑被告人应负刑事责任的大小，做到罪责刑相适应，实现惩罚和预防犯罪的目的。其三，量刑应当贯彻宽严相济的刑事政策，做到该宽则宽，当严则严，宽严相济，罚当其罪，确保裁判政治效果、法律效果和社会效果的统一。其四，量刑要客观、全面把握不同时期不同地区的经济社会发展和治安形势的变化，确保刑法任务的实现；对于同一地区同一时期案情相似的案件，所判处的刑罚应当基本均衡。同时，量刑需要按照一定的方法与步骤加以完成。量刑时应当以定性分析为主，定量分析为辅，依次确定量刑起点、基准刑和宣告刑。具体而言，首先根据基本犯罪构成事实在相应的法定刑幅度内确定量刑起点；其次，根据其他影响犯罪构成的犯罪数额、犯罪次数、犯罪后果等犯罪事实，在量刑起点的基础上增加刑罚量确定基准刑；最后，根据量刑情节调节基准刑，并综合全案情况，依法确定宣告刑。

如前所述，故意杀人罪有两档法定刑：其一，故意杀人的，处死刑、无期徒刑或者十年以上有期徒刑；其二，故意杀人，情节较轻的，处三年以上十年以下有期徒刑。有别于其他罪名对刑罚按照从轻到重的顺序排列，故意杀人罪按照从重刑到轻刑的顺序列举，意味着故意杀人罪首先考虑适用的刑罚就是死刑，即量刑起点是死刑，然后再结合其他犯罪事实和量刑情节调节刑罚。就本案而言，其他影响量刑的犯罪事实如下：

事实一：从性质上看，本案属于严重危害社会治安、严重影响人民群众安全感的案件。根据 2009 年 8 月 3 日最高法《关于审理故意杀人、故意伤害案件正确适用死刑问题的指导意见》与 2010 年 4 月 14 日最高法刑三庭《在审理故意杀人、伤害及黑社会性质组织犯罪案件中切实贯彻宽严相济刑事政策》的相关规定，实践中，故意杀人案件从性质上通常可分为两类：一类是严重危害社会治安、严重影响人民群众安全感的案件；另一类是因婚姻家庭、邻里纠纷以及山林、水流、田地纠纷等民间矛盾激化引发的案件。对前者应当体现从严惩处的原则，依法判处被告人重刑直至判处死刑；对后者在判处重刑尤其是适用死刑时应特别慎重。就本案而言，崔振国在医院公然持刀追砍医护人员的行为显然属于前者，因而在量刑时应当判处被告人重刑直至判处死刑。

事实二：从情节上看，本案无论是犯罪的动机、手段、对象还是场所，都反映了十分严重的社会危害性。就犯罪动机而言，崔振国只因不满医疗效果，为泄私愤，就砍杀无辜的医护人员，动机可谓特别卑劣。事实上，尽管第一位主治医生为其手术后出现了并发症，但这也是十分正常的医疗现象，不可能一经治疗，就能立刻恢复如初。此后，陶勇医生忍着剧烈的腰部伤痛为其手术，并且手术很成功，崔振国也恢复了视力，但就因为求医过程漫长，医疗效果没有达到他心中的预期，他就对医生怀恨在心。为了发泄自己的仇恨情绪，满足报复心理，便选择以最极端的方式杀害医生，犯罪动机极其卑劣。就犯罪手段而言，崔振国持新买的菜刀径直砍向陶勇的后脑部、颈项部等致命部位，尽管陶勇医生鲜血四溅、血流不止，崔振国也丝毫不为所动，并在陶勇医生逃跑的过程中持续追砍，这种最为野蛮与血腥的杀人手段可谓特别残忍。就犯罪对象而言，崔振国砍杀的是无辜的医护人员，一方面，无论是陶勇医生，还是其他医护人员，都曾经救治过他、对他有恩，崔振国不仅不心怀感恩，反而痛下杀手；另一方面，医护人员作为救死扶伤的白衣天使，本来就是可亲可敬、特别值得社会保护的对象，崔振国公然杀医，可谓性质十分恶劣。就犯罪地点而言，崔振国直接在人员密集的大型医院公然砍杀医护人员，导致案发现场惊叫四起、鲜血满地，不但给其他医护人员造成难以磨灭的心理阴影，还严重破坏了在场其他患者和家属的安全感。医院本应该是救死扶伤、最给人以安全感的地方，但崔振国的行为严重打破了社会公众这一预期，造成公众恐慌，社会影响极其恶劣。基于以上对崔振国犯罪动机、犯罪手段、犯罪对象与犯罪场所的分析，充分反映了其行为的社会危害性之大。而对于情节特别恶劣、社会危害性极其严重的故意杀人案件，根据 2009 年 8 月 3 日最高法《关于审理故意杀人、故意伤害案件正确适用死刑问题的指导意见》与 2010 年 4 月 14 日最高法刑三庭《在审理故意杀人、伤害及黑社会性质组织犯罪案件中切实贯彻宽严相济刑事政策》的相关规定，应当依法从重判处。

　　事实三：从后果上看，崔振国出于意志以外的原因并未实现杀人结果，系犯罪未遂。根据《刑法》第二十三条第二款规定，对于未遂犯，可以比照既遂犯从轻或者减轻处罚。又根据《量刑指导意见》，对于未遂犯，综合考虑犯罪行为的实行程度、造成损害的大小、犯罪未得逞的原因等情况，可以比照既遂犯减少基准刑的 50% 以下。然而，崔振国的持续砍击行为虽然没有造成人员死亡，但共造成四人受伤，其中一人重伤二级，一人轻伤二级，二人轻微伤，后果可谓严重。如前所述，崔振国的持续砍击行为构成连续犯。根据连续犯的处断方式，虽然无须针对四人的受伤结果分别定罪后数罪并罚，但也要根据不同情况分别从重处罚或者加重处罚。《刑法》第二百三十二条规定的故意杀人罪虽有两个量刑档次，但无加重构成的量刑档次，因此，故意杀人罪的连续犯只能在该罪的基本构成的量刑档次内从重处罚。综合考虑崔振国杀人行为的实行程度、造成损害的严重程度以及犯罪未得逞的原因等因素，难以比照故意杀人罪既遂对崔振国从轻或者减轻处罚。

事实四：从主观恶性和人身危险性上看，一方面，崔振国并非临时起意而激情犯罪，亦非因被害人即陶勇等医护人员过错而引发的犯罪，而是崔振国为泄私愤，积极追求杀害医护人员，以满足自己的报复心理，据此显示了崔振国极深的主观恶性；另一方面，崔振国作案之后并未逃离，而是在现场等候警察，这在一定程度上反映了崔振国有悔罪表现。根据《刑法》第六十七条第一款规定，犯罪以后自动投案，如实供述自己的罪行的，是自首。对于自首的犯罪分子，可以从轻或者减轻处罚。其中，犯罪较轻的，可以免除处罚。根据《量刑指导意见》，对于自首情节，综合考虑自首的动机、时间、方式、罪行轻重、如实供述罪行的程度以及悔罪表现等情况，可以减少基准刑的40%以下；犯罪较轻的，可以减少基准刑的40%以上或者依法免除刑罚。恶意利用自首规避法律制裁等不足以从宽处理的除外。具体到故意杀人案件的自首情节，2010年4月14日最高法刑三庭《在审理故意杀人、伤害及黑社会性质组织犯罪案件中切实贯彻宽严相济刑事政策》规定，对于自首的故意杀人致人死亡的被告人，除犯罪情节特别恶劣，犯罪后果特别严重的，一般不应考虑判处死刑立即执行。

综上四个方面的犯罪事实，尽管本案具有犯罪未遂和自首两个从宽处罚情节，但考虑到本案的恶劣性质、残忍情节、严重后果及被告人极深的主观恶性，基于同向相加、逆向相减的量刑调节方法，不足以对被告人从宽处罚，应当对其从严惩处。正如法院判决所述："本案虽系杀人未遂，且崔振国作案后让他人报警并在现场等候，可视为自首，但考虑到其在人员众多的医疗公共场所公然持刀追砍行凶，手段残忍，造成的后果特别严重，社会影响极其恶劣，人身危险性极大，不足以对其从轻处罚，依法应予严惩。"即被告人所犯罪行极其严重，依法应当判处死刑。

死刑是剥夺犯罪分子生命的刑罚方法。由于生命不同于人身自由，人身自由具有可恢复性，而生命一旦被剥夺则不可恢复，所以死刑是所有刑罚方法中最严厉的刑罚。自从18世纪的资产阶级启蒙思想家贝卡里亚提出废除死刑以来①，死刑的存废之争已经持续了两个多世纪。"主存论"与"主废论"围绕着人的生命价值、死刑是否具有威慑力、死刑是否违宪以及死刑是否有利于贯彻罪刑法定主义、是否符合刑罚的目的、是否符合历史发展的趋势等问题展开了针锋相对的争论，最后各自得出不同的结论。我国刑法对死刑作出了明确的规定，之所以仍然保留死刑，其原因有三：其一，现实生活中还存在着极其严重的危害国家安全、危害公共安全、破坏市场经济秩序、侵犯公民人身权利等犯罪，保留死刑有利于惩治这些犯罪，从而保护国家和人民的重大利益。其二，保留死刑有利于我国刑罚目的的实现。对于那些罪行极其严重的各类犯罪分子只有适用死刑，才能使其不再犯罪，从而达到刑罚特殊预防的目的。同时，死刑的存在使那些试图铤而走险、犯罪意图实施极其严重的人有所惧怕，不敢重蹈覆辙，不去实施犯罪，从而达到一般预防的目的。其三，保留死刑符合我国现阶段的社会价值观念，为广大公民所支持，具有满足社会大众安全心理需要的功能。而废除死刑则超越了我国现阶段的社会价值观念，不能为广大公民所接受，会导致社会大众的心理恐惧。②

当然，我国在保留死刑的同时，严格控制和慎重适用死刑，以最严格的标准和最审慎的态度，确保死刑只适用于极少数罪行极其严重的犯罪分子。为了贯彻落实"保留死刑，严格控制和慎重适用死刑"的刑事政策，我国从死刑的适用条件、适用对象、适用案件性质、适用程序和执行制度等方面进行限制。就死刑的执行制度而言，我国独创了死刑缓期执行制度。《刑法》第四十八条第一款后半段和第五十条第一款前半段分别规定："对于应当判处死刑的犯罪分子，如果不是必须立即执行的，可以判处死刑同时宣告缓期二年执行""判处死刑缓期执行的，在死刑缓期执行期间，如果没有故意犯罪，二年期满以后，减为无期徒刑；如果确有重大立功表现，二年期满以后，减为二十五年有期徒刑"。由此可

---

① 参见 [意] 切萨雷·贝卡里亚《论犯罪与刑罚》，黄风译，北京大学出版社 2008 年版，第 69 页。
② 参见高铭暄、马克昌主编《刑法学（第 10 版）》，北京大学出版社、高等教育出版社 2022 年版，第 235 页。

见，死缓制度具有"非死刑性"，即保留犯罪人"不死"的可能性。实际上，被判处死缓的罪犯最终被实际执行的人数，占全部被判处死缓罪犯的比例是相当小的。尤其是《刑法修正案（九）》之后，死缓变更为死刑立即执行的条件进一步被限制，被判处死缓的罪犯执行死刑的可能性变得更小。鉴于死缓具有限制死刑实际执行范围、促进改造被执行人的功能，在"严格控制和慎重适用死刑"的政策背景下，死缓逐渐成为死刑立即执行的替代措施。[①] 正因如此，2010年4月14日最高法刑三庭《在审理故意杀人、伤害及黑社会性质组织犯罪案件中切实贯彻宽严相济刑事政策》规定："对于罪行极其严重，但只要有法定、酌定从轻情节，依法可不立即执行的，就不应当判处死刑立即执行。"回到本案，尽管被告人崔振国所犯罪行极其严重，依法应当判处死刑，但出于未遂、自首等情节，可以视为"不是必须立即执行的"犯罪分子。基于此，法院以故意杀人罪判处被告人崔振国死刑，缓期二年执行。

三、反思与启示

近年来，医患纠纷频频见诸报端，恶性暴力伤医、杀医事件愈演愈烈。就在本案发生之前不到一个月，即2019年12月24日，北京市民航总医院急诊抢救室内，患者家属孙某某因不满医生杨某对其母的治疗，持事先准备的尖刀反复切割、扎刺医生杨某颈部，致其死亡。最终，孙某某被判处死刑立即执行。[②] 2020年3月19日，内蒙古鄂尔多斯市中心医院，患者王某某趁着医生汤某不备，持刀捅刺医生汤某，致其双下肺膨胀不全，左肾破裂，情况危重。4天后，王某某以涉嫌故意杀人罪被

[①] 参见时延安《死刑立即执行替代措施的实践与反思》，载《法律科学》（西北政法大学学报）2017年第2期。

[②] 参见冀成海《孙文斌故意杀人上诉案二审宣判　维持一审死刑判决》，载央视网，http://news.cctv.com/2020/02/14/ARTIh80FgKIvSTaFVnJJZpmU200214.shtml，2020年2月14日访问。

批准逮捕。^①2020 年 10 月 31 日，广东中山大学附属第三医院，患者赵某某因不满治疗效果，持刀刺伤医生陶某和医院工作人员何某某。赵某某伤人后跳楼自杀。^②2021 年 1 月 26 日，江西省吉水县人民医院，患者曾某某因不满医生胡某某的医疗行为，心生怨恨，持匕首连续捅刺医生胡某某，致其死亡。最终，曾某某也被判处死刑立即执行。^③2021 年 1 月 27 日，江西南昌大学第二附属医院，患者裴某某因猜疑主治医生曾某某用药有问题致其病情加重而蓄意报复，携装有"灭多威"农药的兽用注射器，扎刺正坐诊的医生曾某某。^④2021 年 5 月 17 日，深圳市第二人民医院，患者刘某某因对医疗效果不满，持刀捅伤医生卢某某，伤及肝脏等重要脏器。^⑤2022 年 1 月 13 日，武汉儿童医院，张某持刀砍击医生彭某，伤及颅脑和右手^⑥……我们看到，在每一起恶性暴力伤医、杀医事件中，医患双方都不可避免地遭受巨大创伤，不仅医生的身体健康乃至生命安全受到严重侵害，患者同样要受到严厉的法律制裁，甚至为此付出了生命的代价。这样的惨痛结局不禁让我们反思，难道医生在给患者治疗的时候就是想挑起患者的不满与报复吗？难道患者在实施伤医行为时不知道将会面临严厉的法律制裁吗？答案显然都是否定的。既然双方都不愿意看到恶性暴力伤医、杀医事件的惨痛结局，那又为何频频发生在我们身边呢？刑法作为社会治理之利器，在这样一种社会乱象面前又将承担何种角色，发挥怎样的功能？

---

① 参见《内蒙古伤医案犯罪嫌疑人王继忠被批准逮捕》，载新京报网站，http：//www.bjnews.com.cn/news/2020/03/23/707844.html，2020 年 3 月 23 日访问。

② 参见刘瑞明《广州中山三院持刀伤人事件嫌疑人生前系广州动物园员工》，载新京报官微，https：//baijiahao.baidu.com/s？id=1682057978970005028，2020 年 10 月 31 日访问。

③ 参见《江西吉水"暴力伤医案"开庭，被告人当庭认罪》，载新京报网站，https：//www.bjnews.com.cn/detail/162158906814952.html，2021 年 5 月 21 日访问。

④ 参见《涉嫌故意杀人，南昌恶性伤医犯罪嫌疑人被批捕》，载光明网，https：//m.gmw.cn/baijia/2021-02/02/1302086371.html，2021 年 2 月 2 日访问。

⑤ 参见《深圳公安通报市二院伤人事件》，载网易新闻网站，https：//www.163.com/dy/article/GAAE1HBU055004XG.html，2021 年 5 月 18 日访问。

⑥ 参见《儿童医院突发恶性伤医事件，抗疫英雄被砍倒在血泊中》，载澎湃新闻网站，https：//m.thepaper.cn/baijiahao_16305342，2022 年 1 月 15 日访问。

（一）患者之苦与医者之叹

陶勇医生在接受南方人物周刊采访时说道："我当大夫当得太久了，见了太多命运悲惨的人。"[①] 诚如斯言，我们的世界充满了形形色色的病痛，每个人都或曾是患者，经历过病痛折磨。这些病痛之中，有些极为罕见、有些极为顽固、有些极为严重，而这些罕见、顽固、严重的病痛背后，正是一位又一位命运悲惨的患者。被命运之神安排病痛的折磨，他们别无选择，只能接受。在此意义上，他们也是受害者。而当一次次医患纠纷见诸报端，人们往往只看到他们伤医杀医的"丑恶嘴脸"，却很少关注他们心中的不平与苦楚。

从患病到寻医问诊，患者走过的每一步都充满了辛酸。患病的过程通常猝不及防，不能事先做好准备，只能被迫抵抗，任由其折磨。患病之后，寻医难便成了无数患者不得不面对的第一道坎。尤其是那些患了罕见、顽固、严重疾病的患者，想要寻找到专业对口、技术高超的医生十分困难。即便是历经千辛万苦找到了合适的医生，常常也要花费很长的时间挂号排队。而患者的时间极其宝贵，每一分钟的拖延都只会让病情更加严重。好不容易挂上号排上队，患者满怀期待接受诊治，却可能发现，实际的诊治完全无法达到心中的预期。医生冷冰冰地询问病情，没等患者说完，就开出了一堆检查和药品，敷衍地回应了三言两语，甚至算不上沟通交流。诊治结束之后，患者又要面对烦琐的医疗保险报销程序，而且很多昂贵的检查与药品还不在医疗保险的范围之内，只能自掏腰包，让本不富裕的家庭又增添了许多经济压力。如果治疗过程中出现事故，或者治疗效果不佳，患者又会面临更为艰难的纠纷解决问题。在被病痛一次次摧残打击之后，倘若再度不幸遭遇医疗纠纷而又无法得

[①] 参见梁辰《陶勇医生受伤后首发声：我看过太多悲惨的命运，更能承受打击》，载微信公众号"南方人物周刊"，https://mp.weixin.qq.com/s？__biz=MTY0MzI5NDcwMQ==&mid=2651214106&idx=1&sn=967844f46be7a22d2b87c49498a923af&chksm=523fa9986548208e8d599780a7fe0d3cd07d40a8da71c12588f750fc95c74ac20796a6c1ffaf&scene=21#wechat_redirect，2020 年 2 月 28 日访问。

到妥善解决，患者的容忍限度可能就被突破，进而走向极端，走上医闹之路。实际上，崔振国就是一位典型的命运悲惨的患者，他不幸患上了眼科疑难杂症，在求医问诊的过程中，辗转了几家医院，拜访了多位医生，历经了多次手术，到头来眼睛不仅没有治好，还出现了严重的并发症，甚至几乎失明。尽管陶勇医生的手术让他恢复了部分视力，但在他的认知里，为何自己受了这么多苦、遭了这么多罪，眼睛还是没有治好？在病痛的一次次摧残与现实的一次次打击之下，他彻底陷入了绝望，最终走向了犯罪的深渊。

患者之外，医生也有太多不为人知的无奈。据中国医师协会 2017 年12 月公布的《中国医师执业状况白皮书》显示，有 62% 的医师发生过不同程度的医疗纠纷，有 66% 的医师经历过不同程度的医患冲突。当下的中国医院，"患多医少"现象极为普遍，尤其是在大城市的知名三甲医院，每天都挤满了来自全国各地寻医问诊的患者。在这样的现实环境下，医生背负着巨大的工作量，而长期超负荷的工作使得他们缺乏足够的时间与患者充分沟通，进而可能引发部分患者的误解与不满。与此同时，作为医院的一员，医生必须肩负起医院整体运转和创收的责任。在财政投入不足而开支巨大的现实压力下，个别医生偶尔会开出额外的检查和药品，保证医院获得足够的创收以维持正常运转，此举必然招致患者的抵触与抱怨。尽管持续超高负荷工作，尽管为医院作出巨大贡献，但公立医院的医生们的工资仍然不高。而个别医生作为家庭的收入支柱，面临着巨大的经济压力，被迫通过收受回扣等不正当渠道增加额外收入。而这些违法违规行为经过媒体的大肆渲染之后，使得民众对于医生的信任感急剧下降。在信任普遍缺失的背景下，患者又过分强调诊疗技术水平和治疗效果，对医学的有限性和高风险性认识不够，进而将正常的医疗风险、治疗效果的偏差全部归咎于无辜的医生身上。面对来自患者的误解、责怪，甚至是暴力袭击，医生的一切解释都苍白无力、所有辛苦都付诸东流。陶勇医生忍着腰伤复发（之前腰椎骨折，腰上打了六个钉子）的剧烈疼痛，为眼底情况十分复杂的崔振国做了两个小时手术。从专业的角度而言，陶勇医生的手术很成功，不仅让崔振国恢复了部分视力，而且还帮崔振国节省了不少费用，但即便如此，仍然遭到了崔振国的误解与攻击，以至于陶勇医生只能无奈地感叹："如果当时不花那么大劲去给他治，反而不会被砍，很荒诞吧。"

（二）宽严相济与价值抉择

当患者的辛酸与医生的无奈集中在一次医患事件中爆发时，事件的性质迅速由普通的医患纠纷升级成为恶性刑事犯罪。面对"1·20"北京朝阳医院伤医案这样的个案，刑法作为社会的最后一道防线，必须挺身而出，保护医护人员的生命安全。但与此同时，患者的悲惨命运同样值得我们给予同情。刑法该如何在这样的个案中权衡法理与情理，发挥其应有的作用？

《刑法》第二条规定了刑法的任务，即"用刑罚同一切犯罪行为作斗争，以保卫国家安全，保卫人民民主专政的政权和社会主义制度，保护国有财产和劳动群众集体所有的财产，保护公民私人所有的财产，保护公民的人身权利、民主权利和其他权利，维护社会秩序、经济秩序，保障社会主义建设事业的顺利进行"。从这条规定可以清晰地看出，我国刑法的任务包括惩罚和保护两个方面：惩罚犯罪是手段，保护人民是目的。由于犯罪的社会危害性比任何违反民法、行政法、经济法的行为的社会危害性都要严重，所以仅用民事赔偿、行政处罚等手段惩罚犯罪是不够的。只有通过最严厉的国家制裁方法即刑罚进行惩罚，才能有效地同一切犯罪作斗争，进而实现保护人民的目的。刑罚是对犯罪人一定权益的限制和剥夺，不仅可以剥夺犯罪人的政治权利、财产权利，而且可以限制或剥夺犯罪人的人身自由，甚至可以剥夺犯罪人的生命。正因为刑罚会使犯罪人承受痛苦的本质属性，所以宽和、轻缓化是刑罚发展的趋势。在刑事司法的过程中，对于情节较轻、社会危害性较小的犯罪，或者罪行虽然严重，但具有法定、酌定从宽处罚情节，以及主观恶性相对较小、人身危险性不大的被告人，可以依法从轻、减轻或者免除处罚，从而最大限度地减少社会对立面，促进社会和谐稳定，维护国家长治久安，这也是我国一直以来贯彻宽严相济刑事政策的要求。

宽严相济刑事政策是我国的基本刑事政策。其基本内容是"该严则严，当宽则宽；严中有宽，宽中有严；宽严有度，宽严审时"。也就是根据犯罪的具体情况以及危害性，区分案件性质、情节和对社会的危害程度，实行区别对待，作出不同处理，在"宽"与"严"中掌握处罚的尺度，做到罚当其罪。实际上，早在先秦时期，我国就有"宽猛相济""刑罚世轻世重"的政策，经魏晋、隋唐以至明清，一直沿袭不断。西周提出了"天命有德""以德配天""明德慎罚"的观念；主张敬德保民、恭行天命，对权力施以道德的强化和约束，对民众也注重以道德教化的方式使之臣服；适用刑罚时将刑法的威吓作用和道德的教化作用结合起来，而不一味强调重罚的作用。[1]《左传》中的一段论述是"宽猛相济"最直接、最经典的表达："仲尼曰：'政宽则民慢，慢则纠之以猛。猛则民残，残则施之以宽。宽以济猛，猛以济宽，政是以和。'"[2]从这段论述中不难看出，所谓"相济"是以既存的蓝本为基础进行调和。一方面，在刑法的严苛面前，对犯罪予以宽容、体恤，既维护了法律的稳定性，也满足了社会现实的需要；另一方面，"猛"表现为刑罚的刚硬性。所以，在社会治理和刑法适用过程中，如何解读规则和变通规则就十分关键，而"援情定罪"就是常用的调剂方式。据《公羊传》记载，许国太子止在父亲病重时进献药物，不料药物有毒，导致父亲死亡。《春秋》从客观上批评许太子止不亲口尝药的疏忽，但考察了太子止的表现进而原谅了他的弑君过错，只是剥夺了太子止的继承人之位。从此案中可以发现，董仲舒的"本其事而原其志"是综合查考其行为和心志作出合乎情理法的判决，目的正是纠正秦朝以来机械适用法条、客观归罪导致的刑罚严酷的现象。此案后来又被董仲舒反复引用，对众多疑难案件的处理提供了有

---

① 参见孙万怀《刑事政策司法化的内在道德》，北京大学出版社 2021 年版，第 203—204 页。
②《左传·昭公·昭公二十年》。

益启示，实现了法理与情理的统一。①

回到"1·20"北京朝阳医院伤医案，我们是否应当认为，因为崔振国疾病缠身、命运悲惨，所以在适用刑法的时候要对其予以宽容、体恤，以贯彻宽严相济的刑事政策，实现法理与情理的统一？笔者认为，答案是否定的。本案中，宽严相济刑事政策的正确贯彻，理应适用"该严则严"，而非"当宽则宽"。刑事司法所追求的"法理与情理的统一"，实际上是一种价值衡平，即在不同的价值之间寻找到最佳平衡点。就本案而言，涉及三个方面的价值衡平。

其一是尊医重卫的良好风尚。在当下中国的医疗环境下，尊重与保护医生的重要性再怎么强调也不为过。救死扶伤的职责决定了医生职业的特殊性与神圣性。每个人都曾患病，而病痛之中，是医生给予我们救助与希望，让我们得以恢复健康。2020年新冠肺炎疫情初期，病毒迅速传播，许多患者得不到救治。而就在这最危险的时刻，是我们敬爱的医生挺身而出，不顾危险，不辞辛劳，争分夺秒与病毒作斗争，挽救了无数的生命。疫情暴发三年以来，病毒丝毫没有退让，又是所有医生的坚守与付出，才让我们的安全得以保障。2022年12月，随着国家疫情防控政策的调整，全国各地感染人数急剧上升，无数患者涌入医院。据相关媒体报道称，上海某家医院一天接诊了92辆救护车，是平时的3倍有余，急诊内科24小时之内接诊了865名患者，抢救室从0时到清晨7时，接收了200余名患者。② 在这紧要关头，还是我们敬爱的医生默默承担了突如其来的工作负担，不置任何一位患者于不顾。许多医生即使自己被感染，也依然强忍着全身的酸痛，坚持不离岗。就是这样神圣伟大而不辞劳苦的医生，我们怎能不致以敬意，又怎能不重点保护？实际上，保护医生也是在保护我们的医疗环境，只有好的医疗环境，才能使患者

---

① 参见张福坤《宽严相济刑事政策彰显传统法律文化意蕴》，载《检察日报》2022年12月27日第3版。

② 参见黄杨子《急诊内科24小时接诊了865名患者！休整后再战斗，申城医院一线医护：有焦虑也有信心》，载微信公众号"上观新闻"，https://mp.weixin.qq.com/s/5AbgeaYUawq79WjAJALQvQ，2022年12月28日访问。

得到更好的救助。因此，保护医生就是在保护患者、保护我们所有人。倘若整个医生的从业环境变得十分糟糕，不仅辛勤付出得不到社会的认可，甚至连生命安危受到威胁时都得不到法律的有效保护，试想，以后还有谁愿意从事医生职业，而当整个社会没有了医生，我们的生命健康又由谁保障？因此，在面对伤医案件的时候，刑法必须对伤医者从严从重惩处。只有在这样的个案中严厉打击伤医者，刑事判决才能真正彰显尊重、保护医护人员的价值取向。

其二是悲天悯人的博大胸怀。古人便告诉我们："人远悲天悯人之怀。"我们的社会上有许许多多生活悲惨之人，对他们给予同情、设身处地为他们着想，是我们应当具备的良好品格。作家除了良好的写作技巧，还要有悲天悯人的博大胸怀，才能写出惊世动人的作品；执政者除了出色的政治智慧，还要有悲天悯人的博大胸怀，才能真正做到全心全意为人民服务。那刑法在面对伤医案中命运悲惨的患者时，是否也要设身处地从他的人生经历为他着想，对他给予同情与宽宥，从而彰显悲天悯人的博大胸怀？实际上，悲天悯人的博大胸怀是一种高级道德和愿望道德。道德有高级道德和低级道德之分、愿望道德和义务道德之别。前者如"悲天悯人""老吾老以及人之老"以及为家国情怀、民族担当而置生死与荣辱于不顾的利他的高级道德、愿望道德；后者乃"不得杀人""不得偷盗"等维系人类个体基本生存与社会存续发展的利己的低级道德、义务道德。其中，高级道德和愿望道德的目标在于使人为善，低级道德和义务道德的使命则旨在使人不为恶。人们通常会因为违反义务道德而受到谴责，却不会因为遵守它而得到赞扬。相反，人们通常会因为具有愿望道德而受到称赞，却不会因为欠缺它而受到谴责。[①]因此，刑法与其宽宥命运悲惨的患者而彰显悲天悯人的愿望道德，不如严惩伤医杀医的行凶者而维系不得杀人的义务道德，以切实保障人类个体的基本生存与社会的存续发展。

---

① 参见田宏杰《走向现代刑法：违法性认识的规范展开》，载《政法论坛》2021年第1期。

其三是乐观通达的生活态度。我们中的绝大多数人，都只是大时代中的小人物。每个人活得都不容易，过得都不轻松。没有谁的生活一帆风顺，没有谁的人生不会失意。诚如古人所言："叹人生，不如意事，十常八九。"既然如此，尽管生活难尽如人意，尽管身处艰难险阻，我们都应当保持乐观、通达。黑夜再长，总会天明；守得云开，终见日出。古今中外，乐观通达一直是我们极力宣扬的生活态度。杜甫在饥寒交迫之时，仍然不忘诙谐潇洒地写下"囊空恐羞涩，留得一钱看"；苏轼被贬黄州三年，仍能以风趣幽默的笔调写出"竹杖芒鞋轻胜马，谁怕？一蓑烟雨任平生"。罗曼·罗兰亦曾说过："世上只有一种英雄主义，那就是在认清生活真相之后依然热爱生活。""1·20"北京朝阳医院伤医案的被害人陶勇医生，经历7个小时的手术后，躺在ICU病床上"一点点崩溃的样子都没有"，甚至在病情刚稳定一些，就在病床上用右手单手打字，完成了新书《眼内液检测》的后记。陶勇医生在接受采访时提到，他很喜欢的两本书，一本是余华的《活着》，一本是季羡林的《牛棚杂忆》，"这两本书都描述的是苦难、绝望，但是你读完之后，你仍然还能感受到绝望的沙漠里头能开出花来"。他还在采访时提到了澳大利亚的山火，"烧死了好多动物，好多树也烧焦了，但是摄影家现在进去看，发现慢慢地草又冒芽了，有的树又开始长出新芽来。我特别喜欢读这种就是说在特别大的近乎绝望的这种灾难面前，还是去表现出人性的坚强。保持乐观，然后去面对生活的苦难，去改变"[1]。而这种面对人生艰难险阻表现出来的乐观坚强，也正是刑法所要彰显与传达的价值观念。遭受一点挫折就难以承受，反而肆意伤害无辜之人，刑法对此绝不宽容。易言之，生活不易绝不是宽宥犯罪的理由。否则就将意味着，任何人随时都可以搬出命运悲惨作为犯罪的正当化事由，显然这对正常社会秩序无疑是毁灭性的破坏。

基于以上三方面的价值衡量，我们可以十分清晰地判断，"1·20"

---

① 参见卢美慧《陶勇：人类的眼睛里面，藏着他想要征服的山峰》，载微信公众号"人物"，https://mp.weixin.qq.com/s/gaGnyyfOciixkR4LR24KdQ，2020年3月30日访问。

北京朝阳医院伤医案中的伤医者崔振国，在情理上没有任何值得被宽宥的理由，相反，崔振国应当受到严厉的惩处。唯有如此，方可切实保护我们的医护人员，传达尊医重卫的良好风尚，彰显乐观通达的生活态度。因此，在本案适用法律的过程中，尽管崔振国具有未遂和自首的情节，也并不足以对其从轻处罚。正如法院判决所言："考虑到其在人员众多的医疗公共场所公然持刀追砍行凶，手段残忍，造成的后果特别严重，社会影响极其恶劣，人身危险性极大，不足以对其从轻处罚，依法应予严惩。"最终，综合犯罪的事实、性质及对于社会的危害程度，北京市第三中级人民法院以故意杀人罪判处崔振国死刑，缓期二年执行，剥夺政治权利终身。这样的判决结果真正彰显了法、理、情三者的结合，做到了天理、国法与人情的统一。

四、余论

当陶勇医生重新回到了工作岗位，崔振国受到了法律的严厉制裁后，"1·20"北京朝阳医院伤医案就此翻篇，渐渐在人们的记忆中淡忘。然而，朝阳医院以外，一起又一起的伤医案件在全国各地接连发生，无时无刻不刺痛着我们的神经。医患关系是社会矛盾的缩影和放大，改善是一个全方位的系统工程，需要漫长的过程。好在我们欣喜地看到，在医护人员和全社会的共同努力下，我们的医疗环境正在逐渐改善，并取得了初步成果。2020年5月11日，最高人民法院发布《人民法院依法惩处涉医犯罪典型案例》，这些案例从多个角度阐述了人民法院对涉医犯罪"零容忍"的态度和立场，体现了人民法院对医疗卫生事业健康发展的支持与保障。2020年6月1日，《中华人民共和国基本医疗卫生与健康促进法》正式施行，其中规定了全社会应当关心、尊重医疗卫生人员，维护良好安全的医疗卫生服务秩序，共同构建和谐医患关系。2020年7月1日，《北京市医院安全秩序管理规定》正式施行，这一规定从加强北京市医院安全管理，维护北京市医院安全秩序，惩治涉医违法犯罪行为等方面，加强对医务人员安全和社会公众利益的保护。2021年9月22日，国家卫生健康委联合中央政法委、中央网信办、最高人民法院、最高人民检察院、公安部、司法部和国家中医药局发布《关于推进医院安全秩序管理工作的指导意见》，以进一步维护正常医疗秩序，保护医务人员人身安全，为医患双方营造良好诊疗环境。2022年3月1日，《中华人民共和国医师法》正式施行，其中专章规定了对医师的"保障措施"，以保障医师的合法权益。未来，我们可以继续从以下四个方面努力推进改善医疗环境：其一，落实医疗机构的安全保障措施，减少医生对自身安危的担忧；其二，增加对公立医院的财政投入，保障医院的正常运转和医生的充足收入；其三，推行分级诊疗制度，合理分摊医生的工作负担；其四，创新医患纠纷解决机制，避免医患纠纷升级。

最后，谨以陶勇医生分享给我们的诗歌结束本文。"我们的世界充满形形色色的苦难，病痛也是其中的一种，它构成了我们生活中重要的一部分。上天从来不吝惜雪上加霜，可是没有苦难，便没有诗歌。"

（石雄）

科技之刃与法律之鞘

——赖枰全侵犯公民个人信息案

引言

进入信息网络时代，我们的学习、工作、社交乃至所有的生活起居，都在现实和网络世界中同步进行。而随着大数据与物联网的发展，我们的生活痕迹随时都在被记录——每一次使用智能家电，每一次在手机上浏览网页，每一次进行移动支付。在进行这些操作时，我们都在软件中留下了相关的信息。于是，我们的生活在网络空间中被事无巨细地记载，我们的形象也被刻画得逐渐清晰。这些与我们密切相关的信息脱离了我们所能掌控的现实空间，进入了脆弱的网络世界之中。诚如劳东燕教授所言，网络与数字技术的不断发展，打破了传统上依靠物理性手段对公域与私域所作的界分，创造了个体对私域控制的丧失。[①]

在这样一个时代，我们的个人信息安全面临前所未有的威胁。根据中国互联网络信息中心发布的第 50 次《中国互联网络发展状况统计报告》，截至 2022 年 6 月，有 21.8% 的网民表示在过去半年内遭遇过个

[①] 参见劳东燕《个人信息法律保护体系的基本目标与归责机制》，载《政法论坛》2021 年第 6 期。

人信息泄露问题，这在该调查所涉及的网络安全问题中占比最高。[1] 在这样严峻的形势下，与侵犯公民个人信息的行为所进行的斗争亦如火如荼。2016 年以来，公安部连续 6 年组织全国公安机关开展打击侵犯公民个人信息犯罪的专项行动，侦破相关案件 3.3 万余起。[2] 当拨打骚扰电话乃至诈骗电话的人能准确说出我们的姓名、家庭住址，甚至淘宝订单时，我们知道我们的个人信息不再被妥善保存于自己的钱包、抽屉或者大脑之中。而我们不知道的是：它们此时被储存于何处？有多少人掌握它们？

在所有这些脱离我们掌控的信息之中，人脸识别信息无疑处于风口浪尖。随着人脸识别技术的不断发展与普及，这一技术被逐渐应用于交通出行、门禁解锁、移动支付、智能设备解锁等生活场景。在网络时代，我们成功将自己的身体特征转化为身份象征，将我们的"脸"变成了随身携带的"万能钥匙"。但这也同时意味着，一旦他人获得这把钥匙，我们的个人领域便毫无保留地向其敞开。如何保护这把"钥匙"，便成为网络时代的重要课题。在对这一课题的探索中，法律手段无疑被寄予厚望。杭州的"人脸识别第一案"最早引起了公众对于如何运用法律手段保护人脸识别信息的关注。2019 年，郭某在杭州野生动物世界购买了双人年卡，而在年卡有效期内，园方自行将入园方式从指纹识别更改为人脸识别，要求郭某与妻子必须注册人脸识别系统，否则无法入园。郭某提出退还卡费，但双方未能就此达成共识，郭某遂提起诉讼。本案一审判决杭州野生动物世界赔偿郭某合同利益损失及交通费，并删除郭某办理指纹年卡时提交的包括照片在内的面部特征信息，二审增判杭州野生动物世界删除郭某的指纹识别信息。[3] 这一案件无疑成为公众心目中积极运用

---

[1] 参见中国互联网信息中心网站，http://www.cnnic.net.cn/n4/2022/0914/c88-10226.html，2022 年 12 月 1 日访问。

[2] 参见谢俊思、刘丹《侦破侵犯公民个人信息犯罪案 3.3 万余起》，载《人民公安报》2022 年 1 月 15 日第 4 版。

[3] 参见浙江省杭州市富阳区人民法院民事判决书，（2019）浙 0111 民初 6971 号；浙江省杭州市中级人民法院民事判决书，（2020）浙 01 民终 10940 号。

民事诉讼手段保护人脸识别信息的范例。

在2021年，同样有一份涉及人脸识别信息的判决引发了诸多关注——赖枰全侵犯公民个人信息案。那么，这一案件缘何成为公众讨论的焦点？让我们先对案情进行简单的回顾。

一、案情回顾

2020年，在广东省东莞市，一起侵犯公民人脸识别信息的案件在网络空间中悄然发生。当年6月起，赖枰全应客户要求，将其所得知的居民身份证号码、姓名等发送给同伙"曹操""大佬"等人帮忙查询上述公民的对应照片，之后将上述照片通过"三色技术"制成动态人脸验证视频并贩卖给客户，从中共获利约达23000元。

仅仅两个月后，公安机关就破获了这起案件并控制了犯罪嫌疑人。2020年8月10日，赖枰全因涉嫌犯侵犯公民个人信息罪被羁押，次日被刑事拘留，同年9月17日被逮捕。东莞市第二市区人民检察院于2020年12月15日向东莞市第二人民法院提起公诉，指控被告人赖枰全犯侵犯公民个人信息罪。

经审理，法院认为，公诉机关指控被告人赖枰全犯侵犯公民个人信息罪，基本事实清楚，证据确实、充分，罪名成立。但是鉴于被告人是初犯，归案后如实供述，且认罪认罚，主动退赃，依法可以从轻处罚。最终，法院于2021年4月6日宣判：被告人赖枰全因侵犯公民个人信息被判处有期徒刑一年二个月，并处罚金30000元。[①] 在一审判决作出以后，因被告人赖枰全并未上诉，该判决生效。至此，一起因侵犯人脸识别信息获罪的案件落下帷幕，被告人赖枰全也因其滥用技术手段，侵害他人合法权益的行为自食其果。

从上述事实我们可以发现，赖枰全一案的案件情节本身并不复杂，

---

① 参见广东省东莞市第二人民法院刑事判决书，（2020）粤1972刑初4287号。

亦不涉及过多的理论争议。事实上，本案中真正令人感到不安的是"姓名、身份证号→照片→动态人脸验证视频"这一公民个人信息不断遭受侵害的链条。它让我们发现：只需要借助一些简单的信息，不法分子就能够制作出包含我们人脸的动态视频，而这些视频的用途可想而知，即用于攻击各种人脸识别系统，使得不法分子能以他人的身份通过验证。可见，这一简单案件所引发的各种关注，折射出的是公众对于飞速发展的人脸识别技术所带来的人脸信息安全问题的焦虑。我们期待知道，在人脸识别信息面临诸多威胁的当下，在民事诉讼、行政处罚等途径之外，我们是否拥有更为严厉的措施，能够遏止严重侵害人脸识别信息的行为？如果刑法能够担起这一重任，那么，它又将如何实现这一目标？因此，在超越赖枰全案这一个案的意义上，本文试图回答的更宏大的问题是：刑法应如何保护公民的人脸识别信息。为了完整回答这一问题，本文将从问题的起源，即人脸识别技术与人脸识别信息出发，确定人脸识别信息的刑法保护路径；之后，本文将结合侵犯公民个人信息罪的基础理论和侵犯人脸识别信息的行为在司法认定中存在的具体问题，以赖枰全案和其他司法案例为例，大致勾勒出侵犯人脸识别信息的行为成立犯罪的范围，回应公众的相关关切和疑问。

二、人脸识别技术与人脸识别信息

（一）人脸识别技术

人脸识别技术发端于 20 世纪 60 年代，目前已历经 60 余年的发展历程。在定义上，"人脸识别属于计算机视觉的范畴，特指计算机利用分析比较人脸视觉特征信息自动进行身份鉴别的'智能'技术"[①]。不难发现，

[①] 景晨凯、宋涛等：《基于深度卷积神经网络的人脸识别技术综述》，载《计算机应用与软件》2018 年第 1 期。

无论是手机的面部解锁系统、小区的人脸识别门禁系统，还是支付宝的"刷脸支付"，所运用的都是人脸识别技术。从原理上来说，"人脸识别是一种模型识别的方式，即分析由相机捕获的面部特征测量值。然后，模型识别利用瞳孔中心、鼻子、嘴巴和下巴边缘（包括下巴）之间的距离合成整体面部结构……存储在数据库中，并在下次有人站在相机前用作比较"[1]。在已预存图像时，用人脸识别技术进行身份验证的过程可以被概括为五个步骤：一是采集图像；二是检测人脸，即找到人脸在图像中的大致位置；三是标准化图像，如对背景进行遮挡等；四是提取特征；五是识别或验证，即将采集的特征与已有的数据库图像进行比对。[2]而在生活中我们所感受到的技术运行过程，往往只有图像被采集这一开端和最终验证成功或失败的结果。

人脸识别技术之所以能得到广泛应用，还要归功于其最突出的几项优势。首先，人脸识别技术的识别对象具有可靠性。作为一项生物特征识别技术，人脸识别技术与基于持有物（如各种证件）和基于所了解的信息（如密码）的传统身份鉴别方式不同，其识别对象（人脸）是人体本身所具备的生物特征，无须刻意携带、保存，也不易丢失、遗忘，随时随地能够进行采集、识别。[3]其次，人脸识别技术的采集方式具有非接触性。虽然人脸识别技术需要通过采集人脸特征来进行身份识别，但是其采集方式并不像指纹识别等生物识别技术一样，需要人体与传感器直接接触，而是可以通过摄像头远程采集，对被识别者的配合要求低。[4]最后，人脸识别技术的采集过程具有便捷性。较其他生物识别技术而言，人脸识别技术采集人类生物特征的速度具有明显优势，被识别者只需在

---

[1] [英]伊恩·伯尔勒：《人脸识别：看得见的隐私》，赵精武、唐林垚译，上海人民出版社2022年版，第14页。

[2] 参见杜嘉雯、皮勇《人工智能时代生物识别信息刑法保护的国际视野与中国立场——从"人脸识别技术"应用下滥用信息问题切入》，载《河北法学》2022年第1期；[英]伊恩·伯尔勒：《人脸识别：看得见的隐私》，赵精武、唐林垚译，上海人民出版社2022年版，第15—16页。

[3] 参见王映辉编著《人脸识别——原理、方法与技术》，科学出版社2010年版，第3页。

[4] 参见杜嘉雯、皮勇《人工智能时代生物识别信息刑法保护的国际视野与中国立场——从"人脸识别技术"应用下滥用信息问题切入》，载《河北法学》2022年第1期。

摄像头前短暂停留，即可快速完成身份验证。[①] 基于人脸识别技术的以上优势，人脸识别迅速取代许多传统的身份验证方式，在大量生活场景中得到普遍应用，也就不足为奇了。

然而，纵使是先进的现代科学所孕育的人脸识别技术，同样存在着风险和隐患。一方面，任何形式的生物识别技术都存在错误率，人脸识别技术可能在验证时错误地接受或者拒绝个人。[②] 人脸识别系统可能被伪造的照片、视频或者窃取的真实照片、视频欺骗。于是，对于不法分子而言，仿造或者窃取人脸识别系统这把"锁"的"钥匙"就成为通过身份验证的可行路径。另一方面，因为人脸识别技术的采集方式具有非接触性，采集时不需要被识别者加以配合，甚至能够在他人不知情的情况下获取其面部识别信息，所以该技术又容易被用于非法采集人脸识别信息。2021 年，央视"3·15"晚会就曾曝光多家公司利用门店的摄像头，在顾客不知情的情况下擅自采集顾客的人脸识别信息。[③] 于是，恰恰是借助人脸识别技术，我们的人脸识别信息又可能悄然落入违法犯罪分子手中。不难发现，正是人脸识别技术的优势与不足相叠加，使得我们的人脸识别信息最终处于一个极易遭受侵害的境地。而作为生活在现代社会中的个体，我们既享受着人脸识别技术带来的方便快捷的生活体验，也不得不面对随之而来的风险。肖像只被用于制作证件和记录岁月的时代已经过去，我们应当学会更加认真地对待我们的人脸识别信息。

（二）人脸识别信息

本文所说的人脸识别信息，是指能够反映特定自然人的面部特征，从而识别特定自然人身份的面部信息。一般来说，只要是足够清晰的含

[①] 参见王映辉编著《人脸识别——原理、方法与技术》，科学出版社 2010 年版，第 18 页。

[②] 参见 [英] 伊恩·伯尔勒《人脸识别：看得见的隐私》，赵精武、唐林垚译，上海人民出版社 2022 年版，第 18 页。

[③] 参见王鹤翔《3·15 晚会曝光丨科勒卫浴、宝马、MaxMara 商店安装人脸识别摄像头，海量人脸信息已被搜集！》，载央视网，http://m.news.cctv.com/2021/03/15/ARTIUEPMXNi9aqVspjUd1tOz210315.shtml，2021 年 3 月 15 日访问。

有个人面部特写的照片、视频，都包含了个人的人脸识别信息。在人脸识别技术飞速发展的背景下，除了民事诉讼、行政处罚等途径之外，我们还需要刑法这一最为凌厉的手段来应对最为严重的侵害公民人脸识别信息的行为。而要做到这一点，我们首先必须明确的是：人脸识别信息在刑法中的定位是什么？

前置法的相关规定，能够为我们勾勒出人脸识别信息在整体法秩序中的体系定位。最高人民法院《关于审理使用人脸识别技术处理个人信息相关民事案件适用法律若干问题的规定》第一条指出，"本规定所称人脸信息属于民法典第一千零三十四条规定的'生物识别信息'"。这一规定为我们提供了第一个坐标：人脸信息，或者说人脸识别信息是生物识别信息的一种。而根据该规定所指向的《民法典》第一千零三十四条的规定，"个人信息是以电子或者其他方式记录的能够单独或者与其他信息结合识别特定自然人的各种信息，包括自然人的姓名、出生日期、身份证件号码、生物识别信息……"，我们又获得了第二个坐标：生物识别信息属于自然人的个人信息。类似地，2021 年 11 月 1 日施行的《中华人民共和国个人信息保护法》（以下简称《个人信息保护法》）将个人信息定义为"以电子或者其他方式记录的与已识别或者可识别的自然人有关的各种信息"，并进一步界定了敏感个人信息："敏感个人信息是一旦泄露或者非法使用，容易导致自然人的人格尊严受到侵害或者人身、财产安全受到危害的个人信息，包括生物识别、宗教信仰、特定身份、医疗健康、金融账户、行踪轨迹等信息，以及不满十四周岁未成年人的个人信息。"这便是我们的第三个坐标。结合以上三个坐标，我们不难发现，在前置法的规定中，以下概念具有包含关系：个人信息＞敏感个人信息＞生物识别信息＞人脸识别信息。因此，人脸识别信息属于生物识别信息、敏感个人信息、个人信息。这一前置法中的定位，在后文的讨论中亦将有所涉及。

但是，在刑法的视域之中，我们是否也能如此轻松地找到人脸识别信息在坐标系上的准确位置呢？《中华人民共和国刑法》（以下简称《刑法》）第二百五十三条之一规定了侵犯公民个人信息罪，该罪的行为对象是"公民个人信息"，但是对于"公民个人信息"的内涵和外延，条文本身并未作出解释。对此，2017 年施行的最高人民法院、最高人民检察院《关于办理侵犯公民个人信息刑事案件适用法律若干问题的解释》（以下简称《侵公罪解释》）第一条指出，"刑法第二百五十三条之一规定的'公民个人信息'，是指以电子或者其他方式记录的能够单独或者与其他信息结合识别特定自然人身份或者反映特定自然人活动情况的各种信息，包括姓名、身份证件号码、通信通讯联系方式、住址、账号密码、财产状况、行踪轨迹等"。从这一解释出发，我们似乎面临两个问题：首先，《侵公罪解释》与《民法典》或《个人信息保护法》不同，并没有在个人信息的概念或者子概念下明确列举出生物识别信息，因此，直接定位的方法失败了；其次，该条文对"公民个人信息"的定义与《民法典》和《个人信息保护法》对"个人信息"的定义至少在表述上存在差异，前者还包括"反映特定自然人活动情况的各种信息"。因此，简单地将二者画等号，通过其他法律间接定位的方法也落空了。对于《侵公罪解释》和其他法律在个人信息定义上的差异，有学者认为，两种定义虽然存在差异，但是在本质上不存在冲突，都要求个人信息应当与特定自然人相关联；[1]也有学者认为，《侵公罪解释》相较《民法典》对个人信息的保护范围作了扩大化规定。[2]

不过，如果只是为了确定人脸识别信息在刑法上的定位，我们不必拘泥于这一定义上的差异。因为无论是否被明确列举，只要某一信息类型符合《侵公罪解释》所规定的个人信息的定义，就应当认为其属于《刑法》中的"公民个人信息"。具体到人脸识别信息而言，由于人脸识

---

① 参见刘宪权、何阳阳《〈个人信息保护法〉视角下侵犯公民个人信息罪要件的调整》，载《华南师范大学学报》（社会科学版）2022 年第 1 期。

② 参见王哲《侵犯公民个人信息罪中"个人信息"的限定》，载《青少年犯罪问题》2021 年第 3 期。

别信息包含了自然人所具有的独一无二的面部特征，"能够单独或者与其他信息结合识别特定自然人身份"，所以这一信息类型无疑属于《刑法》第二百五十三条之一中的"公民个人信息"。这一解释在最高人民法院 192 号指导案例中也得到了肯定。在该案中，被告人李某制作一款具有非法窃取安装者相册照片功能的手机"黑客软件"，打包成安卓手机端的"APK 安装包"，发布于暗网"茶马古道"论坛售卖，并伪装成"颜某检测"软件发布于"芥子论坛"供访客免费下载。用户下载安装"颜某检测"软件使用时，"颜某检测"软件会自动在后台获取手机相册里的照片，并自动上传到被告人搭建的腾讯云服务器后台，从而窃取安装者相册照片共计 1751 张，其中部分照片含有人脸信息、自然人姓名、身份号码等公民个人信息 100 余条。本案的裁判要点指出："使用人脸识别技术处理的人脸信息以及基于人脸识别技术生成的人脸信息均具有高度的可识别性，能够单独或者与其他信息结合识别特定自然人身份或者反映特定自然人活动情况，属于刑法规定的公民个人信息。"[1] 因此，侵犯公民人脸识别信息的行为能够构成《刑法》第二百五十三条之一规定的侵犯公民个人信息罪。

三、人脸识别信息的刑法保护

从人脸识别技术出发，我们看清了人脸识别信息在现代社会中的危险处境。在刑法视域下对人脸识别信息进行追踪定位，我们明确了刑法保护人脸识别信息的基本方向。不难发现，刑法如何规制侵犯人脸识别信息的行为，主要是侵犯公民个人信息犯罪中的一个具体问题。因此，为了明确哪些侵犯人脸识别信息的情形应当由刑法介入，我们需要先回顾侵犯公民个人信息罪的基本理论。

---

[1] 参见李某侵犯公民个人信息刑事附带民事公益诉讼案，最高人民法院指导案例 192 号（2022 年）。

（一）公民个人信息的刑法保护

1. 立法沿革

在我国，早期的公民个人信息保护法律体系呈现出"先刑后民"的样态：早在《网络安全法》《民法总则》《民法典》及《个人信息保护法》等与个人信息保护相关的民事、行政法律规范出台以前，为了应对保护个人信息的紧迫需要，刑法体系中就已经确立了对公民个人信息进行专门保护的规范。2009年施行的《刑法修正案（七）》在《刑法》第二百五十三条之后增设第二百五十三条之一，该条文共3款，第一款规定了"国家机关或者金融、电信、交通、教育、医疗等单位的工作人员，违反国家规定，将本单位在履行职责或者提供服务过程中获得的公民个人信息，出售或者非法提供给他人，情节严重"的行为，第二款规定了"窃取或者以其他方法非法获取上述信息，情节严重"的行为，第三款则是针对前两款的单位犯罪规定。根据最高人民法院、最高人民检察院《关于执行〈中华人民共和国刑法〉确定罪名的补充规定（四）》，第一款的罪名确定为"出售、非法提供公民个人信息罪"，第二款的罪名确定为"非法获取公民个人信息罪"。从条文内容我们不难发现，此时受到刑法规制的侵犯公民个人信息的行为范围较为狭窄：一方面，只有侵犯特定的公民个人信息，即特定单位的工作人员在履行职责或者提供服务的过程中获得的公民个人信息，才构成犯罪；另一方面，对于出售或者非法提供公民个人信息的行为，只有具有特定身份的主体、即特定单位的工作人员实施，才构成犯罪。

不过，随着信息网络技术的不断发展，侵犯公民个人信息的现象也日趋严重。2015年，《刑法修正案（九）》对该条文作出大幅修改，明显加强了对公民个人信息的保护，形成了现行《刑法》的规定。具体而言，《刑法修正案（九）》将该条文从3个条款扩充为4个条款，在第一款规定了一般主体"违反国家有关规定，向他人出售或者提供公民个人信息"的行为，并对"情节严重"和"情节特别严重"的情况分别设置了两档法定刑；第二款则要求对"违反国家有关规定，将在履行职责或者提供服务过程中获得的公民个人信息，出售或者提供给他人"的行为依照第一款的规定从重处罚；第三款要求对"窃取或者以其他方法非法获取公民个人信息"的行为依照第一款的规定处罚；第四款则是对前三款犯罪的单位犯罪规定。另外，根据最高人民法院、最高人民检察院《关于执行〈中华人民共和国刑法〉确定罪名的补充规定（六）》，原"出售、非法提供公民个人信息罪"和"非法获取公民个人信息罪"两个罪名被取消，第二百五十三条之一被整体确定为"侵犯公民个人信息罪"，在罪名设置上更为简洁。根据条文内容我们可以得出，《刑法修正案（九）》之后，一般主体、即年满16周岁的自然人或者单位，只要违反国家有关规定，出售、提供、窃取或者以其他方法非法获取公民个人信息，达到了"情节严重"的标准的，都可能面临刑法制裁。

此外，前文已经涉及的《侵公罪解释》的出台也是我国个人信息刑法保护发展历程的重要节点。《侵公罪解释》对《刑法》第二百五十三条之一的规定作出了更为细化的阐释，使得司法认定更有章可循，相关的理论研究也获得了更多的规范资源。此后，2018年，最高人民检察院在前述《侵公罪解释》的基础上发布了《检察机关办理侵犯公民个人信息案件指引》（以下简称《侵公罪案件指引》），对办理侵犯公民个人信息案件审查证据的基本要求、需要特别注意的问题、社会危险性及羁押必要性审查等作出了进一步规定。至此，我国对公民个人信息的刑法保护体系经历了从无到有、从宽到紧、从粗到细的发展历程。

2. 保护法益

自《刑法》第二百五十三条之一设立之初，一直到该条文被《刑法修正案（九）》大幅修改之后，围绕该条文始终有一个悬而未决的理论争议——本条文所指向的保护法益（立法者意图保护的利益）是什么？近年来，学界对于侵犯公民个人信息罪的保护法益众说纷纭，各种自成一派的观点令人眼花缭乱。有学者因此感慨道：侵犯公民个人信息罪是

"个罪中极为少见的有关侵害法益分歧之大的一种犯罪"①。

我们可以将相关学说分为个人法益观的立场和超个人法益观的立场。前者认为侵犯公民个人信息罪所保护的法益是个人享有的利益，后者则认为该罪的保护法益应当从集体、社会的角度加以解释。在个人法益观的立场下，早期有部分学者认为本罪的保护法益是公民个人的隐私，②但是随着相关司法解释和《网络安全法》《民法典》《个人信息保护法》等前置法的颁布实施，公民个人信息的定义逐渐清晰，其与公民隐私之间虽存在交叉但是仍相互区别的关系也逐渐分明，这一保护法益学说也相应式微。目前，基于个人法益观的代表性学说有个人信息权说、③个人信息自决权说、④个人信息安全说⑤等。个人信息权说和个人信息自决权说都尝试将侵犯公民个人信息罪与民法领域所讨论的公民对其个人信息享有的新型民事权利相对接，在整体法秩序下确定该罪的保护法益；个人信息安全说则着眼于与公民个人信息相关联的人身、财产安全。以上观点之间存在分歧，但都是在公民个人对其个人信息享有的权益范围内确定本罪的保护法益。与之相对，超个人法益观认为，侵犯公民个人信息罪的危害结果具有显著的社会性、公共性，单纯的公民个人信息权益难以支撑本罪的保护法益。在这一立场下，有观点认为本罪的保护法益是公共信息安全，⑥也有观点认为本罪的保护法益是社会信息管理秩序。⑦

---

① 参见刘艳红《侵犯公民个人信息罪法益：个人法益及新型权利之确证——以〈个人信息保护法（草案）〉为视角之分析》，载《中国刑事法杂志》2019 年第 5 期。

② 参见张明楷《刑法学（第 5 版）》，法律出版社 2016 年版，第 916 页以下。

③ 参见王华伟《数据刑法保护的比较考察与体系建构》，载《比较法研究》2021 年第 5 期；冀洋：《法益自决权与侵犯公民个人信息罪的司法边界》，载《中国法学》2019 年第 4 期。

④ 参见刘艳红《民法编纂背景下侵犯公民个人信息罪的保护法益：信息自决权——以刑民一体化及〈民法总则〉第 111 条为视角》，载《浙江工商大学学报》2019 年第 6 期。

⑤ 参见姜涛《新罪之保护法益的证成规则——以侵犯公民个人信息罪的保护法益论证为例》，载《中国刑事法杂志》2021 年第 3 期。

⑥ 参见王肃之《被害人教义学核心原则的发展——基于侵犯公民个人信息罪法益的反思》，载《政治与法律》2017 年第 10 期。

⑦ 参见凌萍萍、焦冶《侵犯公民个人信息罪的刑法法益重析》，载《苏州大学学报》（哲学社会科学版）2017 年第 6 期。

总的来说，关于侵犯公民个人信息罪的保护法益的争论方兴未艾。在本文看来，将保护法益定位为超个人法益的立场或许存在疑问。不容否认的是，侵犯公民个人信息的行为的侵害对象往往具有群体性，个人信息在信息网络中产生、流动的过程也可能涉及不限于公民个人的多方主体。但是，首先，立法者将侵犯公民个人信息罪规定于《刑法》分则第四章"侵犯公民人身权利、民主权利罪"中，置于第二百五十三条私自开拆、隐匿、毁弃邮件、电报罪之后，已经奠定了本罪侵害个人法益犯罪的底色。其次，持超个人法益观的学者认为，个人信息被侵犯的被害人本身只受到了"间接性"的损害，或者"风险性"的损害，只有在信息被进一步利用时才会真正危及其人身、财产安全，而对于单纯的"风险性"损害，刑法没有介入的必要性，因此对于本罪的解释必须诉诸超个人法益。但是，公民的个人信息权益是一项与其他人身、财产权益密切相关，但是又具备独立内涵、受到单独保护的公民权益。《个人信息保护法》第二条就明确指出："自然人的个人信息受法律保护，任何组织、个人不得侵害自然人的个人信息权益。"因此，侵犯公民个人信息的行为本身就是对公民权益造成实害的行为，而非仅造成法益侵害危险乃至"风险"。再次，造成"群体性"的危害结果只是侵犯公民个人信息行为的通常形态，并非刑法对构成侵犯公民个人信息罪的规范要求，从《侵公罪解释》的规定来看，在"违法所得五千元以上"等多种情形下，侵犯少数人的个人信息也完全可能成立侵犯公民个人信息罪。此时，很难认为行为侵害了"公共信息安全"或者"社会信息管理秩序"。最后，公共信息安全说和社会信息管理秩序说均未说明这些超个人法益的具体内涵是什么，是否包含除了大量个人法益的集合之外的其他利益。如此模糊的保护法益，显然也难以在刑事司法实践中起到指导作用。总之，本文认为，侵犯公民个人信息罪应当是侵犯个人法益的犯罪。

3. 构成要件

从《刑法》第二百五十三条之一的规定出发，要构成侵犯公民个人信息罪，在客观上要求行为人实施以下三种行为类型之一：违反国家有关规定，向他人出售或者提供公民个人信息；违反国家有关规定，将在履行职责或者提供服务过程中获得的公民个人信息，出售或者提供给他人；窃取或者以其他方法非法获取公民个人信息。并且，实施以上三种行为，均应达到"情节严重"的标准。在主观上，本罪要求行为人对自己侵犯他人个人信息的行为具有认识和意欲，即具有犯罪故意。

（二）侵犯人脸识别信息的刑事司法边界

从理论上来说，侵犯人脸识别信息的行为只要侵害了公民个人信息权益、符合侵犯公民个人信息罪的构成要件，就将面临侵犯公民个人信息罪的刑罚处罚。但是，在刑事司法认定中，具体哪些侵犯人脸识别信息的行为会构成犯罪，哪些行为不受刑法规制，在我们的想象中仍然是模糊不清的。因此，笔者将从理论上讨论较多的三个具体问题出发，结合司法案例，对哪些侵犯人脸识别信息的行为应当由刑法介入进行更为细致的探讨。

1. 信息主体的知情同意阻却犯罪的成立

在前文中，我们已经讨论了侵犯公民个人信息罪的保护法益。从刑法中被害人承诺的基本原理出发，如果认为侵犯公民个人信息罪的保护法益是超个人法益，那么随之而来的结论将是：因为个人不具有处分集体利益或者社会公共利益的资格，所以信息主体的知情同意与否不会影响侵犯公民个人信息罪的认定。具体而言，即便公民个人是真实自愿地将自己的人脸识别信息提供给行为人，或者同意行为人将自己的人脸识别信息出售、提供给第三方，行为人的行为仍然可能构成侵犯公民个人信息罪。相反，从笔者赞同的个人法益观出发，由于信息主体对其面部信息权益具有处分权限，当其自主自愿地选择放弃这一法益时，行为人出售、提供、获取其面部信息的行为也就不再具有法益侵害性，犯罪的成立也就被阻却了。

另一方面，从《刑法》所规定的构成要件出发，成立侵犯公民个人信息罪的第一种、第二种行为类型均是行为"违反国家有关规定"，第三种类型则是行为人系"非法"获取。因此，刑法上侵犯公民个人信息罪的成立范围要受到前置法中与个人信息保护相关的法律法规的约束。而根据《民法典》第一千零三十六条的规定，只要对信息主体的个人信息的处理是"在该自然人或者其监护人同意的范围内合理实施的行为"，行为人就不承担民事责任。因此，信息主体的知情同意，具有排除行为人行为的违法性的功能。当行为人对个人信息的处理符合前置法的规定时，无论从刑法条文规定的构成要件还是法秩序统一原理出发，都应当认为行为人的行为不构成侵犯公民个人信息罪。基于这一点，我们同样可以印证：侵犯公民个人信息罪的保护法益应当是个人法益，而非超个人法益。

关于有效同意的条件，《个人信息保护法》第十四条第一款明确指出："基于个人同意处理个人信息的，该同意应当由个人在充分知情的前提下自愿、明确作出。"因此，行为人在出售、提供、获取他人的人脸识别信息时，不能以欺骗、胁迫等违背他人真实意志的方式获得其"同意"，否则仍然有成立犯罪的空间。例如，在宋某某、张某某侵犯公民个人信息案中，宋某某、张某某为获取高额利润，在其经营的中国移动合作厅内，以充流量、送礼品等办理移动业务的名义，骗取老年客户的信任，获取客户的姓名、居民身份证号码、人脸识别信息等公民个人身份信息，之后在客户不知情的情况下，使用客户的个人身份信息办理实名手机卡共计 47 张，并以每张手机卡人民币 300 元的价格出售给卢某，违法所得人民币 14100 元。最终，两人均被判处有期徒刑 8 个月，并处罚金人民币 2 万元。① 此外，由于人脸识别信息属于敏感个人信息，《个人信息保护法》还在第二十九条规定了更为严格的同意规则："处理敏感个人信息应当取得个人的单独同意；法律、行政法规规定处理敏感个人信息应当取得书面同意的，从其规定。"

---

① 参见天津市滨海新区人民法院刑事判决书，（2021）津 0116 刑初 1452 号。

2. 刑法仅规制人脸识别信息的"转移"过程

根据《民法典》第一千零三十五条第二款的规定，个人信息的处理包括个人信息的收集、存储、使用、加工、传输、提供、公开等。《个人信息保护法》第四条第二款在此基础上还明确列举了"删除"这一信息处理方式。因此，在个人信息产生、流通、消灭的全过程中非法实施上述行为的，都将面临相应的法律责任。但是，并非所有非法处理公民个人信息的行为方式都会面临刑事制裁。具体哪些行为方式受到刑法规制，由《刑法》条文规定的构成要件和对构成要件的解释决定。

根据《侵公罪解释》第三条和第四条的规定，侵犯公民个人信息罪的前两种行为类型中，"提供公民个人信息"的行为既包括"向特定人提供公民个人信息"，也包括"通过信息网络或者其他途径发布公民个人信息"；第三种行为类型中的"以其他非法方法获取公民个人信息"的行为，包括"违反国家有关规定，通过购买、收受、交换等方式获取公民个人信息，或者在履行职责、提供服务过程中收集公民个人信息"。针对第三种行为类型，最高人民检察院的《侵公罪案件指引》还进一步指出："'其他方法'，是指'窃取'以外，与窃取行为具有同等危害性的方法，其中，购买是最常见的非法获取手段。"

结合《刑法》条文和以上规定，出售、提供、公开、窃取、购买、收受、交换、在履行职责和提供服务过程中收集公民人脸识别信息的行为，在符合《刑法》规定的其他构成要件的情况下，可能面临刑事制裁。而《个人信息保护法》还涉及存储、使用、加工、删除等处理公民个人信息的其他行为方式，则不在《刑法》第二百五十三条之一的规制范围之内。这意味着，刑法规制的主要是公民个人信息非法流转的过程，即个人信息从信息主体到其他主体以及在其他主体之间流动的过程，但对于个人信息在同一主体的管辖范围内被非法处理的问题则鞭长莫及。这种刑法介入范围的有限性，在涉人脸识别犯罪中表现突出。例如，在黄某某、刘某等侵犯公民个人信息罪一案中，黄某某和刘某为了获取利益，通过网上购买等方式非法取得他人身份信息，并利用他人身份信息制作动态人脸，帮助未成年人游戏账号绕过网络游戏防沉迷系统获取非法利益。工作室由黄某某出资，刘某提供技术和渠道，聘请李某某负责具体操作。黄某某获利 38000 余元，刘某获利 4 万元，李某某获利 2 万余元。① 在本案中，被害人的身份信息在行为人处经过了流入、加工和流出的过程。其中，加工过程将普通的身份信息转变为能够通过人脸识别的动态人脸信息，从而具备了绕过网络游戏防沉迷系统的功能，这也是行为人获利的关键步骤。而根据现行法，对身份信息进行加工的行为本身不受刑罚处罚，只有非法获取、出售公民个人信息的行为才受到刑法规制。

通过以上案件，我们不难想象，假设行为人在合法获取公民个人信息，比如经过他人同意收集其个人信息之后，再对这些信息实施诸如加工、使用的非法处理行为，且并未再出售、提供给第三方，则对于这种同样侵害公民个人信息权益的现象，目前的刑法规定无能为力。而且，"个人数据的流动和转移往往发生在个人数据违法犯罪的上游和中游，而将个人数据加以非法利用、处理，并从中获取非法利益，才是整个数据犯罪灰黑产业链的最终落脚点"②。因此，在立法论的角度上，有学者建议应当在整体上将滥用或者非法使用公民个人信息的行为入罪化。例如，在《刑法》第二百五十三条之一中将非法使用公民个人信息的行为与非法出售、提供和获取公民个人信息的行为相并列。③ 也有学者仅针对公民生物识别信息、人脸识别信息等，指出应当将滥用公民生物识别信息的行为纳入侵犯公民个人信息罪进行规制，④ 或者增设非法利用公民个人重要信息罪来规制非法利用人脸识别信息等可能严重影响人身、财产安全的个人信息的

---

① 参见湖南省宜章县人民法院刑事判决书，（2022）湘 1022 刑初 455 号。

② 王华伟：《数据刑法保护的比较考察与体系建构》，载《比较法研究》2021 年第 5 期。

③ 参见李怀胜《侵犯公民个人信息罪的刑法调适思路》，载《中国政法大学学报》2022 年第 1 期；刘仁文：《论非法使用公民个人信息行为的入罪》，载《法学论坛》2019 年第 6 期。

④ 参见杜嘉雯、皮勇《人工智能时代生物识别信息刑法保护的国际视野与中国立场——从"人脸识别技术"应用下滥用信息问题切入》，载《河北法学》2022 年第 1 期。

行为。①

总之，在现行《刑法》的规定下，非法提供（包括出售、公开等）或者获取（包括窃取、购买、收受、交换等）公民人脸识别信息的行为受到侵犯公民个人信息罪的规制，而包括非法加工、使用等行为方式在内的滥用公民人脸识别信息的行为是否应当同样被纳入刑法的规制范围，学界正在进行激烈的讨论。

3. 侵犯人脸识别信息行为的入罪标准

从《刑法》第二百五十三条之一的规定出发，我们不难发现，无论是何种侵犯公民个人信息的行为类型，都必须达到"情节严重"的标准才可能构成犯罪。《侵公罪解释》第五条第一款对侵犯公民个人信息的行为成立"情节严重"的标准作出了详细的规定，② 其中，第三项、第四项、第五项从非法获取、出售或者提供的公民个人信息的数量的角度，对不同类型的公民个人信息作出了分层次、阶梯式的保护：行踪轨迹信息、通信内容、征信信息和财产信息是四类最为重要的公民个人信息，只需非法获取、出售或者提供五十条即可入罪；住宿信息、通信记录、健康生理信息、交易信息等其他可能影响人身、财产安全的公民个人信息次之，入罪标准为五百条；以上两类信息之外的其他公民个人信息，在不符合其他情形的情况下，则需要非法获取、出售或者提供五千条以上才

---

① 参见李振林《非法取得或利用人脸识别信息行为刑法规制论》，载《苏州大学学报》（哲学社会科学版）2022 年第 1 期。

② 最高人民法院、最高人民检察院《关于办理侵犯公民个人信息刑事案件适用法律若干问题的解释》第五条第一款规定："非法获取、出售或者提供公民个人信息，具有下列情形之一的，应当认定为刑法第二百五十三条之一规定的'情节严重'：（一）出售或者提供行踪轨迹信息，被他人用于犯罪的；（二）知道或者应当知道他人利用公民个人信息实施犯罪，向其出售或者提供的；（三）非法获取、出售或者提供行踪轨迹信息、通信内容、征信信息、财产信息五十条以上的；（四）非法获取、出售或者提供住宿信息、通信记录、健康生理信息、交易信息等其他可能影响人身、财产安全的公民个人信息五百条以上的；（五）非法获取、出售或者提供第三项、第四项规定以外的公民个人信息五千条以上的；（六）数量未达到第三项至第五项规定标准，但是按相应比例合计达到有关数量标准的；（七）违法所得五千元以上的；（八）将在履行职责或者提供服务过程中获得的公民个人信息出售或者提供给他人，数量或者数额达到第三项至第七项规定标准一半以上的；（九）曾因侵犯公民个人信息受过刑事处罚或者二年内受过行政处罚，又非法获取、出售或者提供公民个人信息的；（十）其他情节严重的情形。"

可入罪。同时，根据《侵公罪解释》第五条第二款第三项的规定，[①] 非法获取、出售或者提供前述第三项、第四项、第五项的公民个人信息，要达到"情节特别严重"并适用第二档法定刑的标准均为"情节严重"的十倍以上，即五百条、五千条、五万条以上。

关于侵犯人脸识别信息的行为的司法认定，理论上存在争议的问题是：应当适用《侵公罪解释》第五条第一款的哪一项，以非法获取、出售或者提供多少条人脸识别信息作为入罪标准？第一种观点认为，由于《侵公罪解释》在前述的第三项、第四项、第五项中均未明确列举"生物识别信息"，且前置法中的"健康生理信息"和"生物识别信息"被规定为公民个人信息之下并列的两种信息类型，所以既不可能将生物识别信息解释到第三项之中，也不能将生物识别信息解释为一种"健康生理信息"而归入第四项。因此，对于生物识别信息，只能够适用第五项，按照一般公民个人信息的入罪标准，以五千条以上的数量入罪。[②]

在刘某某侵犯公民个人信息罪一案中，被告人刘某某收购解封"地下城与勇士"等游戏的人脸动态识别视频倒卖给他人，用于突破"地下城与勇士"等游戏的人脸识别系统，从中非法牟利，其间，被告人刘某某非法获取公民个人信息七千余条。经审理，法院认为，被告人刘某某构成侵犯公民个人信息罪，但是仅达到了"情节严重"的标准。最终被告人刘某某被判处有期徒刑六个月，缓刑一年。[③] 结合前述《侵公罪解释》第五条第一款、第二款的规定，不难发现该法院就采用了前述第一种观点，即认为非法获取、出售或者提供五千条以上人脸识别信息的属

---

① 最高人民法院、最高人民检察院《关于办理侵犯公民个人信息刑事案件适用法律若干问题的解释》第五条第二款规定："实施前款规定的行为，具有下列情形之一的，应当认定为刑法第二百五十三条之一第一款规定的'情节特别严重'：（一）造成被害人死亡、重伤、精神失常或者被绑架等严重后果的；（二）造成重大经济损失或者恶劣社会影响的；（三）数量或者数额达到前款第三项至第八项规定标准十倍以上的；（四）其他情节特别严重的情形。"

② 参见欧阳本祺、王兆利《涉人脸识别行为刑法适用的边界》，载《人民检察》2021 年第 13 期；杜嘉雯、皮勇：《人工智能时代生物识别信息刑法保护的国际视野与中国立场——从"人脸识别技术"应用下滥用信息问题切入》，载《河北法学》2022 年第 1 期。

③ 参见广东省广州市从化区人民法院刑事判决书，（2022）粤 0117 刑初 38 号。

于"情节严重"，非法获取、出售或者提供五万条以上人脸识别信息的才属于"情节特别严重"。

第二种观点认为，人脸识别信息具备财产与人身权益的双重属性，在前置法中就被归类为敏感个人信息，客观上，侵犯人脸识别信息也会使得人身、财产犯罪的实施更为轻易化，所以应当将人脸识别信息解释为第四项中的"其他可能影响人身、财产安全的公民个人信息"，适用五百条以上的入罪标准。[1]第三种观点认为，生物识别信息不属于第五条第一款第三项所规定的四种信息类型中的任何一种，但是其重要性还要超过这四种信息，所以应当适用该条第十项的兜底条款，将"非法获取、出售或者提供生物识别信息五条及以上"解释为该项中的"其他情节严重的情形"，从而对包括人脸识别信息在内的生物识别信息适用五条以上的入罪标准。[2]

那么，在目前的司法解释规定下，究竟应当对人脸识别信息适用何种入罪标准？笔者认为，应当首先考察人脸识别信息在个人信息体系中所具有的特殊性。一方面，作为生物识别信息的一种，人脸识别信息和指纹、虹膜等相同，都包含了信息主体独一无二的身体特征，且可识别性极高。这意味着，某一人脸识别信息一旦遭到侵害，便能够精准地指向具体的信息主体。另一方面，目前人脸识别技术被广泛应用于住宅门禁解锁、交易支付验证、账号实名认证等多种重要场合，不法分子一旦获取了他人的人脸识别信息，就既能够轻松破解他人为住宅、电子账户所上的"门锁"，又能够盗用他人的身份办理手机卡、注册支付宝账号、办理金融贷款业务等。总的来说，与其他个人信息不同的是，借助人脸识别信息，我们能够精确、快速地定位到"人脸"的主人，并轻易地对主人的人身、财产产生威胁——侵犯人脸识别信息，与侵害个人的其他

---

① 参见李振林《非法取得或利用人脸识别信息行为刑法规制论》，载《苏州大学学报》（哲学社会科学版）2022年第1期。

② 参见王德政《针对生物识别信息的刑法保护：现实境遇与完善路径——以四川"人脸识别案"为切入点》，载《重庆大学学报》（社会科学版）2021年第2期。

权益往往只有一步之遥。

　　基于上述人脸识别信息的特殊性，我们可以作出以下分析。首先，人脸识别信息显然不属于《侵公罪解释》第五条第一款第三项所明确列举的行踪轨迹信息、通信内容、征信信息或财产信息，所以不可能对其适用五十条以上的入罪标准。其次，虽然人脸识别信息并不属于第四项所明确列举的"健康生理信息"，[①]但是基于其与个人人身、财产权益的密切关系，实际上也能将人脸识别信息解释为第四项中的"其他可能影响人身、财产安全的公民个人信息"，从而适用五百条以上的入罪标准。反之，如果依照一般公民个人信息的标准对侵犯人脸识别信息的行为进行规制，则与人脸识别信息所具有的特殊重要性不相匹配。比较而言，人脸识别信息的重要程度绝不亚于第四项中明确列举的住宿信息、通信记录、健康生理信息和交易信息。因此，上述第一种观点并不妥当。再次，能否基于生物识别信息的重要性，选择采纳前述第三种观点，将"非法获取、出售或者提供生物识别信息五条及以上"解释为第十项中的"其他情节严重的情形"，从而实现对生物识别信息的突出保护？笔者认为这同样不可取。从司法解释的规定出发，第五条第一款第三、第四、第五项均以"信息类型＋信息数量"的方式规定了对不同类型的信息的入罪标准，其中，第五项针对的是"第三项、第四项规定以外的公民个人信息"。因此，从规范逻辑上看，该款的第三项、第四项、第五项已经涵盖了所有种类的公民个人信息，将人脸识别信息单独拎出另外设置入罪标准，显然并不妥当。在目前的司法解释规定下，笔者认为前述第二种观点更具有合理性：针对人脸识别信息，在以数量判断行为是否属于"情节严重"时，应当以五百条以上作为入罪标准；如果非法获取、出售或

───────────────

　　① 在《信息安全技术－个人信息安全规范》（GB/T 35273－2020）推荐性国家标准中，"个人生物识别信息"和"健康生理信息"被并列列举为个人信息概念下的两种信息类型；在《民法典》第一千零三十四条的规定中，"生物识别信息"和"健康信息"同样在个人信息概念下被并列列举；此外，在《个人信息保护法》第二十八条的规定中，"生物识别"和"医疗健康"则被并列列举为两类敏感个人信息。基于以上法律和国家标准，应当认为个人的生物识别信息和健康生理信息属于两类不同的个人信息。

者提供人脸识别信息的数量达到五千条以上，则属于"情节特别严重"。这一观点在前述最高人民法院 192 号指导案例中亦得到了采纳，该案的裁判要点指出，对于窃取或者以其他方法非法获取公民人脸信息的行为，应当依照《侵公罪解释》第五条第一款第四项等规定定罪处罚。①

不过，前述第三种观点亦令我们反思《侵公罪解释》中相关规定的合理性。从前置法的规定来看，《个人信息保护法》将生物识别、宗教信仰、特定身份、医疗健康、金融账户、行踪轨迹等信息，以及不满 14 周岁未成年人的个人信息，都明确规定在"一旦泄露或者非法使用，容易导致自然人的人格尊严受到侵害或者人身、财产安全受到危害"的敏感个人信息之中，这充分说明了生物识别信息在公民个人信息中的重要性。但是，或许因为制定时间较早，《侵公罪解释》在"情节严重"和"情节特别严重"的认定标准中均未明确列举"生物识别信息"，使得这一重要的个人信息类型在司法认定中欠缺明确的定位。同时，在第五条第一款第三项中，《侵公罪解释》仅明确列举了行踪轨迹信息、通信内容、征信信息和财产信息四种公民个人信息。相较于生物识别信息，难以认为这四种信息对公民个人的人格尊严、人身和财产安全具有更大的影响。而由于第三项最后并没有表示列举未完的"等"字，该项在适用范围上也没有任何扩充的空间。鉴于这种情况，有学者就认为，从与《个人信息保护法》的比较出发，《侵公罪解释》应当对所有的敏感个人信息作相同的特殊保护，并建议取消或者修改对不同的敏感个人信息进行分级保护的规定，将非法获取、出售或者提供公民敏感个人信息的行为的起刑点都设定为五十条以上。② 或许，目前的司法解释规定与生物识别信息，尤其是人脸识别信息迫切的保护需求是否相匹配，还有待进一步思考和讨论。

不过，在司法实践中，对于侵犯公民人脸识别信息的案件，《侵公罪

---

① 参见李某侵犯公民个人信息刑事附带民事公益诉讼案，最高人民法院指导案例 192 号（2022 年）。

② 参见刘宪权《敏感个人信息的刑法特殊保护研究》，载《法学评论》2022 年第 3 期。

解释》第五条第一款第七项是更为常用的入罪标准，即违法所得五千元以上的属于"情节严重"，相应地，违法所得五万元以上的属于"情节特别严重"。

（三）赖柈全侵犯公民个人信息案案情分析

围绕刑法如何保护人脸识别信息这一问题进行了一番"游历"之后，让我们再次回到赖柈全侵犯公民个人信息案这一引发我们这场探索的起点，来检验我们这趟"旅程"的收获。赖柈全侵犯公民个人信息案虽不复杂，但在经过层层剖析之后，亦是侵犯人脸识别信息犯罪的一个典型样本。

首先，在赖柈全一案中，除了身份证号码、姓名和照片遭到侵害的被害人之外，共存在三方涉案主体：客户（可能存在多名）、被告人赖柈全，以及"曹操""大佬"等人。根据判决书，对这三方主体的涉案行为可以拆解如下。客户实施了两个行为：一是向被告人赖柈全提出制作特定公民的动态人脸验证视频的要求；二是在视频制作完毕后购买该视频。此外，客户还可能向赖柈全提供了被害人的姓名和身份证号。"曹操""大佬"等人则只实施了向被告人赖柈全提供公民照片一个行为。被告人赖柈全共实施四个行为：一是获得公民的姓名及身份证号；二是从"曹操""大佬"等人处获得公民的照片；三是将照片制成动态人脸验证视频；四是将动态人脸验证视频售卖给客户。

不过，判决书显示，向赖柈全购买人脸视频的客户信息不详，难以追诉。同时，即便能够获得这些客户的信息，通过前文的分析我们也已经知道，非法出售、提供或者获取五百条以上的人脸识别信息才能达到成立侵犯公民个人信息罪所要求的"情节严重"的数量标准，单个客户购买的动态人脸验证视频的数量很可能并未达到这一门槛。因此，本案中客户这一"下游"买家的行为难以用刑法加以规制。而对于为赖柈全提供被害人照片的"曹操""大佬"等人，根据其是否与赖柈全共同实施涉案犯罪等事实，他们同样可能构成侵犯公民个人信息罪，但因已另案处理，其刑事责任也并非本文所要讨论的内容。因此，这里我们所主要分析的是被告人赖枰全在本案中实施的四项行为。

其次，在赖枰全实施的四项行为中，第一项、第二项行为涉及公民的姓名、身份证号和照片"流入"赖枰全手中的过程，第四项行为则涉及制作完毕的公民动态人脸验证视频"流出"赖枰全之手的过程，根据前文的分析，这三项行为都属于刑法规制的范围。不过，赖枰全实施的第三项行为是将获取的公民照片通过"三色技术"制成动态人脸视频，这一行为从本质上说是对公民的照片进行加工，不涉及人脸识别信息的流转过程。基于前文的结论，这种行为在违反前置法的相关规定时，属于侵犯公民个人信息权益的违法行为，但是在刑法领域则不符合侵犯公民个人信息罪的构成要件。因此，第三项行为被排除出了赖枰全的刑事责任的考察范围。

最后，对于被告人赖枰全获取公民姓名、身份证号码和照片的行为，我们并不能从法院的判决书中得知这些个人信息的最终源头和泄露途径，但显然这些信息并非在被害人知情同意的情形下获取的。根据《刑法》第二百五十三条之一的规定，这两项行为与赖枰全出售动态人脸视频的行为，都是侵犯公民个人信息罪的构成要件行为。并且，赖枰全依靠实施这一系列行为，总共获利约 23000 元，符合"违法所得五千元以上"这一属于"情节严重"的情形。在非法获取、出售公民信息的过程中，赖枰全对自己的行为会造成他人的个人信息权益遭到侵害的后果亦具有明确的认识和意欲。因此，赖枰全构成《刑法》第二百五十三条之一规定的侵犯公民个人信息罪。

四、结语

在 21 世纪这个网络时代，飞速传输的数据此时此刻仍在不断地拓展人类在虚拟世界的疆域。在这个虚拟世界之中，我们的人脸信息被赋予了新的任务——成为一把新时代的"钥匙"。然而与之相对的，却是我们的人脸信息亘古未变的脆弱性——它始终袒露于外部世界之中，无法遮掩、无从隐藏。在现实世界中，我们的"脸"可能为每一个擦肩而过的人所见，可能为每一个街头巷尾的摄像头所捕捉。

在这样一个时代，"科学技术是一把双刃剑"已经不再是拔新领异的见解，却仍然是经久不衰的警言。人脸识别技术挖掘出了人脸识别信息的全新价值，却也暴露出了其在过往中不易觉察的脆弱性：我们在人脸识别信息上附着的价值越多，这些信息也就越成为不法分子夺取的目标，但是，我们自己却难以对我们的人脸信息加以保护。这时，和在其他新生技术领域一样，法律需要担负起由技术所带来的风险相抗衡的重任，成为防止科技之刃伤及使用者的刀鞘，成为公民在日新月异的时代中不变的守护者。

其中，刑法作为最严厉的法律武器，需要成为公民人脸识别信息的最后屏障。而以赖梓全侵犯公民个人信息一案切入，我们得以一窥刑法与涉人脸识别信息犯罪较量的战场。人脸识别信息在刑法中具有何种地位，刑法以什么途径规制严重侵犯人脸识别信息的行为，具体哪些侵犯人脸识别信息的行为要承担刑事责任，我们都有了初步的答案。然而，人脸识别技术仍在一日千里地飞速发展，刑法对抗犯罪的手段也会在迎头追赶之中不断精进。因此，刑法与侵犯人脸识别信息犯罪的较量方兴未艾，我们的旅程也不过是对迄今为止战果的回顾。但是，在过去与未来之间，在技术发展的洪流之中，始终不变的将是刑法对公民合法权益最后底线的守护。

（李梓澄）

重大公共利益不容侵犯

——"辣笔小球"侵害英雄烈士名誉、荣誉案

引言

《关于〈中华人民共和国英雄烈士保护法（草案）〉的说明》指出："英雄烈士的事迹和精神是中华民族共同的历史记忆和宝贵的精神财富，是中国共产党领导中国各族人民 96 年来不懈奋斗伟大历程、可歌可泣英雄史诗的缩影和代表，是实现中华民族伟大复兴的强大精神动力。"①2020年，在给四川省革命伤残军人休养院全体同志的回信中，习近平总书记强调："中华民族是英雄辈出的民族，新时代是成就英雄的时代。全党全社会要崇尚英雄、学习英雄、关爱英雄，大力弘扬英雄精神，汇聚实现中华民族伟大复兴的磅礴力量。"②

为了保护英雄烈士的事迹和精神，我国出台了《中华人民共和国英雄烈士保护法》（以下简称《英雄烈士保护法》）。《英雄烈士保护法》第三条规定："英雄烈士事迹和精神是中华民族的共同历史记忆和社会主义核心价值观的重要体现。国家保护英雄烈士，对英雄烈士予以褒扬、纪

---

① 许安标：《关于〈中华人民共和国英雄烈士保护法（草案）〉的说明》，北大法宝数据库，法宝引证码：CLI.DL.10833。

②《全党全社会要崇尚英雄学习英雄关爱英雄　汇聚实现中华民族伟大复兴的磅礴力量》，载《人民日报》2020 年 10 月 22 日，第 1 版。

念，加强对英雄烈士事迹和精神的宣传、教育，维护英雄烈士尊严和合法权益。全社会都应当崇尚、学习、捍卫英雄烈士。"《英雄烈士保护法》第二十二条规定："禁止歪曲、丑化、亵渎、否定英雄烈士事迹和精神。英雄烈士的姓名、肖像、名誉、荣誉受法律保护。任何组织和个人不得在公共场所、互联网或者利用广播电视、电影、出版物等，以侮辱、诽谤或者其他方式侵害英雄烈士的姓名、肖像、名誉、荣誉。任何组织和个人不得将英雄烈士的姓名、肖像用于或者变相用于商标、商业广告，损害英雄烈士的名誉、荣誉……"

对于侵害英雄烈士的姓名、肖像、名誉、荣誉而且损害社会公共利益的行为，《英雄烈士保护法》第二十六条规定行为人应当依法承担民事责任、行政责任和刑事责任。对于民事责任，《民法典》第一百八十五条规定："侵害英雄烈士等的姓名、肖像、名誉、荣誉，损害社会公共利益的，应当承担民事责任。"但是，在《中华人民共和国刑法修正案（十一）》（以下简称《刑法修正案（十一）》）施行以前，在我国刑法中，并不存在专门的与侵害英雄烈士的名誉、荣誉有关的犯罪。

然而，设立侵害英雄烈士名誉、荣誉罪具有必要性。"近年来，社会上历史虚无主义错误思潮和观点不断出现，有些人以'学术自由''还原历史''探究细节'等为名，通过网络、书刊等媒体歪曲历史特别是近现代历史，丑化、诋毁、贬损、质疑英雄烈士，造成恶劣社会影响，引起社会各界愤慨谴责。"[①] 实际上，有些人之所以侮辱、诽谤英雄烈士，他们的实质目的就是为了否定中国特色社会主义制度和动摇中国共产党的执政根基。[②] 所以，这些人的用心不可谓不险恶。"为了进一步保护英雄烈士名誉、荣誉，维护社会主义核心价值观，与英雄烈士保护法等相关法律相衔接，立法机关广泛听取意见，经反复研究，在

[①] 参见许安标《关于〈中华人民共和国英雄烈士保护法（草案）〉的说明》，北大法宝数据库，法宝引证码：CLI.DL.10833。

[②] 参见王爱立主编《中华人民共和国刑法释义与适用》（下册），中国民主法制出版社2021年版，第1206页。

各方面取得共识的基础上，将侮辱、诽谤英雄烈士的行为明确规定为犯罪。"①

2020年12月26日，《刑法修正案（十一）》由第十三届全国人民代表大会常务委员会第二十四次会议通过。然而，在这样的背景下，仍然有人实施侵害英雄烈士名誉、荣誉的行为。2021年2月19日，仇某（账号："辣笔小球"）在新浪微博上先后发布两条信息，嘲讽、贬低卫国戍边的英雄烈士。这两条信息在网络平台上迅速扩散开来，造成了恶劣的社会影响。次日，公安机关对仇某采取了刑事拘留强制措施。2021年3月1日，检察机关依法以涉嫌侵害英雄烈士名誉、荣誉罪，对仇某批准逮捕，"辣笔小球"侵害英雄烈士名誉、荣誉案也成为全国首例侵害英雄烈士名誉、荣誉犯罪的案件。②2022年2月21日，最高人民检察院（以下简称"最高检"）公布了第三十四批指导性案例，其中第一个案例就是仇某侵害英雄烈士名誉、荣誉案（检例第136号）。③因此，对该案进行分析和研究，具有重要意义。

一、案情回顾

众所周知，正确之法律适用的前提是查清案件事实。《中华人民共和国刑事诉讼法》第六条也规定："人民法院、人民检察院和公安机关进行刑事诉讼……必须以事实为根据……"因此，下文将先行梳理和回顾案情，然后在此基础上探讨法律适用问题。

---

① 参见王爱立主编《中华人民共和国刑法释义与适用》（下册），中国民主法制出版社2021年版，第1207页。

② 参见卢志坚、雒呈瑞、张旭《全国首例涉嫌侵害英雄烈士名誉、荣誉案犯罪嫌疑人被批捕》，载《江苏法制报》2021年3月2日第2版。

③ 参见仇某侵害英雄烈士名誉、荣誉案（检例第136号），最高人民检察院第三十四批指导性案例，载《检察日报》2022年2月22日第7版。

（一）事实梳理

2020 年 6 月，外军公然违背与我方达成的共识，越线搭设帐篷。按照处理边境事件的惯例和双方之前达成的约定，团长祁发宝本着谈判解决问题的诚意，仅带几名官兵，蹚过齐腰深的河水前去交涉。交涉过程中，对方无视我方诚意，早有预谋地潜藏、调动大量兵力，企图凭借人多势众迫使我方退让。

双方随后发生了激烈的战斗。官兵们组成战斗队形，与数倍于己的外军对峙。对方用钢管、棍棒、石块发起攻击。祁发宝成为重点攻击目标，头部遭到重创。见此情景，陈红军带人立即突入重围营救团长，陈祥榕作为盾牌手战斗在最前面，摄像取证的肖思远也冲到前沿投入战斗。陈红军、陈祥榕、肖思远毫不畏惧、英勇战斗，直至壮烈牺牲。王焯冉在渡河前出支援途中，为救助战友牺牲。[①]

边防官兵誓死捍卫祖国领土，彰显了新时代卫国戍边官兵的昂扬风貌。同年 6 月，陈红军、陈祥榕、肖思远、王焯冉被评定为烈士；2021年 2 月，中央军委追授陈红军"卫国戍边英雄"荣誉称号，追记陈祥榕、肖思远、王焯冉一等功，授予祁发宝"卫国戍边英雄团长"荣誉称号。

2021 年 2 月 19 日上午，仇某在卫国戍边官兵英雄事迹宣传报道后，为博取眼球，获得更多关注，在住处使用其新浪微博账号"辣笔小球"（粉丝数 250 余万），先后发布两条微博，歪曲卫国戍边官兵祁发宝、陈红军、陈祥榕、肖思远、王焯冉等人的英雄事迹，诋毁、贬损卫国戍边官兵的英雄精神。上述微博在网络上迅速扩散，引起公众强烈愤慨，造成恶劣社会影响。截至当日 15 时 30 分，仇某删除微博时，上述两条微博共计被阅读202569 次、转发 122 次、评论 280 次。[②]

[①] 参见王天益《英雄屹立喀喇昆仑——走近新时代卫国戍边的英雄官兵》，载《解放军报》2021 年 2 月 19 日第 1 版。

[②] 参见仇某侵害英雄烈士名誉、荣誉案（检例第 136 号），最高人民检察院第三十四批指导性案例，载《检察日报》2022 年 2 月 22 日第 7 版。

（二）诉讼过程

2021年2月20日，江苏省南京市公安局建邺分局对仇某以涉嫌寻衅滋事罪立案侦查并刑事拘留。当日，江苏省南京市建邺区人民检察院经公安机关商请介入侦查，围绕犯罪对象、动机、情节、行为方式及造成的社会影响等方面提出收集证据的意见，并同步开展公益诉讼立案调查。2021年2月25日，建邺分局以仇某涉嫌寻衅滋事罪提请批准逮捕。3月1日，建邺区人民检察院以仇某涉嫌侵害英雄烈士名誉、荣誉罪批准逮捕。

2021年3月11日，建邺分局以仇某涉嫌侵害英雄烈士名誉、荣誉罪移送审查起诉。因本案系新罪名案件，没有类案和量刑指导意见供参考，建邺区人民检察院在依法审查证据、认定事实基础上，邀请不同职业、年龄、文化程度的群众参加听证，就量刑问题听取意见，并对仇某依法开展认罪认罚教育工作。仇某认罪认罚，同意量刑建议和程序适用，在辩护人见证下自愿签署具结书。4月26日，建邺区人民检察院以仇某涉嫌侵害英雄烈士名誉、荣誉罪提起公诉，提出有期徒刑八个月的量刑建议。同时，检察机关就公益诉讼听取祁发宝和烈士近亲属的意见，他们提出希望检察机关依法办理。检察机关遂提起附带民事公益诉讼，请求判令仇某在国内主要门户网站及全国性媒体公开赔礼道歉、消除影响。

2021年5月31日，江苏省南京市建邺区人民法院依法公开开庭审理本案。仇某对检察机关指控的事实、证据及量刑建议均无异议，当庭再次表示认罪认罚，真诚向英雄烈士及其家属道歉，向社会各界忏悔。公益诉讼起诉人出示证据，证明仇某的行为、后果，发表了公益诉讼的意见。仇某及其诉讼代理人对检察机关提起刑事附带民事公益诉讼的事实、证据及诉讼请求均无异议。

建邺区人民法院审理后当庭宣判，采纳检察机关指控的事实、罪名及量刑建议，支持检察机关的公益诉讼，以仇某犯侵害英雄烈士名誉、荣誉罪判处有期徒刑八个月，并责令仇某自判决生效之日起十日内通过国内主要门户网站及全国性媒体公开赔礼道歉，消除影响。判决宣告后，仇某未提出上诉，判决已生效。2021年6月25日，仇某在《法治日报》及法制网发布道歉声明。①

二、法律适用

《刑法》第二百九十九条之一规定："侮辱、诽谤或者以其他方式侵害英雄烈士的名誉、荣誉，损害社会公共利益，情节严重的，处三年以下有期徒刑、拘役、管制或者剥夺政治权利。"刑法理论通说认为，任何犯罪的成立均需要具备四个方面的要件，即犯罪客体、犯罪客观方面、犯罪主体和犯罪主观方面的要件。②笔者认为，根据刑法的规定，结合本案事实，仇某的行为完全符合侵害英雄烈士名誉、荣誉罪的犯罪构成，因而已经构成该罪。不过，侵害英雄烈士名誉、荣誉罪是《刑法修正案（十一）》新增设的犯罪，而仇某实施犯罪行为时（2021年2月19日）该修正案尚未施行。③所以，在论证仇某的行为符合侵害英雄烈士名誉、荣誉罪的犯罪构成之后，还需要专门解释为何本案审判时最终适用的是《刑法修正案（十一）》。此外，检例第136号的"要旨"部分指出："在同一案件中，行为人所侵害的群体中既有烈士，又有健在的英雄模范人物时，应当整体评价为侵害英雄烈士名誉、荣誉的行为，不宜区别适用侵害英雄烈士名誉、荣誉罪和侮辱罪、诽谤罪。"④然而，笔者并不赞同此种观点。相反，笔者认为，区分不同的行为对象，仇某的犯罪行为也可以被分为两个部分，并可以被分别评价为侵害英雄烈士名誉、荣誉罪和

① 参见仇某侵害英雄烈士名誉、荣誉案（检例第136号），最高人民检察院第三十四批指导性案例，载《检察日报》2022年2月22日第7版。

② 参见高铭暄、马克昌主编《刑法学（第10版）》，北京大学出版社、高等教育出版社2022年版，第48页。

③《刑法修正案（十一）》第四十八条规定："本修正案自2021年3月1日起施行。"

④ 仇某侵害英雄烈士名誉、荣誉案（检例第136号），最高人民检察院第三十四批指导性案例，载《检察日报》2022年2月22日第7版。

侮辱罪、诽谤罪。因此，在论证本案中应当肯定《刑法修正案（十一）》的溯及力之后，还需要解决本案的罪数问题。

（一）仇某的行为 [①] 构成侵害英雄烈士名誉、荣誉罪

由上文可知，任何犯罪的成立均需要具备四个要件，侵害英雄烈士名誉、荣誉罪（以下简称"本罪"）也不例外。因此，在本部分中，笔者将结合本罪的四个要件分析为何仇某的行为已经构成本罪。

1. 犯罪客体或法益

刑法理论通说认为，犯罪客体是犯罪构成的必备要件之一，其意指我国刑法所保护的、并且为犯罪行为所侵犯的社会关系。所谓社会关系，是指人与人之间的相互关系。社会关系是在人们的共同生产、生活中形成的，其既包括物质关系，也包括思想关系。[②] 社会关系涉及社会生活的各个方面，但是被犯罪所侵犯的、受我国刑法保护的社会关系只是其中最重要的一部分，例如财产权利、国防利益、社会管理秩序和国家安全等。[③]

在德日刑法理论中，与犯罪客体有些相似的概念是法益。德国学者指出，根据主流观点，刑法上的举止规范服务于法益保护。服从于个人自由发展的人的特征、事物的特征或制度的特征，例如身体、生命、自由和财产等就是法益。[④] 日本学者指出，犯罪的本质是法益侵害，而刑法的首要任务就是保护法益。由刑法所保护的法益，既包括生命、身体和自由等个人法益，也包括公共安全和货币制度这样的社会公共法益，甚至包括国家的职能。[⑤]

---

① 在这一部分的论述中，"仇某的行为"仅指行为对象为陈红军同志、陈祥榕同志、肖思远同志和王焯冉同志的那部分行为。

② 参见高铭暄、马克昌主编《刑法学（第10版）》，北京大学出版社、高等教育出版社2022年版，第49页；《刑法学》编写组编：《刑法学》（上册·总论），高等教育出版社2019年版，第99页。

③ 参见高铭暄、马克昌主编《刑法学（第10版）》，北京大学出版社、高等教育出版社2022年版，第49页。

④ 参见 [德] 乌尔斯·金德霍伊泽尔《刑法总论教科书（第6版）》，蔡桂生译，北京大学出版社2015年版，第23页。

⑤ 参见 [日] 西田典之《日本刑法总论（第2版）》，法律出版社2013年版，第24—25页。

严格来说，犯罪客体与法益并不是一回事，二者不能相互替代，有学者对此提出了三个理由：①犯罪客体和法益具有各自特定的体系性性质和地位。②法益和犯罪客体的内容不同。③法益和犯罪客体有各自的体系性功能。不过，该学者也承认，在我国，法益越来越受到理论和实务的关注，它如今在很大程度上取代了犯罪客体的位置。即使有的学者坚持的是传统刑法理论，也会不自觉地将犯罪客体与法益等同看待。①

笔者认为，刑法理论之所以创设犯罪客体或法益的概念，无非是为了说明刑法究竟保护什么。换言之，更重要的问题是明确刑法规范的保护对象，而非应该使用哪一概念来称呼它。例如，我国《刑法》分则第一章的章名是"危害国家安全罪"。对此，使用犯罪客体概念的学者认为，危害国家安全罪这一类犯罪的客体是国家安全。② 相应地，使用法益概念的学者认为，危害国家安全罪这一类犯罪的保护法益是国家安全。③在笔者看来，尽管使用了不同概念，但他们都表达了同一个意思，即《刑法》分则第一章规定危害国家安全罪的目的在于保护国家安全。然而，相较于国家安全究竟是犯罪客体还是法益这一问题而言，分析他们对于国家安全的理解是否相同才更为重要。④ 所以，本文并不打算特别区分犯罪客体与法益，而只是试图澄清侵害英雄烈士名誉、荣誉罪的保护对象及其内涵。接下来，笔者将首先介绍刑法理论中存在的有关本罪之法益的争议，然后提出并论证自己的观点。在此基础上，笔者将说明为何本案中仇某的行为侵犯了本罪的法益。

关于本罪的法益，刑法理论中存在着"个人法益说""超个人法益说""个人＋超个人法益说"和"区分说"的争论。前三种学说均是统一

---

① 参见彭文华《法益与犯罪客体的体系性比较》，载《浙江社会科学》2020 年第 4 期。

② 参见高铭暄、马克昌主编《刑法学（第 10 版）》，北京大学出版社、高等教育出版社 2022 年版，第 322 页。

③ 参见张明楷《刑法学（第 6 版）》，法律出版社 2021 年版，第 869 页。

④ 至少从定义来看，他们对于国家安全的理解并不完全相同。参见高铭暄、马克昌主编《刑法学（第 10 版）》，北京大学出版社、高等教育出版社 2022 年版，第 322 页；张明楷《刑法学（第 6 版）》，法律出版社 2021 年版，第 869 页。

理解本罪的法益，其中的"超个人法益说"又可以被细分为不同的观点。此外，"个人＋超个人法益说"认为本罪的法益同时包括了"个人法益"和"超个人法益"，"区分说"则区分不同情况分别确定本罪的法益。

"个人法益说"认为，本罪的法益是"英雄烈士的名誉和荣誉"，而非"社会主义核心价值观"。"个人法益说"主要提出了两点理由：一是，根据全国人民代表大会常务委员会《关于〈中华人民共和国刑法修正案（十一）（草案）〉的说明》（以下简称《关于〈刑法修正案（十一）（草案）〉的说明》）的介绍，"维护社会主义核心价值观"只是立法动机，"保护英雄烈士的名誉和荣誉"才是立法目的。立法动机无法直接指导构成要件的解释，因为其与构成要件有着极大的间距。二是，如果将立法动机视为立法目的，就会导致司法机关忽视"损害公共利益"这一构成要件的具体性（可能将之视为整体性、评价性的构成要件，也可能将之视为"侵害英雄烈士名誉、荣誉"行为所自然具有的一种抽象属性）。如此一来，本罪就成了预防性的而非惩罚实际侵害了英雄烈士名誉、荣誉和社会公共利益的刑法规范，这必然有悖于罪刑法定原则。[1]

然而，"个人法益说"的观点并不妥当，主要理由在于：第一，有关立法资料并不能佐证"个人法益说"的看法。《关于〈刑法修正案（十一）（草案）〉的说明》指出："维护社会主义核心价值观，保护英雄烈士名誉，与英雄烈士保护法相衔接，将侮辱、诽谤英雄烈士的行为明确规定为犯罪。"[2]但是，"维护"的意思无非就是"维持保护，使免遭于破坏"[3]，这和"保护"并无本质区别。既然"维护社会主义核心价值观"可以替换为"保护社会主义核心价值观"，这为什么不能是立法目的之一呢？此外，从该立法资料的表述来看，"维护社会主义核心价值观"的确

---

① 参见曲新久《〈刑法修正案（十一）〉若干要点的解析及评论》，载《上海政法学院学报》（法治论丛）2021年第5期，第32页。

② 李宁：《关于〈中华人民共和国刑法修正案（十一）（草案）〉的说明》，载《全国人民代表大会常务委员会公报》2021年第1号，第133页。

③ 中国社会科学院语言研究所词典编辑室编：《现代汉语词典（第7版）》，商务印书馆2016年版，第1362页。

在"保护英雄烈士名誉"之前，但这并不能说明前者就只能是立法动机。第二，"社会主义核心价值观"并不抽象，它完全可以直接指导构成要件的解释。有学者指出，法益具有解释论的机能，即法益是犯罪构成要件解释的目标。为了使得刑法规定某一犯罪的目的得以实现，对犯罪构成要件的解释结论必须使得符合该犯罪构成要件的行为确实侵犯了该罪的法益。[1] 为充分发挥法益的机能，必须为具体犯罪确定具体的、含有实际内容的法益。[2] 在笔者看来，因为"社会主义核心价值观"包含三个层面一共 24 个字的基本内容，[3] 所以它已经足够具体，也具有实际内容。因此，将"社会主义核心价值观"确定为某个或某些具体犯罪的法益是可能的。第三，持"个人法益说"观点的学者同时认为，本罪中的"英雄烈士"必须是已经牺牲的"英雄烈士"。[4] 但是，在民法学上，对于死者名誉的保护，通说采取的是"间接说"，即通过保护死者近亲属的利益来保护死者利益。[5] 有学者指出，自然人和法人的权利保护具有利益可言，但是死者自身并不享有任何利益。法律所保护的利益必须归属于权利主体。如果承认死者的"法益"受法律保护，就相当于肯定其具有民事权利能力。[6] 然而，自然人的死亡将导致民事权利能力终止。[7]《民法典》第十三条规定："自然人从出生时起到死亡时止，具有民事权利能力，依法享有民事权利，承担民事义务。"综上所述，笔者并不赞同"个人法益说"。

---

① 参见张明楷《法益初论（增订本）》（上册），商务印书馆 2021 年版，第 262 页。

② 参见张明楷《刑法学（第 6 版）》，法律出版社 2021 年版，第 86 页。

③《中共中央办公厅关于培育和践行社会主义核心价值观的意见》指出："富强、民主、文明、和谐是国家层面的价值目标，自由、平等、公正、法治是社会层面的价值取向，爱国、敬业、诚信、友善是公民个人层面的价值准则，这 24 个字是社会主义核心价值观的基本内容，为培育和践行社会主义核心价值观提供了基本遵循。"

④ 参见曲新久《〈刑法修正案（十一）〉若干要点的解析及评论》，载《上海政法学院学报》（法治论丛）2021 年第 5 期，第 33 页。

⑤ 参见陈林林、陈杰《〈民法典〉保护死者人格利益的法理基础——兼论近亲属权益保护说的理论困境及其解释论分析》，载《广西社会科学》2021 年第 2 期。

⑥ 参见葛云松《死者生前人格利益的民法保护》，载《比较法研究》2002 年第 4 期，第 25—26 页。

⑦ 参见王利明主编《民法（第 8 版）》（上册），中国人民大学出版社 2020 年版，第 62 页。

"超个人法益说"认为，本罪的法益是"社会公共利益"。①《中华人民共和国刑法修正案（十一）（草案）》（以下简称《刑法修正案（十一）（草案）》）第十七条规定："在刑法第二百四十六条后增加一条，作为第二百四十六条之一：'侮辱、诽谤英雄烈士，损害社会公共利益，情节严重的，处三年以下有期徒刑、拘役、管制或者剥夺政治权利。'"所以，《刑法修正案（十一）（草案）》原本将侮辱、诽谤英雄烈士的行为所构成的犯罪规定在《刑法》第二百四十六条规定的侮辱罪、诽谤罪之后。有学者认为，从"损害社会公共利益"的规定看，侮辱、诽谤英雄烈士的行为所构成的犯罪应该是对社会法益的犯罪，但是该犯罪又被规定在《刑法》分则第四章（"侵犯公民人身权利、民主权利罪"）之中，这显然不妥当，因为这样一来该犯罪就成了对个人法益的犯罪。②笔者认为，这一看法是正确的。但是，最终通过的《刑法修正案（十一）》已经没有这样的问题，因为本罪被规定在《刑法》分则第六章（"妨害社会管理秩序罪"）第1节（"扰乱公共秩序罪"）之中。有学者指出："根据体系安排（即《刑法》分则第六章，笔者注）和法条规定（即"损害社会公共利益"的表述，笔者注），本罪（即侵害英雄烈士名誉、荣誉罪，笔者注）的保护法益就是'公共秩序'中的'社会公共利益'。"③

不过，即使赞同"超个人法益说"，不同学者对"社会公共利益"（也可表述为"公共秩序"或"社会公共秩序"）的理解却并不相同，由此便产生了不同的看法：第一种观点认为，本罪的法益是"民族精神和

① 这也是目前刑法理论的通说。参见高铭暄、马克昌主编《刑法学（第10版）》，北京大学出版社、高等教育出版社2022年版，第558页。

② 参见张明楷《增设新罪的原则——对〈刑法修正案十一（草案）〉的修改意见》，载《政法论丛》2020年第6期。

③ 王政勋：《论侵害英雄烈士名誉、荣誉罪的保护法益》，载《法治现代化研究》2021年第5期。类似观点，参见刘艳红《法秩序统一原理下侵害英雄烈士名誉、荣誉罪的保护对象研究》，载《法律科学》（西北政法大学学报）2021年第5期。在该文中，刘艳红教授指出，"本罪的侵犯客体亦即保护法益是社会公共秩序……公共秩序是社会管理秩序中的一种……公共秩序的内涵就是社会公共利益，公共秩序是公共利益的外在表现形式……"（第116页）显然，在刘艳红教授看来，"社会公共利益""公共秩序"和"社会公共秩序"之间并没有本质区别。笔者赞同此种观点。因此，在本文中，笔者将不再对这三个概念进行严格区分。

社会公众的爱国精神"。① 第二种观点认为，本罪的法益是"社会公众的历史记忆、共同情感和民族精神，以及由此组成的社会主义核心价值观"②。第三种观点认为，本罪的法益是民族记忆或民族精神。③ 第四种观点认为，本罪的法益是一种精神层面的社会公共秩序。④ 第五种观点认为，本罪属于侵犯国家符号的犯罪，其保护法益为国家运行条件。⑤ 笔者认为，正如上文提及的学者所言，考虑到本罪的体系位置和法条规定，本罪的法益中必然包含超个人法益，问题只是如何确定该法益的具体内容。鉴于"个人 + 超个人法益说"和"区分说"也对社会公共利益的内涵进行了界定，笔者接下来先对它们进行介绍，然后再就社会公共利益的具体内容这一点表达自己的看法。

"个人 + 超个人法益说"认为，本罪的法益同时包括了个人法益和超个人法益。不过，不同学者的观点有所差异。第一种观点认为，本罪既保护英雄烈士本人的名誉（"规范的名誉说"），同时也保护社会公共利益。一方面，死者的名誉也必须受到保护，这种死后仍然保护自身名誉的法权已经得到了宪法和部门法的确认。另一方面，本罪也维护社会共同价值观念和社会秩序。在维护英雄烈士的壮举和精神中所体现的文化价值观念对于维系共同体来说不可或缺。倘若公然蔑视此种社会共同

---

① 蔡士林、杨磊：《侵害英雄烈士名誉、荣誉罪的法教义学研究》，载《湖北警官学院学报》2022 年第 2 期。

② 王政勋：《论侵害英雄烈士名誉、荣誉罪的保护法益》，载《法治现代化研究》2021 年第 5 期。

③ 参见黎宏《〈刑法修正案（十一）〉若干要点解析——从预防刑法观的立场出发》，载《上海政法学院学报》（法治论丛）2022 年第 2 期。值得注意的是，黎宏教授并没有明确说本罪的法益是"社会公共利益""公共秩序"或"社会公共秩序"，但"民族记忆或民族精神"无疑属于"超个人法益"。所以，笔者认为，将他的观点归入"超个人法益说"并无不当，虽然他本人认为"民族记忆或民族精神"属于集体法益。实际上，据张明楷教授介绍，我国学者使用的集体法益和超个人法益基本是一回事。参见张明楷《刑法学（第 6 版）》，法律出版社 2021 年版，第 82 页。此外，还有学者指出，在中国台湾地区的文献中，超个人法益、群体法益或整体法益的概念都被用来作为社会法益和国家法益的统称。在德国学界，也有学者将社会法益和国家法益统称为集体法益。参见钟宏彬《法益理论的宪法基础》，元照出版公司 2012 年版，第 9 页。因此，在本文中，笔者也不再特别区分超个人法益和集体法益，而是将二者视为等同概念（社会法益和国家法益的统称）。

④ 参见余敏等《侵害英雄烈士名誉、荣誉罪法律适用探讨》，载《人民检察》2022 年第 6 期。

⑤ 参见高巍《国家符号的刑法保护》，载《中国法学》2022 年第 1 期。

价值观念，则很容易强烈冲击国民的道德情感，构成对国民的严重冒犯，甚至激起其他国民的激烈反应，从而损害社会秩序的稳定与安宁。[①] 第二种观点认为，本罪的法益是双重的，其中的个人法益是已牺牲的英雄烈士的名誉权，超个人法益是英雄烈士的事迹和精神所承载的社会主义核心价值观。[②] 但是，上文已经指出，由于民事权利能力已经终止，死者享有法益（无论是名誉还是名誉权）这一点实际上无法被肯定。所以，本文不赞同"个人＋超个人法益说"。

"区分说"认为，关于本罪的法益，应当区分不同情况分别进行确定。如果英雄仍然健在，保护法益除了公共秩序和社会公共利益还包括其本人的名誉、荣誉。但是，倘若英雄已经牺牲，本罪的法益就只是生者不希望英雄被不当对待的期待或社会情感。[③] 因此，根据该学者的理解，区分不同情况，对于本罪的法益，应当分别采取"个人＋超个人法益说"和"超个人法益说"，而其中的"超个人法益"意指生者的一种期待或社会情感。

笔者认为，"区分说"值得商榷，主要理由在于：第一，不同种类的犯罪的法益可能不同，这当然没有问题。但是，同一犯罪竟然也可以区分不同情况分别确定其法益，这就令人难以理解。本罪只是一个犯罪，而不是两个犯罪。既然只是一个犯罪，其法益就只能统一理解，而不能区分不同情形分别理解，否则无异于将本罪"肢解"。第二，如果肯定本罪中的"英雄烈士"包括仍然健在的英雄，就必须回答如何处理本罪与侮辱罪、诽谤罪之间的关系的问题，但是"区分说"给出的答案并不令人满意。"区分说"认为，侮辱、诽谤仍然健在的英雄，符合本罪的构成要件的，同时也构成侮辱罪、诽谤罪，此时成立本罪与侮辱罪、诽谤罪

---

① 参见王钢《刑法新增罪名的合宪性审查——以侵害英雄烈士名誉、荣誉罪为例》，载《比较法研究》2021年第4期。

② 参见李勇、董砺欧《侵害英雄烈士名誉、荣誉罪的基本构造及司法适用》，载《中国检察官》2022年第10期。

③ 参见周光权《法秩序统一性的含义与刑法体系解释——以侵害英雄烈士名誉、荣誉罪为例》，载《华东政法大学学报》2022年第2期。

的想象竞合犯。考虑到本罪与侮辱罪、诽谤罪法定最高刑相同，基于想象竞合犯的"明示功能"和全面保护法益的需要，一般应以本罪论处。[①] 然而，对于侮辱、诽谤健在的英雄的行为，完全可以通过侮辱罪、诽谤罪进行保护，而没有必要诉诸本罪。[②] 对此，持"区分说"的学者认为，如此做会忽视了健在的英雄之名誉、荣誉所承载的社会公共利益，而且构成本罪的情形未必"严重危害社会秩序和国家利益"，这样便会形成处罚漏洞：即使构成侮辱罪、诽谤罪，检察机关也不能提起公诉。[③] 但是，倘若侮辱、诽谤健在的英雄的行为构成本罪，就必然"损害社会公共利益"且"情节严重"，这为什么不属于"严重危害社会秩序和国家利益"呢？此外，尽管侮辱、诽谤健在的英雄的行为也会侵害社会公共利益，但是在立法原意[④] 和最高公安司法机关[⑤] 已经认为本罪中的"英雄烈士"仅包括已经牺牲的"英雄烈士"的情况下，不宜认为本罪涵盖了侮辱、诽谤健在的英雄的行为。第三，从行文顺序的角度看，持"区分说"的学者是先论证本罪中的"英雄烈士"为何包括"健在的英雄"，然后才说明本罪的法益为何，[⑥] 这似乎并不妥当。如上所述，法益的解释论机能意指对犯罪构成要件的解释必须以法益为指导，而非通过对犯罪构成要

---

① 参见周光权《法秩序统一性的含义与刑法体系解释——以侵害英雄烈士名誉、荣誉罪为例》，载《华东政法大学学报》2022 年第 2 期。

② 参见王钢《刑法新增罪名的合宪性审查——以侵害英雄烈士名誉、荣誉罪为例》，载《比较法研究》2021 年第 4 期。

③ 参见周光权《法秩序统一性的含义与刑法体系解释——以侵害英雄烈士名誉、荣誉罪为例》，载《华东政法大学学报》2022 年第 2 期。

④ 参见王爱立主编《中华人民共和国刑法释义与适用》（下册），中国民主法制出版社 2021 年版，第 1204 页；王爱立主编：《中华人民共和国刑法立法精解》（下），中国检察出版社 2021 年版，第 850 页。

⑤《最高人民法院、最高人民检察院、公安部关于依法惩治侵害英雄烈士名誉、荣誉违法犯罪的意见》（公通字〔2022〕5 号）（以下简称《关于惩治侵害英雄烈士名誉、荣誉违法犯罪的意见》）规定："……英雄烈士是指已经牺牲、去世的英雄烈士。对侮辱、诽谤或者以其他方式侵害健在的英雄模范人物或者群体名誉、荣誉，构成犯罪的，适用刑法有关侮辱、诽谤罪等规定追究刑事责任，符合适用公诉程序条件的，由公安机关依法立案侦查，人民检察院依法提起公诉。"

⑥ 参见周光权《法秩序统一性的含义与刑法体系解释——以侵害英雄烈士名誉、荣誉罪为例》，载《华东政法大学学报》2022 年第 2 期。

件的解释来确定法益。所以，只能先确定本罪的法益然后解释本罪中的"英雄烈士"的含义，这一顺序不能颠倒。

因此，对于本罪的法益的理解而言，笔者不赞同"个人法益说""个人＋超个人法益说"和"区分说"的看法，而是原则上采纳"超个人法益说"的观点。问题在于，作为本罪法益的"社会公共利益"究竟是什么意思？综合考虑现有学说给出的不同解释，对于本罪法益的理解，本文提出几点意见：第一，可以将"民族精神""社会公众的爱国精神"和"社会公众的民族精神"这三者合并表述为"民族精神"。一方面，既然是"民族精神"，主体就不可能是一个人，而只能是社会公众，所以没有必要特别提及"民族精神"的主体。另一方面，民族精神本身就包含了爱国精神，①因此只保留"民族精神"的表述即可。第二，可以合并"生者不希望英雄被不当对待的期待或社会情感"与"社会公众的共同情感"二者，将它们统一表述为"民族情感"。认为"社会公众的共同情感"是本罪法益的一部分的学者，也提到了"全民族的共同情感"的表述。②在笔者看来，它们完全是一回事，因此可以将"社会公众的共同情感"简称为"民族情感"。此外，该学者还认为，民族情感包括"中国人民对英雄烈士的敬仰、崇尚和缅怀"以及"英雄烈士对中国人民的感动和鼓舞"。③显然，中国人民只要拥有这种民族情感，必然也会拥有"不希望英雄被不当对待的期待或社会情感"。总而言之，完全可以将"生者不希望英雄被不当对待的期待或社会情感"与"社会公众的共同情感"统一表述为"民族情感"。第三，可以将"社会共同价值观念"与"社会主义核心价值观"合并表述为"社会主义核心价值观"。社会主义核心价值观

---

① 参见孙武安、杨帅杰《中国共产党百年伟大社会革命对民族精神的传承和升华》，载《学习与探索》2022 年第 10 期。

② 王政勋：《论侵害英雄烈士名誉、荣誉罪的保护法益》，载《法治现代化研究》2021 年第 5 期。

③ 王政勋：《论侵害英雄烈士名誉、荣誉罪的保护法益》，载《法治现代化研究》2021 年第 5 期。

本就是凝聚社会共识的"最大公约数",①故而其完全可以代表"社会共同价值观念"。第四,"社会秩序"的表述过于抽象,不宜作为本罪法益。有学者指出,在某种意义上说,"社会管理秩序"与"社会秩序"是同义语,而"社会管理秩序"这一概念的外延非常宽泛。②因此,"社会秩序"的内涵过于抽象,将之作为本罪的法益并不妥当。第五,"精神层面的社会公共秩序"的含义不清,也不宜作为本罪的法益。持该观点的学者一会儿认为"维护社会主义核心价值观"与"维护一种精神层面上社会公共秩序"在实质上是等同的,一会儿又认为"精神层面上的社会公共秩序"包括了"国家弘扬英雄事迹和精神的有序状态"。③所以,"精神层面的社会公共秩序"到底是什么呢?这着实令人费解。第六,"国家运行条件"的内涵并不清楚,也不宜作为本罪的法益。认为本罪的法益是"国家运行条件"的学者认为,国家运行条件的确定与国家的集体意向有关。基于不同的集体意识,不同的国家运行条件有结构性差异。倘若行为人利用或使用国家符号的方式违背了基于社会集体意向所确定的规范性要求,那么其行为就侵害了国家运行条件。④显然,在该学者的理解中,"国家运行条件"与"社会集体意识/意向"密切相关。但是,在笔者看来,由于"社会集体意识/意向"内涵不甚清晰,人们也就无法准确理解"国家运行条件"确切含义。内涵不清楚的"国家运行条件",无法发挥法益的解释论机能,不宜将之作为本罪的法益。第七,因为"记忆"与"精神"或"情感"并不是等同含义,所以可以保留"民族记忆"的表述。例如,在葛某诉洪某名誉权、荣誉权纠纷案中,法院在裁判理由中就同时提及了"中华民族共同记忆"和"中华民族精神"。⑤综上所述,

---

① 参见李芳、陈道发《社会主义核心价值观的宪法之维》,载《广西社会科学》2021年第7期。

② 参见张明楷《刑法学(第6版)》,法律出版社2021年版。

③ 参见余敏等《侵害英雄烈士名誉、荣誉罪法律适用探讨》,载《人民检察》2022年第6期。

④ 参见高巍《国家符号的刑法保护》,载《中国法学》2022年第1期。

⑤ 参见葛某诉洪某名誉权、荣誉权纠纷案(指导案例99号),最高人民法院指导案例,载最高人民法院网站,https://www.court.gov.cn/fabu-xiangqing-136381.html,2022年12月26日访问。

笔者认为，本罪的客体或法益为"民族记忆、民族精神和民族情感以及社会主义核心价值观"。

一旦确定了本罪的客体或法益，本案中仇某的行为是否侵犯了本罪的客体或法益这一点也就不难判断了。在本案中，仇某歪曲已经牺牲的陈红军同志、陈祥榕同志、肖思远同志和王焯冉同志的英雄事迹，并且诋毁、贬损他们的英雄精神的行为，一方面有诱导公众怀疑他们的英雄事迹和精神的危险，自然也对民族记忆、民族精神和社会主义核心价值观构成了威胁；另一方面也伤害了民族情感。所以，本案中仇某的行为确实侵犯了本罪的客体或法益。

2. 犯罪客观方面

刑法理论通说认为，犯罪客观方面是成立犯罪所必备的要件，它由刑法所规定，以客观事实特征为内容。犯罪客观方面的要件包括危害行为、危害结果、行为/犯罪对象以及行为的时间、地点和方法（手段）。[①]

有观点指出，对本罪客观方面的研究，可以从行为方式和行为程度两个方面进行。本罪涵盖的行为方式包括侮辱行为、诽谤行为和其他方式侵害英雄烈士的名誉、荣誉的行为，这不仅包括直接作用于英雄烈士的名誉、荣誉的行为，还包括通过间接方式但是实际上能起到侵害英雄烈士的名誉、荣誉效果的行为。这里的间接方式有很多，例如亵渎和否定英雄事迹和精神，侵犯英雄烈士的姓名、肖像，侵占、破坏、污损英雄烈士纪念设施以及宣扬、美化侵略行为和侵略战争等。此外，从行为程度看，行为人的行为对英雄烈士的名誉、荣誉的侵害必须达到损害社会公共利益且情节严重的程度。[②]

笔者认为，结合本罪的客体或法益，本罪客观方面的要件所要求的"侵害英雄烈士名誉、荣誉"中的"名誉、荣誉"并不能在通常意义上理

---

① 参见高铭暄、马克昌主编《刑法学（第10版）》，北京大学出版社、高等教育出版社2022年版，第57—58页。

② 参见赵秉志主编《〈刑法修正案（十一）〉理解与适用》，中国人民大学出版社2021年版，第266—268页。

解，而只能将它们视为一种"精神层面上的存在"。更确切地说，由于本罪中所规定的英雄烈士意指已经牺牲的英雄烈士，所以"他们享有名誉、荣誉"的表述只是表达了这样的含义：（1）他们的事迹和精神属于民族记忆和民族精神，体现了社会主义核心价值观。①（2）他们本身属于民族记忆和民族精神，而且是社会主义核心价值观的重要内容。②（3）英雄烈士感动和鼓舞了中国人民。中国人民敬仰、崇尚和缅怀英雄烈士，而且期待他们不被不当对待。③换言之，所谓"英雄烈士享有名誉、荣誉"并不代表他们真的实际享有名誉、荣誉利益（因为他们已经牺牲而不具有民事权利能力）。相应地，只要行为人的行为具有对民族记忆、民族精神和社会主义核心价值观构成威胁和伤害民族情感的性质，而且这种威胁和伤害又与英雄烈士有关的，就可以肯定其行为属于"侵害英雄烈士名誉、荣誉"的行为。显然，这种行为必然同时"损害社会公共利益"。

对于"情节严重"的要求，《关于依法惩治侵害英雄烈士名誉、荣誉违法犯罪的意见》（公通字〔2022〕5号）规定："……对侵害英雄烈士名誉、荣誉的行为是否达到'情节严重'，应当结合行为方式，涉及英雄烈士的人数，相关信息的数量、传播方式、传播范围、传播持续时间，相关信息实际被点击、浏览、转发次数，引发的社会影响、危害后果以及行为人前科情况等综合判断。根据案件具体情况，必要时，可以参照适用《最高人民法院、最高人民检察院关于办理利用信息网络实施诽谤等刑事案件适用法律若干问题的解释》（法释〔2013〕21号）的规定。"

根据以上理解，可以对仇某的行为是否符合本罪客观方面的要件这一点作出肯定判断，理由在于：第一，已经牺牲的陈红军同志、陈祥榕同志、肖思远同志和王焯冉同志确实是英雄烈士。④第二，仇某歪曲已

---

① 《英雄烈士保护法》第三条第一款："英雄烈士事迹和精神是中华民族的共同历史记忆和社会主义核心价值观的重要体现。"

② 参见葛某诉洪某名誉权、荣誉权纠纷案（指导案例99号），最高人民法院指导案例，载最高人民法院网站，https://www.court.gov.cn/fabu-xiangqing-136381.html，2022年12月26日访问。

③ 参见上文"犯罪客体或法益"中有关"民族情感"的理解。

④ 参见本文中的"事实梳理"部分。

经牺牲的陈红军同志、陈祥榕同志、肖思远同志和王焯冉同志的英雄事迹并且诋毁、贬损他们的英雄精神的行为在对民族记忆、民族精神和社会主义核心价值观构成威胁的同时也伤害了民族情感，而且这种威胁和伤害与英雄烈士相关。在这个意义上，仇某实施的这部分行为也必然损害了社会公共利益。第三，仇某的行为已经达到了情节严重的程度。正如检察机关在审查逮捕时所认为的那样，作为拥有 250 余万粉丝的微博博主，仇某在国家弘扬卫国戍边官兵英雄事迹的特定时间节点实施行为，其言论又在网络上迅速、广泛扩散和传播，造成恶劣社会影响，这已经符合了"情节严重"的要求。[1] 因此，仇某的行为符合了本罪客观方面的要件。

3. 犯罪主体

刑法理论通说认为，犯罪主体包括自然人主体和单位主体。犯罪主体实施了危害社会的行为，并且依法应承担刑事责任。对于自然人犯罪主体而言，它必须满足两个共同要件：①具备自然人人格。②具备刑事责任能力。第一个要件要求自然人犯罪主体只能是有生命的人，而不能是没有生命的物；第二个要件则要求自然人犯罪主体必须具有辨认和控制自己行为的能力。[2] 对于单位主体而言，《刑法》第三十条规定："公司、企业、事业单位、机关、团体实施的危害社会的行为，法律规定为单位犯罪的，应当负刑事责任。"因此，在刑法没有规定本罪的主体包括单位主体的情况下，本罪的主体只能是自然人主体。

《刑法》第十七条第一款规定："已满十六周岁的人犯罪，应当负刑事责任。"在本案中，作为一个拥有正常的辨认和控制自己行为的能力

---

[1] 参见仇某侵害英雄烈士名誉、荣誉案（检例第 136 号），最高人民检察院第三十四批指导性案例，载《检察日报》2022 年 2 月 22 日第 7 版。必须指出的是，检察机关这里所评价的仇某的行为包括了"歪曲祁发宝同志的英雄事迹和诋毁、贬损其英雄精神"的部分。但是，上文已经指明，本文这一部分所评价的仇某的行为并不包括这一部分，具体理由笔者将在下文中详细阐明。不过，即使将这一部分排除，根据检察机关的推理逻辑，依然可以肯定仇某的行为达到了情节严重的程度。

[2] 参见高铭暄、马克昌主编《刑法学（第 10 版）》，北京大学出版社、高等教育出版社 2022 年版，第 79 页。

的成年人，仇某应当为自己的犯罪行为承担刑事责任。显然，在本案中，本罪的犯罪主体要件已经得到了满足。

4. 犯罪主观方面

刑法理论通说认为，犯罪主观方面意指犯罪主体对自己实施的行为及其所造成的危害社会的结果所抱有的心理态度，其具体包括罪过、犯罪目的和动机这三种要素。在这三种要素中，罪过（犯罪故意或过失）是任何犯罪构成都必然包含的主观要件之要素。①

《刑法》第十四条规定："明知自己的行为会发生危害社会的结果，并且希望或者放任这种结果发生，因而构成犯罪的，是故意犯罪。故意犯罪，应当负刑事责任。"《刑法》第十五条规定："应当预见自己的行为可能发生危害社会的结果，因为疏忽大意而没有预见，或者已经预见而轻信能够避免，以致发生这种结果的，是过失犯罪。过失犯罪，法律有规定的才负刑事责任。"显然，根据我国刑法的规定，刑法分则中规定的犯罪原则上都是故意犯罪，除非"法律有规定"。刑法理论通说认为，本罪是故意犯罪。②

根据刑法理论通说的观点，犯罪故意包括两个因素，即认识因素和意志因素，它们二者之间具有密切的联系。其中，前者意指行为人对自己的行为会发生危害社会的结果这一点是明知的，而后者则是指行为人对危害结果的发生持有希望或者放任的心理态度。具体而言，"明知"意味着行为人必须认识到作为犯罪构成要件的客观事实，而"希望或者放任"则意味着行为人对危害结果所抱有的心理态度是积极追求或者虽然不希望、不积极追求但是也不反对或设法阻止危害结果的发生。③

根据以上理解，在本案中，完全可以肯定仇某具有犯罪故意：一方

---

① 参见高铭暄、马克昌主编《刑法学（第 10 版）》，北京大学出版社、高等教育出版社 2022 年版，第 100 页。

② 参见高铭暄、马克昌主编《刑法学（第 10 版）》，北京大学出版社、高等教育出版社 2022 年版，第 558 页。

③ 参见高铭暄、马克昌主编《刑法学（第 10 版）》，北京大学出版社、高等教育出版社 2022 年版，第 103－105 页。

面，对于认识因素而言，作为一个具有完全刑事责任能力的成年人，仇某显然明知自己所实施的歪曲已经牺牲的陈红军同志、陈祥榕同志、肖思远同志和王焯冉同志的英雄事迹并且诋毁、贬损他们的英雄精神的行为侵害了英雄烈士们的名誉、荣誉，而且损害了社会公共利益。另一方面，在明知自己的行为会发生危害社会的结果的情况下，为了获得更多关注和博取眼球，仇某依然实施了犯罪行为，这至少可以肯定其对危害结果的发生持有放任的心理态度。因此，仇某具有犯罪故意。

在得出仇某具有犯罪故意这一结论后，因为刑法条文并没有为本罪规定特别的犯罪动机或目的，那么就可以肯定，在本案中，本罪主观方面的要件已经得到了满足。

（二）本案审判时应适用《刑法修正案（十一）》

在本案中，法院审理案件并作出判决的日期是2021年5月31日，而那时《刑法修正案（十一）》已经施行。此外，根据上文分析，仇某的行为[①]完全符合《刑法修正案（十一）》增设的本罪的犯罪构成。但是，无论如何，在仇某实施本罪的犯罪行为的时间点（2021年2月19日），《刑法修正案（十一）》并没有施行。所以，必须要说明的是，为何《刑法修正案（十一）》在本案中可以溯及既往地适用于其施行前发生的行为。或者说，在本案中，为什么应当肯定《刑法修正案（十一）》的溯及力？

刑法理论通说认为，所谓刑法的溯及力，意指刑法生效后能否适用于其生效前未经审判或判决尚未确定的行为的问题。如果答案是肯定的，那么也就肯定了刑法具有溯及力。相反，则否定了刑法具有溯及力。[②] 显然，在本案中，由于法院最终选择适用了《刑法修正案（十一）》，从而

---

① 在这一部分的论述中，"仇某的行为"也仅指行为对象为陈红军同志、陈祥榕同志、肖思远同志和王焯冉同志的那部分行为。

② 参见高铭暄、马克昌主编《刑法学（第10版）》，北京大学出版社、高等教育出版社2022年版，第34页。

也就肯定了其具有溯及力。

《刑法》第十二条规定："中华人民共和国成立以后本法施行以前的行为，如果当时的法律不认为是犯罪的，适用当时的法律；如果当时的法律认为是犯罪的，依照本法总则第四章第八节的规定应当追诉的，按照当时的法律追究刑事责任，但是如果本法不认为是犯罪或者处刑较轻的，适用本法。本法施行以前，依照当时的法律已经作出的生效判决，继续有效。"所以，根据刑法规定，对于本案而言，倘若要肯定刑法的溯及力，则需要满足三个条件：①在《刑法修正案（十一）》施行前，即使仇某的行为不能被认定为本罪，它也依然构成犯罪。②依照《刑法》总则第四章第八节的规定，仇某的行为应当被追诉。③与旧法相比，倘若适用《刑法修正案（十一）》，对行为人而言会更为有利（不构成犯罪或者处刑较轻）。以下将针对这三个条件逐一进行分析，以论证在本案中为何应当肯定刑法的溯及力。

1. 仇某的行为依据旧法依然构成犯罪

《刑法》第二百九十三条第一款规定："有下列寻衅滋事行为之一，破坏社会秩序的，处五年以下有期徒刑、拘役或者管制：（一）随意殴打他人，情节恶劣的；（二）追逐、拦截、辱骂、恐吓他人，情节恶劣的；（三）强拿硬要或者任意损毁、占用公私财物，情节严重的；（四）在公共场所起哄闹事，造成公共场所秩序严重混乱的。"

在《刑法修正案（十一）》施行前，对于侵害英雄烈士名誉、荣誉且情节严重的行为，司法实践中多以寻衅滋事罪追究行为人的刑事责任，这一做法具有司法解释上的依据，即《最高人民法院、最高人民检察院关于办理利用信息网络实施诽谤等刑事案件适用法律若干问题的解释》（以下简称《网络诽谤解释》）。[①] 在本案中，由于公安机关立案侦查、对仇某采取刑事拘留的强制措施和提请批准逮捕的时间均在 2021 年 3 月 1 日之前，所以其当时选择适用的罪名是寻衅滋事罪。在审查逮捕期

---

① 参见孙谦《刑法修正案（十一）的理解与适用》，载《人民检察》2021 年第 8 期，第 7—8 页。

间，检察机关也认为，根据有关法律、司法解释的规定（《刑法》第二百九十三条和《网络诽谤解释》第五条），仇某已经涉嫌寻衅滋事罪。[①]

《网络诽谤解释》第五条规定："利用信息网络辱骂、恐吓他人，情节恶劣，破坏社会秩序的，依照刑法第二百九十三条第一款第（二）项的规定，以寻衅滋事罪定罪处罚。编造虚假信息，或者明知是编造的虚假信息，在信息网络上散布，或者组织、指使人员在信息网络上散布，起哄闹事，造成公共秩序严重混乱的，依照刑法第二百九十三条第一款第（四）项的规定，以寻衅滋事罪定罪处罚。"显然，在本案中，仇某的行为根据旧法（《刑法》第二百九十三条和《网络诽谤解释》第五条）也完全构成犯罪（寻衅滋事罪），理由在于：第一，仇某歪曲英雄烈士的英雄事迹，这可以被认为是"编造虚假信息在信息网络上散布"。第二，仇某编造虚假信息并在信息网络上散布的行为也造成了公共秩序严重混乱。根据本文第二部分叙述的案件事实，仇某发布的微博在网络上迅速扩散开来，引起公众的强烈愤慨，并且造成了恶劣的社会影响。笔者认为，这些事实完全可以被评价为"造成公共秩序严重混乱"。第三，仇某主观上具有构成寻衅滋事罪所必需的流氓动机。[②]《寻衅滋事解释》第一条第一款规定："行为人为寻求刺激、发泄情绪、逞强耍横等，无事生非，实施刑法第二百九十三条规定的行为的，应当认定为'寻衅滋事'。"根据本文第二部分叙述的案件事实，仇某实施犯罪行为的动机就是为了博取眼球和获得更多关注，这完全可以被评价为"寻求刺激"和"无事生非"。综上所述，应当肯定仇某的行为依据旧法构成寻衅滋事罪。

2. 仇某的行为在新法生效后应被追诉

《刑法》第八十七条规定："犯罪经过下列期限不再追诉：（一）法定最高刑为不满五年有期徒刑的，经过五年；（二）法定最高刑为五年以上不满十年有期徒刑的，经过十年；（三）法定最高刑为十年以上有期徒刑

[①] 参见仇某侵害英雄烈士名誉、荣誉案（检例第136号），最高人民检察院第三十四批指导性案例，载《检察日报》2022年2月22日第7版。

[②] 参见《刑法学》编写组编《刑法学》（下册·各论），高等教育出版社2019年版，第199页。

的，经过十五年；（四）法定最高刑为无期徒刑、死刑的，经过二十年。如果二十年以后认为必须追诉的，须报请最高人民检察院核准。"《刑法》第八十九条第一款规定："追诉期限从犯罪之日起计算；犯罪行为有连续或者继续状态的，从犯罪行为终了之日起计算。"《刑法》第九十九条规定："本法所称以上、以下、以内，包括本数。"

在本案中，根据旧法，仇某的行为构成寻衅滋事罪，法定最高刑为五年有期徒刑；根据新法，仇某的行为构成侵害英雄烈士名誉、荣誉罪，法定最高刑为三年有期徒刑。相应地，根据旧法，本案的追诉期限为十年；根据新法，本案的追诉期限为五年。因此，在新法生效后，仇某的行为应当被追诉这一点是毋庸置疑的。

3. 本案选择适用新法对行为人更有利

《最高人民法院关于适用刑法第十二条几个问题的解释》第一条规定："刑法第十二条规定的'处刑较轻'，是指刑法对某种犯罪规定的刑罚即法定刑比修订前刑法轻。法定刑较轻是指法定最高刑较轻；如果法定最高刑相同，则指法定最低刑较轻。"因此，在本案中，直观来看，由于本罪的法定最高刑轻于寻衅滋事罪，所以适用新法对行为人更有利。

综上所述，根据《刑法》第十二条的规定，由于仇某的行为根据旧法和新法均构成犯罪，此行为在新法生效后又应被追诉，而且选择适用《刑法修正案（十一）》对行为人更为有利，故而在本案中法院肯定《刑法修正案（十一）》的溯及力的做法无疑是妥当的。

（三）仇某的行为[①] 已经构成侮辱罪和诽谤罪

《刑法》第二百四十六条规定："以暴力或者其他方法公然侮辱他人或者捏造事实诽谤他人，情节严重的，处三年以下有期徒刑、拘役、管制或者剥夺政治权利。前款罪，告诉的才处理，但是严重危害社会秩序和国家利益的除外。通过信息网络实施第一款规定的行为，被害人向人

---

① 在这一部分的论述中，"仇某的行为"仅指行为对象为祁发宝同志的那部分行为。

民法院告诉，但提供证据确有困难的，人民法院可以要求公安机关提供协助。"

刑法理论通说认为："侮辱罪，是指以暴力或者其他方法公然贬低他人人格，败坏他人名誉，情节严重的行为……诽谤罪，是指故意捏造并散布某种事实，损坏他人人格，破坏他人名誉，情节严重的行为。"① 此外，侮辱罪和诽谤罪原则上都是亲告罪（告诉才处理的犯罪），除非行为人实施的行为已经"严重危害社会秩序和国家利益"。②

对于"严重危害社会秩序和国家利益"的含义，《公安部关于严格依法办理侮辱诽谤案件的通知》指出："对于具有下列情形之一的侮辱、诽谤行为，应当认定为'严重危害社会秩序和国家利益'，以侮辱罪、诽谤罪立案侦查，作为公诉案件办理：（一）因侮辱、诽谤行为导致群体性事件，严重影响社会秩序的；（二）因侮辱、诽谤外交使节、来访的外国国家元首、政府首脑等人员，造成恶劣国际影响的；（三）因侮辱、诽谤行为给国家利益造成严重危害的其他情形。"此外，《网络诽谤解释》第三条规定："利用信息网络诽谤他人，具有下列情形之一的，应当认定为刑法第二百四十六条第二款规定的'严重危害社会秩序和国家利益'：（一）引发群体性事件的；（二）引发公共秩序混乱的；（三）引发民族、宗教冲突的；（四）诽谤多人，造成恶劣社会影响的；（五）损害国家形象，严重危害国家利益的；（六）造成恶劣国际影响的；（七）其他严重危害社会秩序和国家利益的情形。"

在本案中，针对祁发宝同志，仇某歪曲了其英雄事迹，贬损、诋毁了其英雄精神，这无疑构成侮辱罪和诽谤罪。此外，根据本文第二部分叙述的案件事实，仇某发布的微博在网络上迅速扩散开来，一方面引起了公众的强烈愤慨，另一方面也造成了恶劣的社会影响。在笔者看来，

① 高铭暄、马克昌主编《刑法学（第10版）》，北京大学出版社、高等教育出版社2022年版，第482—483页。

② 参见高铭暄、马克昌主编《刑法学（第10版）》，北京大学出版社、高等教育出版社2022年版，第482—483页。

这完全可以被评价为"引发公共秩序混乱",进而认为在本案中诽谤罪和侮辱罪已经从亲告罪转变成非亲告罪（可以由检察机关提起公诉）。①

综上所述,区分不同的行为对象,仇某的行为可以被区分为两部分:①针对祁发宝同志的侮辱、诽谤行为。②针对已经牺牲的陈红军同志、陈祥榕同志、肖思远同志和王焯冉同志实施的侵害英雄烈士的名誉、荣誉的行为。对此,上文已经提到,最高检的意见是应当将两部分行为统一评价为侵害英雄烈士名誉、荣誉罪。②有观点指出,为避免人为造成法律适用方面的混乱和困惑,对于侮辱、诽谤英雄烈士的行为,倘若其中的英雄烈士同时包括了已经牺牲的和未牺牲的英雄烈士,统一适用侵害英雄烈士名誉、荣誉罪更为合适。③

然而,笔者并不赞同此种观点。正如有学者所指出的那样,判决宣告以前,同一行为人犯有数个不同种类的犯罪的,应当实行并罚,这一点没有任何异议。④在本案中,针对不同的行为对象,仇某实施的行为一部分构成侮辱罪和诽谤罪,另一部分构成本罪。考虑到侮辱罪、诽谤罪与本罪并不属于同种类型的犯罪,那么自然应当数罪并罚,这完全没有任何不合理之处。当然,笔者之所以将仇某的行为分为两个部分,主要是因为侮辱罪和诽谤罪规定在一个刑法条文当中,而且它们都属于侵犯公民人身权利、民主权利罪这一章。但是,严格来说,既然侮辱罪和诽谤罪也是两个不同的罪名,那么仇某针对祁发宝同志实施的那一部分行为又可以再次被一分为二:侮辱行为和诽谤行为。因此,更确切地说,在本案中仇某实施了三个行为,分别构成三个犯罪（侮辱罪、诽谤罪和本罪）。既然是一人实施了三个不同种类的犯罪,法院就应当根据《刑

---

① 当然,《网络诽谤解释》第三条只是针对诽谤罪转为非亲告罪的条件做出了解释。但是,考虑到侮辱罪和诽谤罪转为非亲告罪的条件一致,所以笔者认为,对于侮辱罪中的"严重危害社会秩序和国家利益"的情形,也可以参照《网络诽谤解释》第三条来确定。

② 参见仇某侵害英雄烈士名誉、荣誉案（检例第 136 号）,最高人民检察院第三十四批指导性案例,载《检察日报》2022 年 2 月 22 日第 7 版。

③ 参见孙谦《刑法修正案（十一）的理解与适用》,载《人民检察》2021 年第 8 期。

④ 参见张明楷《刑法学（第 6 版）》,法律出版社 2021 年版,第 777 页。

法》第六十九条①的规定数罪并罚。

三、延伸问题

行文至此，本文有关本案的法律适用问题的分析暂时告一段落，但与侵害英雄烈士名誉、荣誉罪（以下仍简称"本罪"）有关的延伸问题仍值得探讨。

（一）社会主义核心价值观能否成为刑法保护的法益

有学者指出，近些年来，社会主义核心价值观的概念在我国颇受重视，②笔者也赞同此种看法。例如，《中华人民共和国宪法》（2004 年修正）中并无"社会主义核心价值观"一词，而《中华人民共和国宪法》（2018 年修正）③第二十四条第二款则规定："国家倡导社会主义核心价值观……"《中共中央办公厅关于培育和践行社会主义核心价值观的意见》也指出："……法律法规是推广社会主流价值的重要保证。要把社会主义核心价值观贯彻到依法治国、依法执政、依法行政实践中，落实到立法、执法、司法、普法和依法治理各个方面，用法律的权威来增强人们培育和践行社会主义核心价值观的自觉性。"此外，最高人民法院（以下简称"最高法"）也针对在人民法院工作中培育和践行社会主义核心价值观这

---

① 《刑法》第六十九条规定："判决宣告以前一人犯数罪的，除判处死刑和无期徒刑的以外，应当在总和刑期以下、数刑中最高刑期以上，酌情决定执行的刑期，但是管制最高不能超过三年，拘役最高不能超过一年，有期徒刑总和刑期不满三十五年的，最高不能超过二十年，总和刑期在三十五年以上的，最高不能超过二十五年。数罪中有判处有期徒刑和拘役的，执行有期徒刑。数罪中有判处有期徒刑和管制，或者拘役和管制的，有期徒刑、拘役执行完毕后，管制仍须执行。数罪中有判处附加刑的，附加刑仍须执行，其中附加刑种类相同的，合并执行，种类不同的，分别执行。"

② 参见王政勋《论侵害英雄烈士名誉、荣誉罪的保护法益》，载《法治现代化研究》2021 年第 5 期，第 66 页。

③ 以下简称《宪法》。

一事项制定过专门的意见，[①]并且公布了一些弘扬社会主义核心价值观的典型案例。[②]在发布的与英雄烈士有关的文件和典型案例中，最高法也提及了"社会主义核心价值观"。[③]因此，可以预见，在未来的司法实践中，"社会主义核心价值观"的影响力将越来越大。出于理论与实践相结合的考虑，法学学术研究也必须对"社会主义核心价值观"有足够的关注。根据本文立场，本罪的客体或法益中包含了"社会主义核心价值观"，这是一种集体法益或超个人法益。然而，它能否成为刑法保护的法益这一点，可能存在争议。

例如，有学者认为，法益必须具有可侵害性，因为它是犯罪所侵害或威胁的利益。价值和价值观本身不能成为法益。如果离开了利益，价值就是价值观本身，是纯精神的现象。[④]不过，在笔者看来，虽然法益必须具有可侵害性，但这并不意味着价值观本身不能成为法益。根据词典的解释，"价值观"意指"对经济、政治、道德、金钱等所持有的总的看法"[⑤]。显然，只有"人"才有"看法"，所以也只有"人"才有"价值观"。如果持有某种价值观的"人"越来越少，难道不意味着这种价值观变得岌岌可危了吗？更进一步而言，倘若没有人再接受某种价值观，难道不能说这种价值观消亡了吗？在葛某诉洪某名誉权、荣誉权纠纷案中，法院裁判理由指出："……案涉文章……通过强调与基本事实无关或者

---

① 参见《最高人民法院关于在人民法院工作中培育和践行社会主义核心价值观的若干意见》（法发〔2015〕14号）。

② 参见《人民法院大力弘扬社会主义核心价值观十大典型民事案例》，载最高人民法院网站，https://www.court.gov.cn/zixun-xiangqing-229041.html，2022年12月26日访问；《第二批人民法院大力弘扬社会主义核心价值观典型民事案例》，载最高人民法院网站，https://www.court.gov.cn/zix-un-xiangqing-346671.html，2022年12月26日访问；《最高人民法院公布10起弘扬社会主义核心价值观典型案例》，载《人民法院报》2016年3月10日第3版。

③ 参见《最高人民法院关于加强"红色经典"和英雄烈士合法权益司法保护弘扬社会主义核心价值观的通知》（法〔2018〕68号）；《最高人民法院发布涉英烈权益保护十大典型案例》（2022年12月8日），北大法宝数据库，法宝引证码：CLI.3.5145163。

④ 参见张明楷《法益初论（增订本）》（上册），商务印书馆2021年版，第183页。

⑤ 中国社会科学院语言研究所词典编辑室编：《现代汉语词典（第7版）》，商务印书馆2016年版，第629页。

关联不大的细节，引导读者对'狼牙山五壮士'这一英雄烈士群体英勇抗敌事迹和舍生取义精神产生质疑……"①试问，倘若放任侵害英雄烈士名誉、荣誉的行为存在，难道不会有越来越多的人对英雄烈士的事迹和精神产生怀疑吗？如此一来，难道不会对社会主义核心价值观造成威胁吗？②所以，笔者认为，价值观完全具有被侵害的特点，其当然也可以成为法益。

不过，即使认为"社会主义核心价值观"具有被侵害的特点，它能否成为一种值得刑法保护的超个人法益这一点仍然可能存在疑问。有学者指出，值得刑法保护的只有人的利益，而超个人法益应当可以还原为个人法益。③从这一点来看，作为超个人法益的"社会主义核心价值观"似乎并不能满足"还原论"的要求。但是，笔者认为，"还原论"本身就存在疑问。当然，这涉及如何理解个人法益和超个人法益（或集体法益）之间的关系的问题。对于这一点，"质同量异说"认为，个人法益与超个人法益只有量的不同而没有质的差异，所谓超个人法益也只是多数个人法益的集合。相反，"质相异说"则认为，超个人法益与个人之间具有质的差异，国家和社会秩序的维护与个人利益是相对立的。④显然，只有采纳"质同量异说"，才可能支持"还原论"。相反，倘若赞同"质相异说"，也就不可能支持"还原论"，因为我们无法将与事物甲本质不同的事物乙还原成事物甲。

针对"还原论"，德国学者库伦教授的批评可谓一针见血："……将公共财产认为公众法益，最终仍在追求个人利益，但并不表示这个法益

---

① 葛某诉洪某名誉权、荣誉权纠纷案（指导案例99号），载最高人民法院网站，https://www.court.gov.cn/fabu-xiangqing-136381.html，2022年12月26日访问。

② 法院裁判理由指出："这些英雄烈士及其精神，已经获得全民族的广泛认同，是中华民族共同记忆的一部分，是中华民族精神的内核之一，也是社会主义核心价值观的重要内容。"[葛某诉洪某名誉权、荣誉权纠纷案（指导案例99号），载最高人民法院网站，https://www.court.gov.cn/fa-bu-xiangqing-136381.html，2022年12月26日访问。]

③ 参见张明楷《法益初论（增订本）》（上册），商务印书馆2021年版，第184页。

④ 参见时方《我国经济犯罪超个人法益属性辨析、类型划分及评述》，载《当代法学》2018年第2期。

是由个人法益推导出来，或者必须还原成个人法益。渎职罪保护的法益，例如 § 331 StGB（即《德国刑法典》第 331 条，笔者注）以下（公务员图利罪），存在着众多个人的强烈个人利益，但却无法确切还原成哪个特定的个人法益。一个深度腐败的公务体系，也许只会带来个人财务上的剥削，也许会导致健康损害甚至死亡……"[①] 因此，"质同量异说"强求超个人法益必须能够被还原成个人法益的观点并不合适，故笔者赞同"质相异说"。从"质相异说"的立场出发，考虑到培育和践行"社会主义核心价值观"的重要意义[②] 以及"社会主义核心价值观"的可侵害性，笔者认为，"社会主义核心价值观"完全可以成为刑法保护的法益。

（二）侵害英雄烈士名誉、荣誉罪与科研自由的关系

《宪法》第四十七条规定："中华人民共和国公民有进行科学研究、文学艺术创作和其他文化活动的自由。国家对于从事教育、科学、技术、文学、艺术和其他文化事业的公民的有益于人民的创造性工作，给以鼓励和帮助。"对于该条规定的公民的基本权利，宪法理论通说一般将之称为"文化权利"。具体而言，"文化权利"又包括"科学研究的自由""文学艺术创作的自由"和"进行其他文化活动自由"。[③] 当然，公民的基本权利也不是绝对的。《宪法》第五十一条规定："中华人民共和国公民在行使自由和权利的时候，不得损害国家的、社会的、集体的利益和其他公民的合法的自由和权利。"

本文一开始便已提到，本罪设立的立法背景之一就是，"近年来……

---

① Kuhlen, Umweltstrafrecht — auf der Suche nach einer neuen Dogmatik, ZStW 105（1993），S. 704. 转引自钟宏彬《法益理论的宪法基础》，元照出版有限公司 2012 年版，第 244 页。

②《中共中央办公厅关于培育和践行社会主义核心价值观的意见》指出："面对世界范围思想文化交流交融交锋形势下价值观较量的新态势，面对改革开放和发展社会主义市场经济条件下思想意识多元多样多变的新特点，积极培育和践行社会主义核心价值观，对于巩固马克思主义在意识形态领域的指导地位、巩固全党全国人民团结奋斗的共同思想基础，对于促进人的全面发展、引领社会全面进步，对于集聚全面建成小康社会、实现中华民族伟大复兴中国梦的强大正能量，具有重要现实意义和深远历史意义。"

③ 参见《宪法学》编写组编《宪法学（第 2 版）》，高等教育出版社 2020 年版，第 217 页。

有些人以'学术自由''还原历史''探究细节'等为名，通过网络、书刊等媒体歪曲历史特别是近现代历史，丑化、诋毁、贬损、质疑英雄烈士……"① 在笔者看来，这些人实施的用心险恶的行为固然值得打击，但是仍然需要避免过分扩大本罪的处罚范围（例如，将正当的学术研究活动也认定为构成犯罪）。显然，只有划清本罪与正当的、合法的"科学研究的自由"（以下简称"科研自由"）② 或"学术自由"③ 的界限，才能实现合理限定本罪的处罚范围的目的。当然，这个问题非常复杂，限于篇幅，本文在这里只能简要地谈如下几点意见。

第一，对于以"学术研究"为名但是却明显用心险恶（为了歪曲历史特别是近现代历史以及丑化、诋毁、贬损和质疑英雄烈士）的行为，应当坚决依法予以打击，因为这些行为侵害了英雄烈士的名誉、荣誉，损害社会公共利益，根本就不属于正当的、合法的科研自由的范畴。有学者认为，对于在错误的历史观和方法论的指导下，有些人打着所谓的"学术研究"的旗号，质疑、歪曲和否定英雄烈士的事迹和人格，进而否定其精神和价值。④ 但是，因为他们没有实施侮辱、诽谤等符合构成要件的行为，因而此种类型的行为并不构成犯罪，只能成立民事违法。⑤ 笔者

---

① 许安标：《关于〈中华人民共和国英雄烈士保护法（草案）〉的说明》，北大法宝数据库，法宝引证码：CLI.DL.10833。

② 将"科学研究的自由"简称为"科研自由"的做法，参见陈征、刘馨宇《宪法视角下的科研经费给付制度研究》，载《中国高校社会科学》2020年第4期，第106页。

③ 有学者在谈及"学术自由"时提到了《宪法》第四十七条。参见王政勋《论侵害英雄烈士名誉、荣誉罪的保护法益》，载《法治现代化研究》2021年第5期，第74页。显然，在该学者看来，《宪法》第四十七条规定的"科研自由"也可以用"学术自由"这一用语来表达。在本文中，笔者并不特别区分"科学研究的自由""科研自由"和"学术自由"，而是将它们视为等同概念。

④ "这些人多是学界中人，如学者、记者等，他们从支离破碎的个别事实出发进行所谓的真相解析，质疑基本事实，以片面否定全面；他们无视历史发展的规律和动力，纠缠于浮光掠影的表面和碎屑杂沓的琐事，以精挑细选的或者随意摘出的细枝末节、生活琐事进行所谓的事实还原，企图重构历史叙事，以现象否定本质，从而歪曲、颠覆英雄烈士的历史形象，贬低、否定其历史功绩，抹杀社会发展和历史进步的主流。"（王政勋：《论侵害英雄烈士名誉、荣誉罪的保护法益》，载《法治现代化研究》2021年第5期。）

⑤ 参见王政勋《论侵害英雄烈士名誉、荣誉罪的保护法益》，载《法治现代化研究》2021年第5期。

并不赞成这种看法。一方面，从立法背景来看，这种行为恰恰是需要严厉打击的对象。另一方面，这些人的险恶目的非常明显，而不仅仅是为了学术研究本身。尽管此种行为未必构成侮辱和诽谤行为，但是却符合构成要件中规定的"其他方式"。既然法益具有解释论机能，对于构成要件的解释就必须结合保护法益进行。因此，只要能达到歪曲、丑化、亵渎、否定英雄烈士事迹和精神的效果，进而损害社会共利益（对民族记忆、民族精神和社会主义核心价值观构成威胁，并且伤害民族情感），这种用心险恶的所谓的"学术研究"的行为就可以被认定为属于本罪构成要件中规定的"其他方式"。

第二，正如有学者所指出的那样，对于有关英雄烈士的私事的讨论，需要确立学术自由的底线良心。为了确立底线良心，必须坚持实事求是的原则。抽象化了的光辉事迹及其所负载的国家精神与具体的"英雄人物"之间是有区别的。既不能为了树立英雄而故意将英雄神化，也不能因为英雄某个方面的问题而对英雄事迹的重要精神感召力予以全盘否定、消解和贬损。[①] 对于这一看法，本文表示赞同。笔者认为，只要不是怀着明显用心险恶的目的进行学术研究（或者说，研究者坚持底线"良心"），就应当认为这属于正当的、合法的科研自由的范畴，相关的学术研究活动也绝不能被认定为构成犯罪。

第三，对于正常的学术研究活动，不应动辄就将之认定为犯罪。有学者指出，出于还原历史真相和追问英雄烈士事迹的细节的目的，倘若研究者进行研究讨论所使用的史料是真实、充分的，这就属于正常的学术研究行为。[②] 学术研究活动具有创新性，难免会质疑不同观点。[③] 在符合学术规范和坚持底线"良心"的前提下，只要是正常的学术研究活动，即使提出了质疑或发表了不同的看法，也不构成犯罪。甚至更进一步说，

---

① 参见杨清望《国家客观文化法益的法理分析及其法律保护——以英雄烈士权益保护为切入点》，载《法制与社会发展》2022年第4期。

② 参见唐天军《英烈保护司法实务问题探析》，载《法学论坛》2018年第6期，第131页。

③ 参见余敏等《侵害英雄烈士名誉、荣誉罪法律适用探讨》，载《人民检察》2022年第6期。

对于正当、合法的学术研究活动而言，研究者提出的个别观点即使出现了错误，也不宜认定其行为构成犯罪。

四、结语

习近平总书记曾在讲话中强调："一个有希望的民族不能没有英雄，一个有前途的国家不能没有先锋。包括抗战英雄在内的一切民族英雄，都是中华民族的脊梁，他们的事迹和精神都是激励我们前行的强大力量……我们比历史上任何时期都更加接近实现中华民族伟大复兴的目标。实现我们的目标，需要英雄，需要英雄精神。"[1]《最高人民法院关于加强"红色经典"和英雄烈士合法权益司法保护弘扬社会主义核心价值观的通知》（法〔2018〕68号）也指出："在中国共产党领导下，在长期的革命战争年代、社会主义建设时期和改革开放过程中诞生了大量的红色经典，涌现出了无数的英雄烈士，他们是我们党和国家的宝贵精神财富，是中华儿女的杰出代表，其所承载的精神价值，是中华民族共同的历史记忆，是全体中国人民共同的价值追求，是社会主义核心价值观的重要源泉。"因此，在当今的时代，在当今的中国，我们必须加强对英雄烈士的保护，对于歪曲、丑化、亵渎、否定英雄烈士事迹和精神以及侵害英雄烈士名誉、荣誉的行为"零容忍"。作为适用侵害英雄烈士名誉、荣誉罪的全国首案，在"辣笔小球"侵害英雄烈士名誉、荣誉案中，人民法院依法认定仇某的行为构成侵害英雄烈士名誉、荣誉罪并对其科处刑罚，这保护了英烈权益，弘扬了英烈精神，也发挥了司法裁判的警示、教育作用，[2]无疑是值得肯定的。

当然，对于英雄烈士的保护和英雄精神的捍卫而言，"辣笔小球"侵

---

[1] 习近平：《在颁发"中国人民抗日战争胜利70周年"纪念章仪式上的讲话》，载《人民日报》2015年9月3日第2版。

[2] 参见《仇某侵害英雄烈士名誉、荣誉暨附带民事公益诉讼案（涉英烈权益保护十大典型案例·案例三）》，载《人民法院报》2022年12月9日第6版。

害英雄烈士名誉、荣誉案只是一个开始。《关于依法惩治侵害英雄烈士名誉、荣誉违法犯罪的意见》（公通字〔2022〕5号）指出："……英雄不容亵渎、先烈不容诋毁、历史不容歪曲。各级公安机关、人民检察院、人民法院要切实增强责任感和使命感，依法惩治侵害英雄烈士名誉、荣誉的违法犯罪活动，坚决维护中国特色社会主义制度，坚决维护社会公共利益。"笔者相信，在中国共产党的领导下，在各级公安司法机关的共同努力下，在人民群众的广泛支持下，我们一定能够实现充分保护英雄烈士的目标，我们一定能让英雄烈士的事迹和精神成为中华民族伟大复兴的强大精神动力！ [①]

重大公共利益不容侵犯！

（王冰鑫）

[①]《关于〈中华人民共和国英雄烈士保护法（草案）〉的说明》指出："英雄烈士的事迹和精神……是实现中华民族伟大复兴的强大精神动力。"［许安标：《关于〈中华人民共和国英雄烈士保护法（草案）〉的说明》，北大法宝数据库，法宝引证码：CLI.DL.10833］

兼顾天理国法人情

——郑州市病患母亲代购"毒品"被不起诉案

引言

婴儿癫痫伴游走性局灶性发作、氯巴占，以及一次代收境外包裹，将一位患儿的母亲与如山一样沉重的"走私毒品"的罪名联系在了一起。[①]

2021 年 11 月，公众关注的罕见病用药问题再一次占据舆论的视线。这一次的主角是一种名叫氯巴占的药品。它对于治疗癫痫疾病尤其是难治性癫痫疾病有着特殊的疗效，因此得到了患者家属的广泛购买和使用。氯巴占是一种用于治疗罕见癫痫疾病的广谱抗癫痫发作药物，在辅助治疗中具有重要的地位，一般的抗癫痫药物针对这类罕见癫痫疾病起不到作用；氯巴占则针对罕见癫痫疗效确切，相比传统药物，镇静及中枢相关不良反应少，药物相互作用少，耐受性更好，得到广大临床专家的一致认可。[②] 可以说是对这类疾病对症且副作用更小的"救命药"。遗憾的是，尽管该药品已在超 100 个国家和地区被作为抗癫痫药物上市，但由

[①] 克鲜：《"贩毒"母亲之问，能否救命优先？》，载光明网，https://m.gmw.cn/2021–11/24/content_1302691617.htm，2021 年 11 月 24 日。

[②] 王剑强：《"救命药"氯巴占合法上市后，曾因代购药物被控贩毒的病友仍在等待法律裁决》，载百家号"红星新闻客户端"，https://baijiahao.baidu.com/s？id=1745187222820239469&wfr=spider&for=pc，2022 年 9 月 28 日访问。

于氯巴占在我国属于第二类精神管制药品，具有一定成瘾性，此前长期未在国内获批准上市销售，救人心切的家属们只能将目光放在代购这条途径上，以期为自己的亲人带来一线生的希望。

河南郑州的一名癫痫疾病患儿的母亲李芳（化名）就是其中的病患家属之一，她的孩子龙龙（化名）出生不久后便确诊为患有婴儿癫痫症，她在寻医问药途中依靠氯巴占这个救命药稳住了孩子的病情，也就是在这个过程中，她不知不觉被卷入了一场涉罪的旋涡之中。2021年7月，微信名为"铁马冰河"的病友群群主"为了逃避海关检查"，联系了李芳并询问了她的地址，将其在海外购买的20盒氯巴占寄给她，嘱咐她收到包裹后再转寄给其他代购者。2021年9月2日，因为帮助代购者收取了包裹，李芳被河南省中牟县公安局以"涉嫌走私、运输、贩卖毒品罪"带走调查询问，并于当日让其离开。同年9月3日，中牟县公安局为其办理了取保候审的手续。除了李芳，相继被抓获的还有代购者"铁马冰河"以及另外两名帮其收包裹的患儿母亲。①2021年11月23日，河南省中牟县人民检察院宣读了不起诉书，认定李芳构成走私、运输、贩卖毒品罪，但鉴于其系"初犯""从犯""为子女治病诱发犯罪""未获利"等，综合考量认为其犯罪情节轻微，决定不予起诉。但李芳对这个决定并不认同，坚称自己的行为不属于"贩毒"，并决定对检察院的不起诉决定进行申诉。

2021年11月29日，李芳向中牟县人民检察院递交了刑事申诉状，请求撤销中牟县人民检察院作出的牟检刑不诉（2021）39号不起诉决定，依法认定申诉人的行为不构成犯罪。中牟县人民检察院于2021年12月9日决定对李芳提出的申诉进行复查，2022年3月9日，中牟县人民检察院出具了刑事申诉结果通知书，复查查明的事实与牟检刑不诉（2021）39号不起诉决定书认定的事实一致。2023年3月31日，李芳称收到河南省中牟县人民检察院的通知，将撤销"罪轻不起诉"决定，改为法定不起诉。

若就本案事实分析，该案件其实并不存在特别复杂的法律难点，但

---

① 徐秋颖：《为救子购境外药品涉贩毒，罕见病何时不再一药难求？》，载新京报，https://www.bjnews.com.cn/detail/163765361114069.html，2021年11月23日访问。

李芳案之所以引起了广泛的社会关注，是因为这涉及法理与情理这一人们千百年来莫衷一是的辩题。在该案中，媒体的报道大多聚焦在氯巴占的定性以及李芳的"毒贩母亲"身份和代购"救命药"治疗患罕见病幼儿这一行为的情法交织之上。诚然，从情理上看，李芳若不从海外代购氯巴占，她的儿子将陷入无药可治的困境。守法是一位公民的基本素养，但舐犊之情亦是人类的高尚情感。为救孩子购买管制药品（毒品），因而涉嫌毒品犯罪，再次把情与法的矛盾摆在了我们面前。此案与当年"国外抗癌药代购第一人"陆勇从印度购买低价仿制药救命被追诉一案颇为相似。前不久，云南昆明一名父亲自制"药物"救子的经历，也引发广泛关注。在这场抵抗罕见病的冒险旅程背后，是患者所面临的用药困境和自制"药"的法律模糊地带。①

但从该案中所折射出的问题远不止于此，从公安机关以"涉嫌走私、运输、贩卖毒品罪"将李芳带去审讯并于当日即对其采取取保候审措施予以释放，且将氯巴占留给其用于孩子服用，到中牟县人民检察院先后作出酌定不起诉和法定不起诉决定。检察机关这一系列的行为体现了罪责刑相适应原则，彰显了司法的政治、法律、社会效果相统一。这起案件对于我们理解不起诉决定的作出具有宣示作用，这些背后隐藏的问题也值得我们深入的探讨和反思。②

一、案情回顾

（一）出生男婴罹患怪病

时间回拨到 2020 年 1 月，彼时，34 岁的李芳一家正盼望着一个小

---

① 徐秋颖：《为救子购境外药品涉贩毒，罕见病何时不再一药难求？》，载新京报网，https://www.bjnews.com.cn/detail/163765361114069.html，2021 年 11 月 23 日访问。

② 央视新闻：《新闻直播间　罕见病药　何去何从？》，载央视网，https://tv.cctv.com/2021/12/03/VIDEJodeWmEftvIEBBiBFQEi211203.shtml，2021 年 12 月 3 日访问。

生命的降临，可就在孩子龙龙出生后的第9天，家人发现孩子很少哭闹，手脚总是莫名抖动，嘴角常带唾沫。3个月后，医生告诉李芳，孩子患上了一种罕见的癫痫症，从医生口中她第一次听到那个冗长的病名，就叫婴儿癫痫伴游走性局灶性发作综合征（以下简称EIMFS）。起初龙龙是被确诊为小儿惊厥，那时他才出生25天。小小的他总是有一些奇怪的举动。比如不自然地点头、快速眨眼、手和脚快速地颤抖好几分钟。据李芳回忆，一开始，医生给孩子开了一款名叫开普兰的抗癫痫发作药物，但效果并不好，只能维持一周不发病。等到龙龙三个月大的时候，他的症状更严重了，以往一两分钟就结束的浑身颤动，会持续半个小时。

于是李芳着急地抱孩子去医院检查，这一次，医生在孩子的脑电图里，发现无规则的脑电波表现出一种在左右脑间游走的形式。这是婴儿癫痫伴游走性局灶性发作患者常出现的脑电波形式，是发育性癫痫性脑病中相对复杂的一种类型。李芳听不懂这一长串的术语，但从医生委婉的提醒中，她知道孩子的情况很不好。医生提出给龙龙换药，先是用了一种叫德巴金的药物，没有太大的效用，后来又换了奥卡西平，也无法解决问题。从这之后，医生提出每天给龙龙注射镇静剂来缓解癫痫。医生表示，这种持续性癫痫非常危险，如果发作一直停不下来，可能会导致心衰。龙龙的镇静剂输了长达20多天，他稚嫩的额头和小手上，都是密密麻麻的针孔。在这个过程中，医生曾试图给孩子撤掉镇静剂，但只要一撤掉，孩子的癫痫就继续发作。医生告诉李芳，这不是一个可持续的方法——如果镇静剂用量把控不好，也会对孩子呼吸有抑制作用，可能造成孩子突然没有呼吸。最多的时候，李芳的儿子龙龙一天内会服用4种不同的药，开普兰、德巴金、奥卡西平、托吡酯，每种药间隔20分钟服用。这些在外人听起来陌生的药物，深深印刻在李芳的脑海里。然而，龙龙的状况并没有改善太多，他幼小的身躯时不时处于一种无规律的颤动中，有时还会发出刺耳的尖叫，最长的一次发作，几乎持续了两天。①

对于李芳而言，"婴儿痉挛症"是非常陌生的。婴儿痉挛症、Dravet综合征、LGS综合征、大田原综合征、Fires综合征、脑炎后遗症、婴儿癫痫伴游走性局灶性发作（EIMFS）等，都属于罕见癫痫性脑病。患罕见癫痫性脑病的孩子，会出现反复的癫痫发作。有的患儿每天发作几十次甚至上百次；有的患儿会出现癫痫持续状态，一发作就持续一小时以上甚至更久；有的患儿会因为抢救不及时而死去。同时，多数患儿会因为伴发严重的精神运动发育落后，以至于终生无法走路、说话，丧失基本的认知能力。② 医生告诉她，"患病概率相当于买彩票中1000万元大奖"。得该病的孩子在智力和运动能力上都不会获得良好发育。③

（二）年轻母亲投医无门

得知龙龙患上了这种罕见疾病，这让刚刚成为母亲的李芳以及她的家人们焦急不已，从2020年的那个春天起，李芳一家人就踏上了四处寻医问药的旅途，令人揪心的是，他们的奔波劳碌却始终没有取得很好的效果。龙龙生病后，李芳和家人曾先后去河南、北京的多家医院求医问药，始终不见好转。她的心里只有一个念头：让儿子活下来。

自从龙龙患病后，李芳时常觉得自己的孩子像是"死机"了。大多数时候，自己的孩子躺在怀里，不哭不闹，视线没有缘由地飘动，对周围人的言语和行为没有任何反应。偶尔病情发作时，他突然抽搐，面色青紫，口吐唾沫。2016年，北京大学第一医院儿科主任医师张月华教授等在《中华儿科杂志》刊发论文指出：婴儿癫痫伴游走性局灶性发

① 印柏同：《"我不是毒贩，我是一个母亲"》，载三联生活周刊网，https://www.lifeweek.com.cn/h5/article/detail.do？artId=187559，2022年11月23日访问。

② 李静、李岩松：《"救命药"氯巴占事件始末，罕见癫痫患者从"等待"变成"等到"》，载百家号"齐鲁晚报官方账号"，https://baijiahao.baidu.com/s?id=1747455702234344714&wfr=spider&for=pc，2022年10月23日访问。

③《现实版"我不是药神"一审结束，132名病友请判无罪：他在救人》，载时代财经，https://kan.china.com/article/1503877_all.html，2022年3月18日访问。

作（EIMFS），属于癫痫性脑病，最早由意大利学者科波拉等于1995年报道。这是一种婴儿早期少见的难治性癫痫，国内尚罕见该病的系统研究报道，发病率不详。张月华教授等人的研究，还从一个侧面揭示了EIMFS的罕见性：研究者收集了2005年5月至2016年1月十余年间，在北京大学第一医院儿科神经专业门诊及病房就诊的EIMFS患儿的资料，仅找到9例患儿。此外，张月华教授等人于2017年发表的研究综述中指出，已发现8个EIMFS相关的致病基因。

李芳也看过这篇论文，她记得其中的一句话：患儿对抗癫痫药治疗的反应不佳，死亡率高。张月华等人的论文发表时，9例患儿中有2例失访，剩下7例中有4例最终死亡。这7例患儿均使用过3种或3种以上的抗癫痫药物治疗，发作均未完全控制。年龄增长到1岁9个月，如医生所言，龙龙的智力、运动能力几乎没有发育。一张张诊断书上，载明着"脑萎缩""全面性发育落后"等字样。儿子"丝毫没有认知能力"，与亲人间无任何互动，这是李芳最难受的事。她将手放在龙龙的眼前晃，儿子仍旧呆呆睁着眼，眼珠都不跟着转，"就像一台死机的电脑"。疾病发作时，是唯一"不死机"的时刻。李芳说，每一天，孩子会发病上百次，他的手脚会突然抽搐；如果持续抖动不停歇，就意味着病情将失控，危及生命。[1]

（三）只能代购的"救命药"

2020年4月，有医生建议她寻找一种名叫"氯巴占"的药物。该药物在海外被广泛获批上市、用于抗癫痫药无效的难治性癫痫。然而根据我国《精神药品品种目录（2013年版）》，氯巴占属于第二类精神药品，受到严格管控，只能依靠海外代购，医生建议李芳通过病友群打听一下。

当天晚上，李芳在网上疯狂寻找相关的病友群，5天后，终于有一个浙江的病友告诉她，自己手上多出一盒从德国代购的氯巴占，愿意卖

---

[1] 王剑强、严雨程：《"毒贩"母亲》，载微信公众号，"红星新闻"，https://mp.weixin.qq.com/s/axsC00quVFs0p2wBGGISww，2021年11月22日访问。

给她，李芳付了 650 元。李芳拿到的药一盒有 50 片，每片 20 毫克，李芳当天便给龙龙服用了。第二天，奇迹发生了，在医生撤掉镇静剂后，龙龙的癫痫没有再度发作。① 据李芳所述："这个药对我们孩子很神奇，孩子吃了几次状况就好了很多，就基本控制住了，镇静剂也撤下来了，其他的药也慢慢地往下撤。我们孩子吃这个药非常有效，它对癫痫持续状态、影响到生命体征的状况控制得非常好。现在，孩子发作还是有一些的，但不会危及生命。发作时间很短，比如愣个神、嘴唇突然发紫、手抖一下、痉挛一下之类。虽然我们孩子不像有些孩子一样能完全控制，不过我就已经很满足了。"②

之后，李芳不停找渠道购买氯巴占，靠着病友的介绍，李芳结识了一个微信名叫"铁马冰河"的代购。据李芳了解，"铁马冰河"也有一个八岁的女儿，患婴儿痉挛症（小儿癫痫症的一种），同样需要从国外买药。"铁马冰河"有一个代购群，他从 2020 年开始通过网络从国外购买氯巴占，据李芳所说，他的药品卖得比其他人便宜，20 毫克一颗的氯巴占只要 400 多元一盒，而且每次都先发货后收钱，她和一些病友都更愿意找"铁马冰河"买。③ 龙龙服药后病情得到了控制，多次购药后李芳也与群主"铁马冰河"熟络起来。

（四）收寄"救命药"卷入涉毒旋涡

在李芳她们这些求购氯巴占的患儿家长眼里，群主"铁马冰河"是能代买孩子用药的人。但是她们彼时还不知道，"铁马冰河"已经进入了警方的视线，其原因在于氯巴占并不是普通的药物，而他因此被列为走私、运输、贩卖毒品的犯罪嫌疑人。

---

① 印柏同：《我不是毒贩，我是一个母亲》，载三联生活周刊网，https://www.lifeweek.com.cn/h5/article/detail.do？artId=187559，2022 年 11 月 23 日访问。

② 段彦超：《对话"贩毒"母亲：不认罪正申诉，盼抗癫痫药物氯巴占可合法购买》，载澎湃新闻网，https://www.thepaper.cn/newsDetail_forward_15618060，2021 年 11 月 30 日访问。

③《为救孩子，她们成了"毒贩妈妈"》，载微信公众号"腾讯医典"，https://mp.weixin.qq.com/s/wJlpAOH4AZd5FZy-mm27Qw，2021 年 12 月 8 日访问。

2021 年 6 月初，群主"铁马冰河"分别私聊了李芳和其他几位患儿的妈妈，问的都是同一个问题，他的地址不太够，能不能帮忙接收一个来自意大利的包裹，包裹里是氯巴占。李芳回忆道："他就跟我说这样的一个包裹有可能到海关那儿会被扣，我问被扣了之后会有什么影响，他说没有什么影响的，他说有时候就是看运气。我就问他海关会不会扣这个包裹，他说没事，如果海关扣留的话，可能就需要我拿着孩子的病历到时候去给它领回来就可以了。"李芳表示，基于前期她们从群主"铁马冰河"那里买药所建立的关系，她就答应了对方。① "当时不可能知道涉及毒品走私这些的，因为当时他是病友群的群主，我们孩子需要从他那儿买药，这个群主人比较热心，药也便宜，在病友中口口相传，病友群里大家也抱团取暖，于是我当时就答应了，当时也感觉自己做了件好事。"李芳说道。于是李芳开始帮"铁马冰河"代收药品包裹，有时也帮忙转寄给其他病友，包裹在收寄后，"铁马冰河"曾给她发来一个红包，她没有收，觉得不过是"帮个小忙"。包裹签收后，"铁马冰河"又给她转了 18 元快递费，还说了一句"快递费你总得收了吧"。就是在这次转寄代购的 20 盒氯巴占的过程中，李芳的行为引起了郑州市公安局禁毒支队的注意。②

2021 年 7 月，中牟县公安局接到了郑州市公安局禁毒支队下发的一条办案线索，要求核查一份从境外寄到中牟县的包裹。据中牟县公安局缉毒民警所述，当时的包裹内有国家管制的第二类精神药品氯巴占大概 30 盒，数量较大。为什么与氯巴占有关的包裹会被列为涉毒案件线索呢？根据《刑法》第三百五十七条规定：本法所称的毒品，是指鸦片、海洛因、甲基苯丙胺（冰毒）、吗啡、大麻、可卡因以及国家规定管制的其他能够使人形成瘾癖的麻醉药品和精神药品。而在我国《精神药品品种目录

---

① 张蓉：《氯巴占风波后的一年：从毒品到获批上市的药品，患儿母亲说，她只是想救孩子》，载钱江晚报新闻资讯客户端"小时新闻"，https://www.thehour.cn/news/553795.html，2022 年 11 月 11 日访问。

② 央视新闻：《新闻直播间 罕见病药 何去何从？》，载央视网，https://tv.cctv.com/2021/12/03/VIDEJodeWmEftvIEBBiBFQEi211203.shtml，2021 年 12 月 3 日访问。

（2013 年版）》中，就有氯巴占，被列入第二类精神药品管控。中牟县公安局缉毒民警指出，氯巴占的长期服用能让正常人产生瘾癖性、依赖性，对人的身心健康危害较大。尤其是对神经系统伤害最明显。

警方通过对装有氯巴占的可疑包裹进行跟踪，很快发现了前来取货的人。侦查人员发现，"铁马冰河"真实身份为胡某，身处安徽，于是前往当地将他抓捕。由此又查出了帮助他收取、转寄氯巴占包裹的三人，他们都是"铁马冰河"群内需要氯巴占的患儿家属。其中，就包括李芳。2021 年 9 月 2 日，中牟县公安局以涉嫌运输毒品罪将李芳带走调查，李芳此刻才知道，自己因为涉嫌"走私、运输、贩卖毒品罪"被警方传讯了。警方进行询问后当天便让其离开了，笔录结束后，警察将氯巴占的药盒留下，把药还给了李芳。李芳是最后一名归案人员，他们都跟代购氯巴占有关。2021 年 9 月 3 日当天，警方对犯罪嫌疑人胡某和包括李芳在内的另外 4 人采取刑事拘留，同时考虑到李芳等 4 人的涉案情节和家庭原因，依法对他们取保候审。2021 年 10 月 12 日，李芳因涉嫌走私、运输、贩卖毒品罪被移送中牟县人民检察院审查起诉。同时被起诉的还有另 3 位妈妈。[1]

（五）检方根据四人行为作出不同判定

2021 年 11 月 23 日，河南省中牟县人民检察院以走私、运输、贩卖毒品罪对胡某（网名"铁马冰河"）提起了公诉。当天，李芳收到了中牟县人民检察院的《不起诉理由说明书》。检方认为她已经构成走私、运输、贩卖毒品罪，但鉴于"为子女治病诱发犯罪""未获利"等原因最终作出了酌定不起诉的决定。[2]

在河南省郑州市中牟县人民检察院出具的《不起诉理由说明书》中，

---

[1] 央视新闻：《新闻直播间 罕见病药 何去何从？》，载央视网，https://tv.cctv.com/2021/12/03/VIDEJodeWmEftvIEBBiBFQEi211203.shtml，2021 年 12 月 3 日访问。

[2] 唐梦葭：《心酸！为儿子代购救命药，却被认定贩毒！母亲：只想孩子活下去》，载微信公众号"新民晚报"，https://mp.weixin.qq.com/s/7nRtT1WHhe9STtD711SoVg，2021 年 11 月 25 日访问。

检察机关认定，李芳实施了《刑法》第三百四十七条第一款规定的行为，鉴于其具有以下从轻或减轻处罚情节：（1）在共同犯罪中起次要或辅助作用，根据《刑法》第二十七条之规定，系从犯，应当免除处罚；（2）如实供述犯罪事实，系坦白，可以从轻处罚；（3）系初犯，可以酌情从轻处罚；（4）因为子女治病诱发犯罪，未获利，社会危害性较小，可以酌情从轻处罚；（5）家中有患癫痫病的未成年子女需要抚养，可以酌情从轻处罚。综合本案事实、情节，依据罪责刑相适应原则，贯彻少捕慎诉慎押刑事政策，彰显司法的政治、法律、社会效果相统一，综合考量其犯罪情节轻微，根据《刑法》第三十七条的规定，可以免于刑事处罚。依据《刑事诉讼法》第一百七十七条第二款，决定对李芳不起诉。同时，责令李芳具结悔过。①

从不起诉理由决定书中可知，李芳等4名患儿家属这次涉案并不是因为她们本人购买氯巴占的行为。中牟县人民检察院认定本案的主犯胡某为谋取利益，从国外走私氯巴占，对外贩卖牟利。而包括李芳在内的4名涉案人员在明知胡某从境外走私氯巴占的情况下，仍提供地址或者联系方式帮助接收，其行为客观上帮助胡某完成了走私行为，所以检方认定胡某的行为构成走私贩卖毒品罪。其余4名涉案人员因为给走私提供帮助，构成走私毒品罪的帮助犯。

据中牟县人民检察院第一检察部副主任石会远介绍，李芳等4名人员平时购买氯巴占的数量就是1—2盒，而她们在此次接收的包裹里有二三十盒氯巴占，数量比较大。因此，中牟县人民检察院对她们行为的评价不是用于自用，该行为构成走私行为，要按照法律规定予以打击处理。

2021年11月29日，李芳向中牟县人民检察院首次递交了刑事申诉状，请求撤销中牟县人民检察院作出的牟检刑不诉（2021）39号不起诉决定，依法认定申诉人的行为不构成犯罪。李芳表示，她不认可中牟县

---

① 河南省郑州市中牟县人民检察院牟检刑不诉（2021）39号不起诉决定书。

人民检察院对自己作出的定性决定，坚持认为自己无罪。

中牟县人民检察院于 2021 年 12 月 9 日决定对李芳提出的申诉进行复查。2022 年 3 月 9 日，中牟县人民检察院复查查明的事实与牟检刑不诉（2021）39 号不起诉决定书认定的事实一致。牟检一部刑申通（2022）Z1 号刑事申诉结果通知书的内容如下：经中牟县人民检察院复查后认为，申诉人李芳明知涉案物品是国家规定管制的精神药品氯巴占，并实施了帮助他人逃避海关监管，非法接收入境转寄的走私行为。而氯巴占属于《刑法》第三百五十七条第一款规定的毒品，李芳实施的行为符合《刑法》第三百四十七条第一款之规定。该院综合李芳的犯罪动机，以及从犯、坦白、初犯等从轻、减轻处罚情节，依据《刑法》第三十七条的规定，可以对其免于刑事处罚，依据《刑事诉讼法》第一百七十七条第二款之规定，对其依法作出不起诉决定，故原处理决定认定事实清楚，适用法律正确。遂维持原不起诉决定。[①] 李芳选择继续申诉。

在李芳案之后，患儿家属最担心的便是药物的购买问题，郑州市中牟县人民检察院的检察官也表示，他们在作出不起诉的决定之后，也和家属一同在做一些力所能及的工作，比如说向他们当地的上级部门去汇报这个情况，通过多种渠道去了解氯巴占的使用状况，并且一直在努力想办法看如何能保证这些患儿的家庭能够正常地购买氯巴占。

令人欣慰的是，好消息陆续传来，在国家卫健委、国家药监局等多方努力下，2022 年 9 月 22 日，作为临床急需药品临时进口的原研药，也一度被称为"救命药"的氯巴占在北京协和医院开出全国第一张处方。为了满足患者对氯巴占这类国外已上市、国内无供应的少量特定临床急需药品的需求，2022 年 6 月，国家卫健委、国家药监局联合制定发布了《临床急需药品临时进口工作方案》和《氯巴占临时进口工作方案》。《方案》明确，在北京协和医院牵头的遍布全国的 50 家三级医院，进口氯巴占将陆续落地，患儿和家属经过符合条件的医师开具处方，可以购买到

[①] 河南省郑州市中牟县人民检察院的牟检一部刑申通（2022）Z1 号刑事申诉结果通知书。

氯巴占。[①]同年 10 月 16 日，河南病友已在河南省儿童医院开出进口氯巴占；10 月 22 日，国产首款氯巴占仿制药上市。[②]

2023 年 3 月 31 日，胡某（网名"铁马冰河"）海外代购氯巴占案在河南省中牟县人民法院继续开庭审理，公诉人提交新证据，并变更起诉罪名，由之前的走私贩卖毒品罪变更为非法经营罪，该案当庭宣判认定被告人胡某构成非法经营罪，但考虑到情节和社会危害，法院判处免于刑事处罚。李芳称当晚收到了中牟县人民检察院的通知，将撤销"罪轻不起诉"决定，改为法定不起诉。[③]

二、法理研判

该案发生后，舆论的视角集中在李芳"买药救子"这一行为，激起普通民众心中的朴素正义观。众多媒体的报道为了吸睛，有意模糊了本案中的一个重要情节，即李芳是基于为代购人胡某收寄从海外来的药品包裹（明知该药物为氯巴占）这一行为才涉嫌走私、贩卖、运输毒品罪的，让李芳案看似违背了一般人的伦理直觉。目前该案主犯胡某被认定其行为构成非法经营罪，并被作出定罪免罚的决定，李芳案也被作出法定不起诉的处理，可以说该案关于法律定性的争议问题已告一段落。但在该案中，河南省中牟县人民检察院在该案中先后作出的酌定不起诉和法定不起诉的决定反而更值得我们进行深入探讨，这两种不起诉决定在内容和法律效果上有何区别？检察院作出酌定不起诉决定时所考量的因

①《开出全国首张处方！"救命药"氯巴占落地》，载央视新闻客户端，https://content-static.cctvnews.cctv.com/snow-book/index.html ？ t=1663886985171&toc_style_id=feeds_default&share_to=wechat&track_id=0BC28AEE-8E65-4139-A237-D96D6CC6828B_697430965856&item_id=10774297505228504406，2022 年 9 月 23 日访问。

② 张蓉：《氯巴占风波后的一年：从毒品到获批上市的药品，患儿母亲说，她只是想救孩子》，载钱江晚报新闻资讯客户端，https://www.thehour.cn/news/553795.html，2022 年 11 月 11 日访问。

③ 朱轩、廖艳：《"铁马冰河"案宣判后，同案获不起诉的"毒贩妈妈"得悉将改不构罪》，载澎湃新闻客户端 2023 年 4 月 5 日，https://m.thepaper.cn/newsDetail_forward_22540533。

素为何？这些问题都需要进行讨论。可以说，李芳案中的情理交织在程序法上体现得淋漓尽致。而检察院所作出的不起诉决定也对该类案件处理带来了一定的示范性效果。因此，本文将结合刑事案件的不起诉制度对李芳案进行法理上的分析。

（一）我国不起诉权的变革

公诉权是检察职能中一项基本性权利，是指国家对犯罪是否进行追诉的权力。我国刑事诉讼中的起诉制度分为公诉和自诉两种。公诉是指行使国家追诉权的人民检察院向行使国家审判权的人民法院控诉被告人犯罪，要求法院通过审判确定被告人有罪并处以刑罚。自诉则是指被害人及其法定代理人、近亲属直接向人民法院控诉被告人犯罪，要求人民法院通过审判对被告人确定有罪并处以刑罚。在我国，大多数刑事案件是由检察机关提起公诉的，我国的刑事起诉遵循的是以公诉为主、自诉为辅的原则。[①] 检察机关的审查起诉活动则被视为刑事诉讼程序中的一个过滤装置，保证检察机关是在达到起诉的法定条件和证明标准下才提起的公诉，进而保障被告人的合法权益，彰显程序的正义。

如果说起诉具有开启审判程序的效果，那么不起诉则承载着终结程序的效力，在现代刑事诉讼中，世界各国都在不同程度上赋予检察机关以起诉与否的自由裁量权。不起诉是人民检察院审查起诉以后的法定处理结果之一，其法律效力在于，在起诉阶段即终结诉讼进程，不移送法院审判。根据"未经人民法院依法判决，对任何人都不得确定有罪"的诉讼原则，被不起诉人在法律上的身份是无罪之人，倘若以后实施了犯罪，其在刑法上仍应属于初犯。在刑事诉讼理论上，提起公诉的活动中遵循的原则可概括为起诉法定原则和起诉便宜原则两种，"如果具备犯罪嫌疑与诉讼条件则一定起诉，这是起诉法定主义。与此相对，虽然具备嫌疑和诉讼条件，但在不必要起诉时，由检察官裁量作出不起诉决定，

---

① 参见陈光中《论我国酌定不起诉制度》，载《中国刑事法杂志》2001 年第 1 期。

这是起诉裁量（便宜）主义"①。在刑事诉讼价值层面上，两者分别体现了对正义、秩序和效益的取舍与兼顾。②

从历史的视角观之，自 1979 年《刑事诉讼法》规定了我国检察机关的不起诉权以来，这一权力便一直在不断地发展变化着。1979 年制定的《刑事诉讼法》赋予了检察机关免予起诉权和法定不起诉权，并逐渐实现了不起诉权由实体性的定罪免罚权向程序性不起诉权发展的历程。1996 年的《刑事诉讼法》废止免予起诉制度之后，我国检察机关的不起诉裁量权在整体上便呈现着扩张的趋势，不起诉的种类也在立法上呈现出多元化的特点。鉴于 1979 年《刑事诉讼法》第一百零一条规定的"免予起诉"制度在当时滋生出的"滥用免诉权""免诉权扩大适用"等现象，1996 年的《刑事诉讼法》在修改后取消了人民检察院定罪免刑的权力，创设了酌定不起诉制度，即"对于犯罪情节轻微，依照刑法规定不需要判处刑罚或者免除刑罚的，人民检察院可以作出不起诉决定"。同时，1996 年《刑事诉讼法》新增了"证据不足不起诉制度"，即"对于补充侦查的案件，人民检察院仍然认为证据不足，不符合起诉条件的，可以作出不起诉的决定"。1996 年《刑事诉讼法》的修改并没有彻底废除检察机关对于刑事案件的起诉裁量权，仍旧承认检察机关在起诉或不起诉上的裁量权。③ 从适用条件上可得知，检察机关对于法定不起诉和证据不起诉二者的适用并不具备裁量的空间。2012 年的《刑事诉讼法》修改时，在原有不起诉制度的基础上于特别程序编增设了未成年人刑事案件的特别程序——附条件不起诉制度，即"对于未成年人涉嫌刑法第四章、第五章、第六章规定的犯罪，可能判处一年有期徒刑以下刑罚，符合起诉条件，但有悔罪表现的，检察院可以作出附条件不起诉的决定"。该条确立的未成年人刑事案件中的附条件不起诉制度丰富了我国不起诉的类

---

① 参见 [日] 田口守一《刑事诉讼法》，刘迪等译，法律出版社 2000 年版，第 102 页。

② 参见汪建成《论起诉法定主义与起诉便宜主义的调和》，载《中国人民大学学报》2000 年第 2 期。

③ 参见陈卫东《检察机关适用不起诉权的问题与对策研究》，载《中国刑事法杂志》2019 年第 4 期。

型。2018年《刑事诉讼法》的修改又新增了第一百八十二条规定的认罪认罚案件中检察机关的特别不起诉权，即"犯罪嫌疑人自愿如实供述涉嫌犯罪的事实，有重大立功或者案件涉及国家重大利益的，经最高人民检察院核准，公安机关可以撤销案件，人民检察院可以作出不起诉决定，也可以对涉嫌数罪中的一项或者多项不起诉"。自此，检察机关选择性不起诉的权力从轻罪扩展到了重罪案件，扩大了起诉便宜主义的适用领域，为宽严相济的刑事政策提供了更广阔的空间。[①]

作为公诉权的重要组成部分，不起诉权在检察职能中具有重要地位，在强化检察官客观公正义务、保障无罪的人不受刑事追究、贯彻宽严相济刑事政策、落实诉讼经济原则等方面发挥着积极作用。[②]

（二）酌定不起诉与法定不起诉的界限

1. 法定不起诉的条件

法定不起诉，又称绝对不起诉，是指人民检察院对于公安机关或者监察机关移送起诉的案件，发现犯罪嫌疑人没有犯罪事实，或者符合《刑事诉讼法》第十六条规定的情形之一的，应当作出的不起诉决定。在这种情形下，人民检察院没有追诉权，或者已经丧失了追诉权，或者缺乏诉讼条件，因此不能进行起诉裁量，而必须经检察长批准，依法作出不起诉决定。《刑事诉讼法》第一百七十七条第一款规定："犯罪嫌疑人没有犯罪事实，或者有本法第十六条规定的情形之一的，人民检察院应当作出不起诉决定。"据此，法定不起诉适用于以下七种情形：（1）犯罪嫌疑人没有犯罪事实的；（2）情节显著轻微、危害不大，不认为是犯罪的；（3）犯罪已过追诉时效期限的；（4）经特赦令免除刑罚的；（5）依照刑法告诉才处理的犯罪，没有告诉或者撤回告诉的；（6）犯罪嫌疑人、被告人死亡的；（7）其他法律规定免予追究刑事责任的。法定不起诉是法律规定的应当

---

① 参见周长军《认罪认罚从宽制度推行中的选择性不起诉》，载《政法论丛》2019年第5期。

② 参见童建明《论不起诉权的合理适用》，载《中国刑事法杂志》2019年第4期。

不起诉，法律明确规定只能依法作出不起诉决定，人民检察院对此没有自由裁量的余地。

2. 酌定不起诉的条件

酌定不起诉，又称相对不起诉。是指人民检察院经审查认为犯罪嫌疑人的行为虽然构成犯罪，但情节轻微，依照刑法规定不需要判处刑罚或者免除刑罚的，可以作出的不起诉决定。它是起诉裁量主义在公诉活动中的制度化体现。酌定不起诉制度的源起和滥觞是建立在对起诉法定主义的检视与修正的基础之上的。[1]

我国《刑事诉讼法》第一百七十七条第二款规定："对于犯罪情节轻微，依照刑法规定不需要判处刑罚或者免除刑罚的，人民检察院可以作出不起诉决定。"这一规定明确了酌定不起诉适用的条件：在犯罪嫌疑人的行为已构成犯罪且满足犯罪情节轻微这一条件的前提下，检察机关可以对不需要判处刑罚或者免除刑罚的犯罪嫌疑人作出不起诉的决定。其中，"刑法规定不需要判处刑罚"的情况，主要是指《刑法》第三十七条规定的"对于犯罪情节轻微不需要判处刑罚的，可以免予刑事处罚"的情形。《刑法》规定"免除刑罚"的情况则主要包括以下几种：（1）在我国领域外犯罪，依照我国刑法应当负刑事责任，但在国外已经受过刑事处罚的；（2）犯罪嫌疑人又聋又哑，或者是盲人的；（3）犯罪嫌疑人因防卫过当而犯罪的；（4）犯罪嫌疑人因避险过当而犯罪的；（5）为犯罪准备工具、制造条件的；（6）在犯罪过程中自动放弃犯罪或者自动有效防止犯罪结果发生，没有造成损害的；（7）在共同犯罪中，起次要或者辅助作用的；（8）被胁迫参加犯罪的；（9）犯罪嫌疑人自首且犯罪较轻的，或者有重大立功表现的。当然，实践中，当犯罪嫌疑人具有上述情形之一时，人民检察院还应当结合"犯罪情节轻微"的条件综合分析是否需要对犯罪嫌疑人作出不起诉的决定。而对"犯罪情节轻微"的判断应主要参照犯罪嫌疑人的年龄、一贯表现、犯罪动机和目的、犯罪手段、危害

---

[1] 参见罗欣、彭之宇《酌定不起诉的价值辩证与制度改良》，载《中国刑事法杂志》2010年第1期。

后果以及悔罪态度等方面作出。①

需要注意的是，立法原意表示该条所说的"犯罪情节轻微"中关于认罪的认定，只是检察机关在审查起诉工作中的认识，并不能确定犯罪嫌疑人有罪。因此，实践中检察机关一旦依据该款作出不起诉决定，从法律意义上而言，被决定不起诉的人就是无罪的。②

虽然刑事诉讼理论界和实务界曾对酌定不起诉条件本身的理解存在分歧。但目前刑事诉讼的通说认为，《刑事诉讼法》第一百七十七条第二款规定的酌定不起诉，必须以《刑法》第三十七条的规定和有关具体条文的规定为基本适用条件。③这一足以影响实务操作的主流观点与立法机关的立场相同。④关于《刑法》第三十七条能否作为独立的免除刑罚事由这一问题，刑法学者们也有不同的认识。部分持"否定说"的学者认为该条不是独立的免除刑罚事由，而是对具体的免除处罚情节的概括性或原则性规定。适用《刑法》第三十七条的前提是具有刑法总则、分则及司法解释关于免予刑事处罚的规定，才能适用第三十七条，对行为人免予刑罚。⑤而持"肯定说"的学者认为，如果不具备免除处罚的情节，而又不需要判处刑罚的，则应当根据《刑法》第三十七条规定，判决免予刑事处分。⑥适用第三十七条不需要具有法定免除刑罚的依据，由法院综合全案情节判断为"情节轻微"，即可单适用第三十七条而对被告人处以免除刑事处罚的法律后果。⑦将《刑法》第三十七条"对于犯罪情节轻微不需要判处刑罚的，可以免予刑事处罚"的规定，只是作为案件进入审

① 陈卫东主编：《刑事诉讼法学（第4版）》，高等教育出版社2022年版，第280页。
② 参见王爱立主编《中华人民共和国刑事诉讼法释义》，法律出版社2018年版，第371页。
③ 参见陈光中主编《刑事诉讼法学》（第6版），北京大学出版社、高等教育出版社2016年版，第333页。
④ 参见王爱立主编《中华人民共和国刑事诉讼法释义》，法律出版社2018年版，第371页。
⑤ 参见张明楷《刑法学》（上册），法律出版社2016年版，第635页。
⑥ 参见郭烁《酌定不起诉制度的再考察》，载《中国法学》2018年第3期。
⑦ 参见何秉松主编《刑法教科书》，中国法制出版社2000年版，第578页。

判阶段后定罪免刑的法律根据，既是刑法立法的基本原意，[①] 也是刑法学理具有代表性的观点。

总的来说，对于酌定不起诉而言，法律规定的是"可以"不起诉，而非"应当"不起诉，检察机关对此享有起诉裁量权，即经由人民检察院裁量后可以选择起诉或者不起诉，对于具体案件的起诉与否，人民检察院可以酌情作出决定。这也正是法定不起诉和酌定不起诉的主要区别。

在本案当中，中牟县人民检察院于 2021 年 11 月第一次所出具的不起诉决定中表明，检察机关是按照《刑事诉讼法》第一百七十七条第二款的规定，对李芳作出不起诉的决定，这属于上文所说的酌定不起诉。此时，检察机关认为李芳的行为是构成犯罪的，但是鉴于其犯罪情节轻微而作出了不起诉的决定。但李芳不认可检察院的这个决定，李芳和中牟县人民检察院的分歧也正是在法律的定性上，她坚持认为自己的行为不构成走私、贩卖、运输毒品罪，因此，检察院应该按照《刑事诉讼法》第一百七十七条第一款的规定对其作出法定不起诉的决定。而在 2023 年 3 月，河南省中牟县人民检察院重新作出法定不起诉的决定可视作对李芳所主张事实的认可。

3. 酌定不起诉的特有法理基础——起诉便宜原则

酌定不起诉的法理基础，又可视为对酌定不起诉正当性根据的论证，下面将会详述之。酌定不起诉是起诉便宜主义在我国刑事诉讼中的体现。在诉讼学理上，存在起诉法定主义与起诉便宜主义两种不同的刑事起诉原则。起诉法定主义，"乃所谓检察官对于追诉之犯罪行为，若认为起诉有足够犯罪事实，则应一律起诉"。依据这一原则，对于达到起诉标准的案件，检察官一律应当启动刑事追诉程序，不享有裁量权。采取起诉法定主义的意义在于防止检察官在追诉犯罪上的任意擅断，统一刑事追诉的标准，确保实现刑事追诉的公平性和平等性。在赢得社会公众对于刑

[①] 参见王爱立主编《中华人民共和国刑法条文说明、立法理由及相关规定》，北京大学出版社 2021 年版，第 99 页；王爱立主编：《中华人民共和国刑法释义》，法律出版社 2021 年版，第 63-64 页。

事司法的信任的同时也符合传统刑法的报应刑理论。① 在刑法的报应论理论看来，罪犯对社会有一种"应偿付之债"，社会则因其犯罪的恶性而向其回索。② 罪有应得的思想承载了公众对于报复恶性的合理期待，彰显了朴素的社会公正观。起诉法定主义旨在维护刑罚的确定性和必要性，而自 20 世纪初，刑罚的报应刑理论逐步被更适宜社会发展和需求的目的刑理论所取代之后，起诉便宜原则作为一种新兴的诉讼理念开始在大陆法系国家崭露头角，并逐渐被国际社会所广泛接受，成为世界各国刑事诉讼制度发展的一大趋势。③

纵观起诉便宜主义在世界范围内的起源和发展，可以看到起诉便宜主义发轫于旧有的起诉法定原则已不合时宜的 19 世纪后期，是社会检视绝对的报应观念后从而对刑事追诉制度进行改革的结果。④ 该原则以新派理论为原始根据，又与"诉讼经济"理论相契合，⑤ 体现了刑事诉讼中刑事政策的运用。日本最早实现了起诉便宜主义的起诉制度。起诉便宜主义在日本刑事诉讼中被称为"起诉犹豫"，日本《刑事诉讼法》第二百四十八条可谓其经典性表述，即"根据犯罪人的性格、年龄、境遇和犯罪的轻重、情节以及犯罪后的情况，认为没有必要提起公诉时，可以不提起公诉"⑥。日本在本国刑事诉讼中所建立的起诉便宜原则允许检察官对于具备条件的案件进行自由裁量，若认为无须移交法庭进行审判的，便可以作出不起诉的决定，该原则一开始是基于保障诉讼经济的目的而确立的。与此同时，德国一直以来被视为坚定实行起诉法定主义的

① 参见林山田《刑事诉讼程序之基本原则》，载陈朴生主编《刑事诉讼法论文选辑》，台湾五南图书出版公司 1984 年版，第 14 页。

② 参见邱兴隆《刑法理论导论》，中国政法大学出版社 1998 年版，第 7 页。

③ 参见陈光中、张建伟《附条件不起诉：检察裁量权的新发展》，载《人民检察》2006 年第 7 期。

④ 参见陈岚《论检察官的自由裁量权——兼析起诉便宜原则的确立及其适用》，载《中国法学》2000 年第 1 期。

⑤ 参见林山田《刑事诉讼程序之基本原则》，载陈朴生主编《刑事诉讼法论文选辑》，台湾五南图书出版公司 1984 年版，第 20 页。

⑥ 参见卞建林、刘玫《外国刑事诉讼法》，中国政法大学出版社 2008 年版，第 251 页。

代表，但自 20 世纪 70 年代以来，德国检察机关的职能经历了巨大的转变，随着目的刑、教育刑理论的兴起，严格规则主义与自由裁量权相结合的趋势以及经济分析法学的兴起，① 德国在现行立法上也采纳了起诉便宜主义，这一变化可归因于自 20 世纪 60 年代开始的犯罪生态的变化，当时犯罪大幅度增长，犯罪现象也变得错综复杂，犯罪形势的变化成了起诉制度由法定主义向便宜主义转变的助推器。《德国刑事诉讼法典》第一百五十三条规定的微罪不起诉制度就是起诉便宜主义的法律表现，即对于轻微犯罪及具备某些原因的犯罪，检察官可根据其裁量作出不起诉决定。起诉裁量主义在德日等国的确立，实为目的刑论取代报应刑论、刑罚谦抑主义、诉讼经济等因素衍生之果。② 众所周知，美国的法律制度源于英国，英国于 1985 年通过的《犯罪起诉法》对检察机关的起诉裁量权予以规定，美国便在此基础上进一步扩大了起诉便宜主义的适用，并推动了辩诉交易的发展。总而言之，目前大多数国家采取的是法定起诉主义与起诉便宜主义相结合的体制。虽然酌定不起诉制度在不同国家的具体表现形式不完全相同，但本质上均是以优化诉讼程序、预防犯罪为最终目的，意以最大程度上维护国家、社会的利益。③

酌定不起诉是起诉便宜原则在起诉制度中的重要体现，酌定不起诉作为一种基本的刑事诉讼制度已经得到了世界各国的普遍认可，具有无可比拟的理论价值和立法、司法现实意义。陈光中教授曾经论证了起诉便宜原则的四个法理基础：非犯罪化与轻刑化的刑事政策、刑罚个别化的刑事政策、公共利益的考虑、诉讼效率的要求。④ 这四个法理基础实际上也是对酌定不起诉正当性根据的论证。除此之外，还有学者认为构建和谐社会需要也是其正当性的内容，以下将分别对其进行介绍。

非犯罪化与轻刑化的刑事政策的要求。二战以后，法定主义强调

---

① 参见宋英辉、吴宏耀《刑事审判前程序研究》，中国政法大学出版社 2002 年版，第 346 页。

② 参见李辞《附条件不起诉与酌定不起诉的关系》，载《法学论坛》2014 年第 4 期。

③ 参见郭烁《酌定不起诉制度的再考察》，载《中国法学》2018 年第 3 期。

④ 参见陈光中《论我国酌定不起诉制度》，载《中国刑事法杂志》2001 年第 1 期。

的有罪必罚的观念同主张教育刑的刑罚思想之间的矛盾日渐激化，刑罚的教育功能开始引起重视。与此时的教育刑观念相对应的是西方国家所推行的"轻轻重重"刑事政策。所谓的"轻轻"是指对于轻微犯罪，包括偶犯、初犯、过失犯等主观恶性不深的犯罪，处罚更轻。采取这种宽松的刑事政策，意在通过非犯罪化、非监禁化以及相对给予轻罚等手段来调整政策，以改善犯罪者悔过和重返社会的条件，降低再犯罪率，同时也为司法机关减负。所谓"重重"是指对罪行严重或主观恶性较深的犯罪，比如恐怖犯罪、严重侵犯公民人身财产安全的犯罪、经济犯罪等处罚更重。这种"轻轻重重"的刑事政策对轻者与重者加以区分，然后对轻者与重者采取不同的刑事措施，既符合预防犯罪的功利要求，又合乎罪刑均衡的刑法原则。在我国古代刑法中，其实也蕴含着丰富的刑事政策的思想，只不过在专制主义思想的支配下，引申出了重刑主义的结论。① 由于"轻轻重重"政策在维护社会稳定中发挥了重要作用，"轻轻重重"政策已经成为西方国家刑事政策的主流，这也充分表明了从刑罚的报应论向预防论的转化抑或是二者的统一。这种思想在各国的起诉制度中都得到了体现，比如《德国刑事诉讼法典》中便规定了轻罪不起诉。对犯罪人复归社会的强调，以及对监所教化功能的清醒认识，尤其是对短期刑弊害的警醒，必然要求从特殊预防的角度出发，赋予检察官一定的自由裁量权，以根据具体案件中被告人的具体情形，有针对性地对被告人实行不起诉、暂缓起诉等，以促进犯罪人的悔过自新。② 与此相对应的是，我国的刑事政策也向非犯罪化与不起诉开始转变。但是不起诉并不意味着不需要接受处罚，而是可以采取其他的方式予以惩处。比如在李芳案中，检察机关虽然一开始对其作出了酌定不起诉的决定，但依然责令李芳具结悔过。

第二，刑罚个别化的刑事政策。在现代刑法理论中，刑罚个别化的思想被广泛接受，刑法理论上将刑法的目的划分为一般预防和特殊预防

---

① 参见陈兴良《宽严相济刑事政策研究》，载《法学杂志》2006 年第 1 期。

② 参见龙宗智《检察官自由裁量权论纲》，载《人民检察》2005 年第 8 期。

两方面。特殊预防的目的指的是防止犯罪人继续犯罪的行为，一般而言，特殊预防目的，是通过刑罚的保安、威慑与再社会化功能实现的。[①] 其中，再社会化功能即教育感化功能，指通过制定、适用和执行刑罚，使犯罪人树立和强化对法的信仰与忠诚，养成良好的规范意识（遵守法律的观念），从而不愿再次犯罪。刑罚实现一般预防的方式主要从四个方面的效果出发，分别是对法的忠诚训练所形成的社会教育学上的学习效果；使公民都知道法律正在得到贯彻实施的信赖效果；平静一般法意识，平息事态的满足效果；对法规范的妥当性的确证效果。积极的一般预防论受到了一些质疑。张明楷教授认为，满足效果只不过是报应刑的另一种表述，因为所谓使国民的法意识得到平静，基本上是指国民的报应感情得到满足。这一点与报应刑论极为相似乃至相同。[②] 刑法的特殊预防目的是与刑罚的个别化紧密相连的，强调特殊预防必然主张刑罚的个别化，即在适用刑罚时应当充分考虑犯罪人的个人特性，如年龄、品格、习性和对社会的危险性程度等。刑罚的个别化理论强调按照犯罪人的个人情况科以与之相应的不同的刑罚，并使犯罪人能够回归社会。它在法律上体现为法院定罪后量刑的轻重和免刑，检察机关裁量是否起诉，坚持教育为主、惩罚为辅的原则，以求最适当的处理，符合刑法的正义理念。我国自古以来便有对"老小废疾"进行宽宥的传统，而起诉便宜原则正鲜明地体现了这一精神。[③] 自由裁量和自由裁量权的效用在于，可以使司法机关及其人员根据案件事实、证据、诉讼参与人和社会等各方面的实际情况，采取更适于该具体案件的处理办法，使法律所追求的某一或者某些价值得以实现。例如，刑罚个别化思想在法律中的体现是简化犯罪构成要件，扩大法官的刑罚裁量范围等，使法官可以根据案件的不同性质、犯罪人的个别情况等裁量决定是否处以刑罚、处以何种刑罚，以求最适

---

① 参见［日］城下裕二《量刑基准的研究》，成文堂 1995 年版，第 133 页。
② 参见张明楷《刑法学（第 6 版）》上，法律出版社 2021 年版，第 674 页。
③ 参见陈光中《论我国酌定不起诉制度》，载《中国刑事法杂志》2001 年第 1 期。

当的处理，符合刑法的正义理念。①

第三，公共利益的考量。提起公诉是检察机关代表国家所实施的一种有目的的行为，为确保公诉行为能实现公诉的真正目的，世界各国目前都要求检察官在行使公诉裁量权的时候应慎重考量公共利益的要求。如英国《刑事案件起诉规则》规定，检察官在审查起诉时应从证据和公共利益两方面进行检验。一是证据检验；二是公众利益检验。"所谓'公众利益检验'，就是要从公众利益考虑，看对被告人是否有必要追究刑事责任，公众是否有兴趣对被告人起诉。"②英国《皇家检察官守则》曾详细列举了反对起诉的8种公共利益因素，该守则还专门提醒检察官，"就公共利益所作出的决定，不是将各个方面的因素简单相加。皇家检察官应当确定各个因素在每一个案件情况中的重要性并在此基础上进行通盘考虑"③。日本公诉裁量中的公共利益因素主要包括："前科或起诉犹豫之有无；犯罪之手段及方法；常习性之有无；被害人之我寒；与被害人从来之关系、补偿之有无及协议成否；被害人对于处分之希望与意见；被告人犯罪行为之原因与动机及犯罪后之心境；改悛之有无；家庭与家庭生活等状况；犯罪行为对社会之影响及犯罪结果所造成社会状态之变化；犯罪以后经过之年数；被告人之性格、年龄、经历及教育程度；法定刑之轻重；将来监督及保护者之有无。"④纵观西方主要国家公诉裁量中公共利益因素的具体情况，公共利益在公诉裁量中具体表现为三方面的利益：国家利益、社会利益和个人利益。我国立法、理论和实践上也同样认可了检察机关活动的公共利益准则。⑤

第四，符合诉讼效率的需要。所谓诉讼效率是指在诉讼中应以尽量少的诉讼资源获取同样的诉讼产品或以同样的诉讼资源获取较多的诉讼

① 参见陈光中、张建伟《附条件不起诉：检察裁量权的新发展》，载《人民检察》2006年第045期。

② 参见陈光中、江伟主编《诉讼法论丛》第2卷，法律出版社1998年版，第336页。

③ 参见陈学权《论公诉裁量中的公共利益标准》，载《国家检察官学院学报》2004年第3期。

④ 参见[日]香川达夫《起诉犹豫制度》，载森下忠《刑事政策》，法学书院1980年版。

⑤ 参见陈学权《论公诉裁量中的公共利益标准》，载《国家检察官学院学报》2004年第3期。

产品。众所周知，每一个国家对其司法机关投入的人力、物力资源总是有限的。而随着社会的日益发展，犯罪案件的不断增加，司法资源难以满足司法机关办案需要的情况越来越严重，因而诉讼效率的问题就更加日益突出出来。起诉便宜原则正是通过对一些轻微的犯罪行为的不起诉处理，从而为追诉严重犯罪节省一部分司法资源这种横向分流的方式，来解决司法资源相对短缺这一问题的。并且，其在解决问题的同时也并未损害实体正义的目标。[①] 诉讼效率原则在我国刑事诉讼中可以体现在多种程序和制度上，其中最具代表性的有三个：一是起诉程序中的酌定不起诉；二是自诉案件中的调解程序；三是审判程序中的简易程序。20世纪20年代初，在法律现实主义运动与社会经济发展受阻这两种因素的推动之下，法学和经济学开始相结合，从而诞生了法律经济学说。此时的立法者不仅要考虑法律的公平、正义价值，同时又要兼顾诉讼经济和诉讼效率的需要，以实现司法资源的合理配置。因此，在犯罪数量快速增长的背景之下，酌定不起诉使得一些轻罪案件，不需要经过法院审判而在审查起诉时就终止诉讼，使刑事诉讼程序缩短了诉讼时间，节省了人力、物力等司法资源，有效降低了诉讼成本。从而使检察机关和法院将主要精力投入到更为严重的刑事犯罪案件的起诉和审判中去，从而提高诉讼质量和诉讼效率。[②]

第五，构建和谐社会的需要。在大量的轻罪案件中，被追诉人的犯罪主观恶意小，认罪态度好，矛盾纠纷存在可化解性，适用刑罚可能并非解决问题的最佳方式。而改良酌定不起诉制度，符合构建和谐社会的需要，契合世界刑事法治的潮流指向。社会和谐的一个重要体现是人际关系的和谐，是人与人之间关系的相谐和美。进入刑事诉讼流程，尤其是被判处有罪的犯罪人，如果他是国家公务人员，将被革除公职；如果是在职人员，将可能失业，而且还可能面临婚姻关系的解体以及亲戚朋友的疏离等消极后果，从而使其社会关系处于断裂状态，这势必增加其

---

① 参见杨波《起诉便宜原则的法理性透析》，载《当代法学》2002年第3期。

② 参见陈光中《论我国酌定不起诉制度》，载《中国刑事法杂志》2001年第1期。

再社会化的难度。如果能通过酌定不起诉来进行处理，则有利于化解纠纷，减少社会对抗，修复被犯罪侵害的社会关系，[1] 当然也更利于犯罪人健康社会关系的维持，这种微观的和谐对于整体的和谐是不可或缺的。[2]

我们把目光再投向李芳案来进行具体分析。在本案中，关于氯巴占是否为毒品以及李芳的行为是否构成"走私、运输、贩卖毒品罪"在中牟县人民检察院第一次作出酌定不起诉之前均属一时难以确定的问题，而对此类问题的解决并不是一个裁量的过程，而是解释的过程。一旦检察院解释的结论是否定的，则需依据《刑事诉讼法》第一百七十七条第一款作出法定不起诉之决定；反之，若得出肯定结论，方有在此结论基础上进一步裁量是否考虑本案特殊情况，对李芳予以酌定不起诉的可能。在上述两个环节中，只有后者才属于起诉裁量这样一种"合目的性"的考量。前面通过案情的介绍我们了解到，中牟县人民检察院在本案中通过裁量的结果是对李芳予以酌定不起诉。

河南省中牟县人民检察院出具的酌定不起诉理由说明书中提到，检察机关是鉴于李芳具有以下从轻或减轻处罚情节才对其进行酌定不起诉的，这些情节包括：（1）在共同犯罪中起次要或辅助作用，系从犯，应当免除处罚；（2）如实供述犯罪事实，系坦白，可以从轻处罚；（3）系初犯，可以酌情从轻处罚；（4）因为子女治病诱发犯罪，未获利，社会危害性较小，可以酌情从轻处罚；（5）家中有患癫痫病的未成年子女需要抚养，可以酌情从轻处罚。其中，初犯，子女治病诱发犯罪，未获利，社会危害性较小，家中有患癫痫病的未成年子女需要抚养等属于检察机关根据案件的具体情形所作出的合目的性的考量。

中牟县人民检察院此处所指出的第四、第五个情节系考虑到了李芳的社会危险性和个人情况。首先，从前述案件的细节可知，李芳帮助收寄装有氯巴占包裹的行为不是以牟利为目的，而是出于情谊，其目的也

---

[1] 参见卞建林《慎诉的理论展开与制度完善》，载《法学》2022年第10期。
[2] 参见罗欣、彭之宇《酌定不起诉的价值辩证与制度改良》，载《刑事法杂志》2010年第1期。

是希望之后还能继续顺利地购买氯巴占给自己的孩子服用，以减缓孩子的病情，拯救他的生命。这一行为的社会危害性很小，不至于对社会公共利益或他人的利益造成威胁或损害。首先，检察院对于李芳家中所患癫痫病的未成年子女需要抚养这一点的考虑体现了司法的温度与宽容，是基于情理的考量。上述决定的作出，恰恰彰显了刑罚个别化政策在酌定不起诉中的体现，可以推知，中牟县人民检察院当时依据刑罚的个别化理论，即按照犯罪嫌疑人的个人情况科以与之相应的不同的刑罚，使得犯罪嫌疑人李芳能够回归社会的做法贯彻了以教育为主、惩罚为辅的原则。检察院当时的做法体现了对弱势群体的宽宥。最后，检察院当时作出的酌定不起诉决定体现了对公共利益的考量、诉讼效率的兼顾等，在案件的办理过程中，检察院和公安机关的行为也多次体现了人道主义的思想。比如在第一次传讯结束之后，公安机关并没有没收李芳的氯巴占，而是交由其拿回去给孩子服用。又如公安机关在传讯李芳的第二天便及时给她办理了取保候审的手续，再如检察机关综合案件和犯罪嫌疑人的个人情况所作出的酌定不起诉的决定。据李芳的回忆："从始至终，从执法机关到检方，他们给我的感觉都具有同理心，包括检方他们和我们聊天、沟通和案件有关的事项时，始终是把我们当作孩子妈妈而不是毒贩去看待的。"

（三）酌定不起诉决定与法定不起诉的法律效力

在该案中有个细节值得关注，2021 年，李芳案的辩护律师表示曾向承办检察官提交了"建议不起诉法律意见书"和相关证据材料，并多次在与检察官沟通的过程中建议检察院对该案作出法定不起诉的决定。但检察院仍然认为李芳的行为构成走私贩卖毒品犯罪，但鉴于犯罪情节较轻，可以在认罪认罚之后，给予酌定不起诉的处理。反之，则要移送起诉到法院。当时，同案的几名犯罪嫌疑人均已认罪认罚，只有李芳拒不认罪。后来中牟县人民检察院还是在李芳不认罪的情况下，于 2021 年 11 月以犯罪情节轻微为由对李芳作出了酌定不起诉的决定。李芳之后多次向当地检察院提起申诉，要求检方撤销该决定，改为法定不起诉。值得深思的是，在检察院已经作出了酌定不起诉之后，为什么李芳坚持要申请检察院作出法定不起诉的决定呢？这二者的法律效力有何区别呢？以下将详述之。

1. 法定不起诉的法律效力

刑事诉讼中，诉讼主体的任何诉讼行为均将产生一定的诉讼效果，不起诉决定亦是如此，公诉机关的不起诉决定产生的诉讼效果即为不起诉的法律效力。法定不起诉是不起诉决定中的一种，具有不起诉决定的一般效力，对此理论界和实务界的争议不大。不起诉决定的法律效力主要体现在下述几个方面：

一是不起诉决定是公诉机关对案件所做的程序上的处分，而非实体上的处分。在起诉活动中，人民检察院必须对犯罪嫌疑人是否构成犯罪、构成什么罪进行审查，但这种审查只具有程序意义，属于控诉机关行使检察权的诉讼活动。因此，检察机关决定不起诉，是基于其对案件实体上的认识，而非实体上的处分，只能按"无罪化"或"非罪化"处理，而不能视为实体上的有罪认定。

二是不起诉意味着刑事诉讼程序的终止。基于现代刑事诉讼中的"不告不理"原则，法院对刑事案件进行审理必须以起诉为前提，否则便不能对刑事案件予以审判。不起诉则表明刑事诉讼不进入审判阶段，阻断了刑事诉讼的继续进行，意味着刑事诉讼程序的终止。这也是不起诉决定的直接法律后果。

三是不起诉终止诉讼的法律效力是相对的。与法院生效判决的法律效力有别，公诉机关的不起诉决定不具备既判力的法律效果。对于公诉机关作出不起诉决定的案件，如果有了新的证据或者发现新事实，符合法律规定的起诉条件的，公安机关依职权应撤销原来的不起诉决定，依法向法院提起诉讼。①

---

① 参见陈卫东、李洪江《论不起诉制度》，载《中国法学》1997 年第 1 期。

2. 酌定不起诉的法律效力

正确认识酌定不起诉的实体法律效力，还应从我国1996年刑事诉讼法废除的免诉制度谈起。免予起诉制度是我国1979年《刑事诉讼法》规定的一项诉讼制度。检察机关对于构成犯罪的被追诉人免予起诉，直接结束了刑事诉讼程序，具有与"定罪免罚"相当的权力和效果，实际上是"定罪不罚"，当时的免予起诉权实际上已经变相地成为检察机关"定罪免罚"的手段。① 因此，在经历了对免诉权的存废进行激烈的争论后，1996年《刑事诉讼法》还是对免予起诉制度予以了废除。全国人大常委会法制工作委员会原主任顾昂然在《关于〈中华人民共和国刑事诉讼法修正案（草案）的说明》中清楚地阐述了修正案废止免予起诉制度的原因："免予起诉制度的问题是：（1）不经法院审判程序就定有罪，不符合法制的原则。（2）实践中，对有些无罪的人决定免予起诉，侵害了被告人的合法权利；对有些依法应当判刑的，却给予免予起诉。经与各方面反复研究，草案扩大了不起诉的范围，对犯罪情节轻微，依照刑法规定不需要判处刑罚或者免除刑罚的，人民检察院可以不起诉，不再使用免予起诉。"可见，检察院根据现行刑事诉讼法作出的酌定不起诉决定与免予起诉的本质区别在于前者不再具有有罪认定的实体法律效力。②

有实务人员指出，相对不起诉案件对应的犯罪情节轻微中的"犯罪"，一是检察机关对犯罪嫌疑人的行为符合犯罪构成要件的确认，即检察机关经过对案件事实、证据的审查，确定行为符合刑法分则规定的某一罪名的构成要件。二是相对不起诉中的犯罪情节轻微中的"犯罪"，是检察机关在审查起诉阶段的认识，对行为人作出不起诉决定，意味着行为人没有犯罪记录存在。三是"犯罪"一词在日常生活乃至法律上存在多种含义和维度的使用与理解，但从刑事诉讼的意义上，

---

① 参见陈卫东《检察机关适用不起诉权的问题与对策研究》，载《中国刑事法杂志》2019年第4期。

② 参见樊崇义、吴宏耀《酌定不起诉是有罪认定吗》，载《人民检察》2001年第8期。

行为人是否构成犯罪，必须通过侦查、审查起诉和审判程序的证明与确认。[①]因此，酌定不起诉的前提是构成犯罪，而不是认定有罪。就酌定不起诉而言，尽管检察机关作出酌定不起诉决定必须具备刑事诉讼法第一百七十七条第二款所规定的条件，但是，由于酌定不起诉决定终止了刑事追诉活动，而不再将犯罪嫌疑人提交法院审判，因此，就法律性质而言，酌定不起诉的决定是一个程序性决定，是一个不再将案件交付法院审判的决定，其法律效力相当于一个无罪判决，即同无罪判决具有同等的法律效力。尽管立法以"犯罪情节轻微"来表述酌定不起诉的适用条件，但并不意味着检察机关决定酌定不起诉时，被不起诉人在事实上就确实犯了罪；而只是表明，检察机关已经尽其所能查清了案件事实并认为案件已经达到了法定的起诉条件。确定有罪是法院经过依法审理，对被告人的行为构成犯罪的有关评价。总之，酌定不起诉与法定不起诉尽管在适用范围上各有不同，但就法律效力而言，并没有实质性差别。[②]

检察机关行使不起诉权，包括酌定不起诉权并没有否定法院的审判权，从性质上看；不起诉免除了有罪之人因起诉可能受到刑罚制裁的可能性；从后果看，它与人民法院作出的免予刑事处分的法律效果是一样的，但不能由此认定检察机关行使审判权。"[③]司法裁判权只能由人民法院享有，其他任何机关都无权行使。尽管检察机关的不起诉权可以引发整个刑事程序终结的阻断效果，但检察机关的不起诉权属于刑事程序上的决定权，其所处理的只是程序法上的内容，而非实体处分权，不同于法院的审判程序和审判权。[④]

① 参见刘岳、李诗江《相对不起诉适用条件与法律意义》，载《检察日报》2018年4月20日第3版。

② 参见樊崇义、吴宏耀：《酌定不起诉是有罪认定吗？》，载《人民检察》2001年第8期。

③ 王作富、陈卫东：《必须坚持和完善免予起诉制度》，载《检察理论研究（创刊号）》1991年第1期。

④ 陈卫东：《检察机关适用不起诉权的问题与对策研究》，载《中国刑事法杂志》2019年第4期。

我国酌定不起诉制度的适用关键在于对"犯罪情节轻微"与"不需要判处刑罚或者免除刑罚"的理解与把握，如果检察机关能在遵循法律和司法解释的明文规定的情况下，也兼顾对个案的具体衡量，并警惕机械主义司法的误导，本着实质正义的要求，将案件拉回到应有的正义结果上去。检察机关真正按照立法的规定和目的对法条进行恰当的解释和适用，并对犯罪嫌疑人的社会危险性和个人情况进行谨慎权衡，那么酌定不起诉将会发挥其更大的效能，实现轻罪案件的繁简分流，将有效的司法资源集中于重罪案件的审理中。不过目前我国的酌定不起诉制度在实践中还是暴露出较多的问题，其作用并未得到充分的发挥，因此，酌定不起诉制度的完善仍将是最重要的课题。

3. 对酌定不起诉决定的制约

酌定不起诉虽然只是程序终结处分而没有对被不起诉人作出法律上有罪的结论，但被不起诉人仍可能对该理由不服，因此，立法赋予了被不起诉人不服不起诉决定时申诉的权利。根据我国《刑事诉讼法》第一百八十一条规定，对于人民检察院依照本法第一百七十七条第二款规定作出的不起诉决定，被不起诉人如果不服，可以自收到决定书后7日以内向人民检察院申诉。人民检察院应当作出复查决定，通知被不起诉的人，同时抄送公安机关。该条规定了以下两方面的内容。

第一，对于人民检察院依照《刑事诉讼法》第一百七十七条第二款规定作出的不起诉决定，被不起诉人如果不服，可以自收到决定书后7日以内向人民检察院申诉。根据立法机关的原意，人民检察院根据第一百七十七条第二款规定作出的不起诉决定，是在确认被不起诉人有犯罪事实的基础上作出的，虽然这是一种无罪的决定，人民检察院对其人身、财产也不作实体上的处分，但人民检察院有提出对不起诉人给予行政处罚、处分或者没收其违法所得的检察意见的权利。在这种情况下，被不起诉人如果认为自己没有犯罪事实，不服人民检察院不起诉的决定的，可以申诉。这条规定是针对酌定不起诉而言的。虽然从法律意义上讲被不起诉人是无罪的，但被不起诉人认为自己根本没有犯罪，不存在犯罪情节轻微的问题，只希望澄清事实。本案中，李芳和其律师在收到酌定不起诉决定书后依然坚持申诉的行为其实就体现了这一点。当然，实践中也存在被不起诉人被羁押，使其权利受到损害，如能确定根本没有犯罪行为，可以提出赔偿请求的问题。

第二，人民检察院应当作出复查决定，通知被不起诉的人，同时抄送公安机关。对于被不起诉人提出申诉的，人民检察院应当进行复查，并作出复查决定，通知被不起诉人。如果是公安机关移送的案件，人民检察院应将复查决定同时抄送公安机关。这里的"复查决定"包括三种情况：一是经复查认为被不起诉人确实存在"犯罪情节轻微，依照刑法规定不需要判处刑罚或者免除刑罚的"情形，不起诉决定没有错误，依法予以维持；二是经复查认定被不起诉人的行为确实不构成犯罪，之前的不起诉决定确有错误，在这种情况下，应当依法撤销之前的不起诉决定，依照《刑事诉讼法》第一百七十七条第一款的规定，重新作出不起诉的决定。三是经复查认为被不起诉人的行为已经构成犯罪，不应当适用《刑事诉讼法》第一百七十七条第二款规定情形的，应当撤销之前的不起诉决定，向人民法院提起公诉。①

在李芳案中，中牟县人民检察院一开始适用的是酌定不起诉，显然，检方当时的处理结果体现了一定的司法担当，可以说是当时回应社会舆论关切的宽宥之举。但之后，中牟县人民检察院于 2022 年驳回李芳对不起诉决定的申诉之后，又于 2023 年对其作出撤销原酌定不起诉决定，重新作出法定不起诉决定的行为则体现了该检察院对《刑事诉讼法》第一百八十一条规定的严格遵循。该案的核心争议在于氯巴占是否属于毒品，而在该案主犯胡某案的第二次开庭过程中，公诉机关指出其在该案第一次开庭后，根据人民法院建议进行了补充侦查，其间，国家出台了允许临时进口氯巴占用于治疗所需的新政策。公诉机关在此次开庭中，当庭变更了罪名，法院最终也以变更后的罪名对胡某的行为予以认定。

---

① 参见王爱立主编《中华人民共和国刑事诉讼法释义》，法律出版社 2018 年版，第 376–377 页。

由于出现了上述事实的变化，中牟县人民检察院随即对李芳作出的法定不起诉决定便更于法有据。李芳案的法定不起诉实质上宣告了侦查启动的错误，侦查机关还错上加错地移送审查起诉。可以得知，李芳案法定不起诉决定的作出将会伴随着对侦查人员或者对部分检察人员的不利问责。但如果在刑事司法中，检察院在定罪问题上得出错误的结论却又没有勇气进行主动纠正，那么便会造成一方面误解了法律的规定，不当采取了刑事追究，另一方面为了回应舆论和社会民意，不当适用不起诉手段，可能是对法治的双重破坏。①因此，中牟县人民检察院改变不起诉决定的行为也体现了其勇于纠错的勇气。

（四）不起诉权适用中的问题分析

1. 不起诉权的适用现状

在我国，不起诉制度的适用率虽然较之以往有所提高，但总体来看还是偏低，不能充分发挥其应有价值。

据统计，2014—2018 年，我国检察机关的决定不起诉的人数分别是80020 人、81087 人、90694 人、114994 人、140650 人，不起诉率分别是5.3%、5.3%、5.9%、6.3%、7.7%。2019 年提起公诉 1818808 人，不起诉 190258 人，不起诉率 9.5%。2020 年共决定起诉 1572971 人，决定不起诉 249312 人，不起诉率 13.7%。酌定不起诉占不起诉比率也在 60% 以上。与其他国家比较而言，这一比例则显得非常低。

2006—2015 年这 10 年间，日本全国范围内的不起诉率都呈现出上升的状态，从 2006 年的 40.7% 上升至 2015 年的 50.4%。在采行起诉法定主义的德国，2012 年的酌定不起诉率也达至 27.85%，而在现今刑事司法制度实际运行中，以检察官酌定不起诉权力终结的案件远超公诉案件 2 倍有余。②

---

① 参见张军《母亲代购"毒品"氯巴占救子不起诉之余：避免刑法手段误伤、防范机械司法是关键》，载南方周末网 2022 年 12 月 7 日，http://www.infzm.com/contents/219530?source=131。

② 参见郭烁《酌定不起诉制度的再考察》，载《中国法学》2018 年第 3 期。

由于酌定不起诉可以视作不起诉裁量权在检察机关刑事公诉活动中的制度化呈现，[①] 因此有学者考察了自 2014 年至 2020 年检察机关提起公诉、不起诉、酌定不起诉的人数，并据此计算出了每一年的酌定不起诉率以及酌定不起诉占不起诉的比率，鲜明地反映了不起诉尤其是酌定不起诉在近几年的适用状况[②]。如下表所示：

表　酌定不起诉适用情况

年份	起诉人数 （人）	不起诉人数 （人）	酌定不起诉人数 （人）	酌定不起诉率 （％）	酌定不起诉 占不起诉比率 （％）
2014	1391225	80020	52218	3.55	65.26
2015	1390933	81087	50787	3.45	62.63
2016	1402463	90694	62579	4.19	69.00
2017	1613000	114994	83831	4.85	72.90
2018	1413724	140650	102572	6.60	72.93
2019	1818808	190258	144154	7.18	75.77
2020	1572971	249312	208312	11.43	83.55

从上表可知，酌定不起诉的人数逐年上升，2020 年是 2014 年的 3.99 倍；酌定不起诉适用率（酌定不起诉人数与审查起诉总人数的比率）也是逐年升高，2020 年是 2014 年的 3.22 倍。特别是 2020 年有 208312 人被酌定不起诉，占全部审查起诉人数的 11.43%。虽然酌定不起诉的人数在我国不起诉的实践中逐步增长，整体而言这一现实适用情况不甚理想。放眼世界上其他国家和地区适用不起诉制度整体的情况，我国关于不起诉的适用依然不甚理想。

2. 不起诉权适用比例低的原因分析

导致我国不起诉适用率低的原因是多方面的，既有理念上的因素，也有制度机制方面的困境。长期以来，在制度层面，不起诉适用空间狭

[①] 参见张树壮、周宏强、陈龙《我国酌定不起诉制度的运行考量及改革路径——以刑事诉讼法修改后 S 省酌定不起诉案件为视角》，载《法治研究》2019 年第 1 期。

[②] 表格数据来源于赵兴洪《酌定不起诉的时代命运》，载《中国刑事法杂志》2022 年第 2 期。

小，检察机关对不起诉裁量权行使态度谨慎且消极，存在不敢用、不愿用、不会用及不当适用的现象。[①]

首先，对不起诉权地位和重要性的认识不到位。在观念层面，由于传统阶级斗争思维定式的影响，起诉法定主义侵袭颇深，传统的"重实体、轻程序""重追诉犯罪、轻保障人权""有罪必罚""宁可错诉，不可放纵"的诉讼理念一直存在于我国的刑事司法实践中，这导致酌定不起诉在某种程度上被视为对犯罪的放纵，不利于保护人民、防卫社会等认知误区。[②] 这影响了检察机关对不起诉重要性的认识，在实践中出现了重起诉、轻不起诉或者将不起诉作为起诉附庸的认识和做法。我国实践中不起诉较低就与检察机关对不起诉认识和重视程度不无关系。[③] 在学者的调研中显示，检察官自身陈旧的司法观念是制约其作出酌定不起诉决定的障碍之一，普遍的一种倾向就是检察机关依然保有片面追诉的倾向，这是受到了传统专政工具思维定式以及大陆法系起诉法定主义的影响，检察官依然将追诉视为公诉权的核心内容，重打击犯罪、轻保护人权，片面强调司法公正，忽视诉讼效率的观念根深蒂固。[④] 检察机关的追诉角色，使其难以摆脱"构罪即捕"的思维定式。逮捕沦为检察机关追诉犯罪的工具，服务于其追诉目的，审查逮捕沦为审查起诉乃至检察"定罪"的预演。[⑤] 同时，由于司法官员责任制终身制的要求，检察官对于不起诉的适用也甚为谨慎，担心案件不起诉后仍然产生争议，会面临社会舆论的猜测或造成错案导致责任追究等，这些都让检察官在适用不起诉时束手束脚，顾虑重重。

[①] 参见童建明《论不起诉权的合理适用》，载《中国刑事法杂志》2019 年第 4 期。

[②] 参见罗欣、彭之宇《酌定不起诉的价值辩证与制度改良》，载《中国刑事法杂志》2010 年第 1 期，第 89 页。

[③] 参见陈卫东《检察机关适用不起诉权的问题与对策研究》，载《中国刑事法杂志》2019 年第 4 期。

[④] 参见张树壮、周宏强、陈龙《我国酌定不起诉制度的运行考量及改革路径——以刑事诉讼法修改后 S 省酌定不起诉案件为视角》，载《法治研究》2019 年第 1 期。

[⑤] 参见刘计划《我国逮捕制度改革检讨》，载《中国法学》2019 年第 5 期。

其次，适用不起诉的程序烦琐。在立法改革之前，实践中的检察长一般很少会直接作出不起诉的决定，这一决定多由检察委员会作出，并且需要层层备案，对于酌定不起诉的案件尤为如此。而在改革之后，仍然需要逐级上报公诉部门负责人审核，并报请检察长或者分管检察长决定。虽然目前立法上已经赋予了检察长决定不起诉的权力，但检察长或者分管检察长可能也出于对不起诉决定作出的谨慎，以及办案责任风险的转移，仍然交由检委会讨论决定。不可否认的是，这种内部审批制的存在有其合理性，即可避免不起诉制度的滥用，但它毕竟比公诉程序更为烦琐和严格，因此公诉人往往会优先考虑起诉而非不起诉。而且，适用不起诉的工作程序多，改革的过程也还在不断加强不起诉的程序建设。例如，依据最高人民检察院在 2018 年公布的《不起诉案件公开审查规则》，对不起诉程序需进行公开审查程序，即"人民检察院对于拟作不起诉处理的案件，可以根据侦查机关（部门）的要求，或者犯罪嫌疑人及其法定代理人、辩护人，被害人及其法定代理人、诉讼代理人的申请，经检察长决定，进行公开审查"。这种改革无疑对于提升不起诉程序的正当性具有重要意义，但也不可避免地加重了不起诉的程序负担。对于公诉人而言，其本身就承受着巨大的办案压力，而不起诉是一种加重工作负担并可能会影响工作业绩、责任追究的制度，[1] 因此，对可诉可不诉的案件，他们宁可选择直接起诉。

最后，不起诉的适用标准模糊。根据《刑事诉讼法》第一百七十七条第二款的规定，相对不起诉的适用条件是"犯罪情节轻微，依照刑法规定不需要判处刑罚或者免除刑罚"。这一规定自出台以来便在刑法、刑诉的学界以及实务界引起了关于"犯罪情节轻微""免除刑罚"的判断标准以及"依照刑法规定不需要判处刑罚或者免除刑罚"如何适用的广泛争议。我国刑事诉讼法对于法定不起诉、证据不足不起诉的规定相对较为明确，但对于酌定不起诉的适用条件和标准规定得较为模糊、笼统。

---

① 参见朱孝清《检察机关在认罪认罚从宽制度中的地位和作用》，载《检察日报》2019 年 5 月 13 日第 3 版。

具体而言，第一，对于何为"犯罪情节轻微"的标准不明确，主观性较强，对于"犯罪情节轻微"是否为"免除刑罚"的条件这一点并无明文规定，因此在司法实践中，检察机关往往根据被追诉人的主观恶性、犯罪手段、社会危害性等事实和情节加以判断，这就会导致检察机关在实践中所把握的尺度将存在不同程度的差异，可能会出现同案不同做法的现象。为了避免类似争议所带来的不利影响，检察机关在这种情况下，往往会采取可诉可不诉的一般提起公诉这一做法。第二，对何为"不需要判处刑罚或免除刑罚"的判断标准也不明确，目前，"不需要判处刑罚或者免除刑罚"的标准仅出现在刑法总则规定中，没有具体到罪名的、可操作性强的标准或指引。对于判定"不需要判处刑罚"的具体依据是什么也并不明晰。在业绩考核、办案责任等多方面因素的影响下，在不起诉的适用标准不明确、不统一的情况下，公诉人往往会选择提起公诉，这也影响了不起诉制度的适用率。①

三、反思与完善

如前所述，不起诉权在实践中的问题是该用而不用，没有充分发挥好不起诉权的应有功能。因此，未来应从以下几个方面加强不起诉权的合理适用。

（一）转变传统的刑事司法理念

1. 坚持宽严相济的刑事司法政策

宽严相济刑事政策是我国刑事政策中具有策略性的惩治政策，它是刑事对策中的一种，既有宽的一面，又有严的一面，体现了对犯罪的惩治政策。宽严相济之"严"指的是严格、严厉，即应受刑罚处罚的一

---

① 参见陈卫东《检察机关适用不起诉权的问题与对策研究》，载《中国刑事法杂志》2019年第4期。

定要受到刑罚处罚，这就是司法上的犯罪化与刑罚化。而宽严相济中的"宽"，其确切含义应该是轻缓。首先，对于较轻微的犯罪就应该处以较轻的刑罚。其次，行为人所犯罪行虽较重，但考虑到其有自首、坦白、立功等法定或酌定情节，立法将予以宽宥，这体现了刑法对于犯罪人的感化，意在鼓励犯罪分子悔过自新。宽严相济是以区别对待或者差别待遇为基本前提的，但宽严的区别本身并不是目的，予以区别对待的真正目的在于，对严重性程度不同的犯罪予以严厉性程度不同的刑罚处罚，由此而使刑罚产生预防犯罪的目的。当然，宽严相济最为重要的还是在于"济"。这里的"济"，即指救济、协调与结合之意。因此，宽严相济刑事政策不仅是指对于犯罪应当有宽有严，而且在宽与严之间还应当具有一定的平衡，互相衔接，形成良性互动，以避免宽严皆误结果的发生。换言之，在宽严相济刑事政策的语境中，既不能宽大无边或严厉过苛，也不能时宽时严、宽严失当。[①]

国家进入新时代之后，犯罪结构和社会主要矛盾均发生了重大变化，人民群众在公平、正义、人权、司法文明等方面提出了更高的要求。在这种情况下，犯罪治理要从重罪惩处转向轻罪治理。近年来，新的刑事法律制度陆续出台，诸如刑事和解、认罪认罚从宽制度、羁押必要性审查等，都体现了司法文明的要求，也体现了落实宽严相济中宽的一面。

尊重和保障人权理念在我国的深入人心，对于我国的诉讼提出了更高的要求。在刑事犯罪的生态已经发生重大变化的情况下，更要求我们在刑事诉讼的活动中，[②] 做到当宽则宽、当严则严。

2. 检察机关应转变办案理念

一方面，改变传统的打击犯罪、"构罪即诉"的理念，坚持无罪推定理念和人权保障理念。在决定是否将一个刑事案件提起公诉时除了恪守以事实为根据、以法律为准绳的同时，还要综合考量社会的整体利益和各方主体的权利，从化解社会矛盾，平衡社会关系，以实现司法效果和

---

① 参见陈兴良《宽严相济刑事政策研究》，载《法学杂志》2006 年第 1 期。

② 参见樊崇义《适应犯罪生态变化 推进少捕慎诉慎押》，载《检察日报》2021 年 12 月 30 日。

社会效果统一的角度出发。① 检察机关对不起诉始终要保持着审慎的态度，实践已表明，不适当的起诉不仅会造成刑罚权的滥用，也会对被不起诉人的生活产生难以磨灭的影响。如果不起诉可能对案件的当事人及其近亲属而言有着更重要的积极意义，那么检察机关要敢于运用酌定不起诉进行处理。另一方面，检察机关应重视不起诉裁量权的价值功能，不起诉裁量权是法律赋予检察机关的重要权力，在缺乏起诉必要性的案件中充分行使这一权力是检察官应尽之责。在审查起诉程序中，可以通过强化检察官客观义务，充分发挥检察裁量权，将起诉的必要性、目的性、合理性纳入提起刑事追诉的考量范围。例如，对于初犯、偶犯等轻微犯罪可根据情形考量以酌定不起诉来进行处理。无论是速裁程序还是简易程序，最终都是以轻缓的有罪判决对被告人进行标签化处理。这种有罪标签往往会影响被告人未来回归社会，有时对于被害人亦无实益。因此，酌定不起诉的作出在此更符合法律实施目的以及国家公共利益，同时也能有效修复社会关系。当然，检察官在进行起诉必要性考量过程中应强化个案分析判断，强调合理处理以实现个案正义，而非简单化一地适用类案等同标准。②

3. 引入公共利益原则

酌定不起诉权是基于起诉便宜主义而确定的一项司法裁量权力，在刑事追究利益不大，优先考虑程序的经济性或者有其他法律政治利益与刑事追究相抵触的时候，尽管存在着行为嫌疑，检察院仍可以对此不立案侦查、提起公诉③。目前，世界上有许多国家都规定了行使不起诉权的公共利益原则，并在诉讼实践中形成了一系列检验公共利益的具体原则。检察官在起诉裁量中为什么必须遵守维护公共利益的基本原则，即检察官公诉裁量权行使的公共利益标准的理论基础是什么？有学者对此做了

---

① 参见童建明《论不起诉权的合理适用》，载《中国刑事法杂志》2019 年第 4 期。

② 参见卞建林《慎诉的理论展开与制度完善》，载《法学》2022 年第 10 期。

③ 参见 [德] 约阿希姆·赫尔曼《德国刑事诉讼法典》，李昌珂译，中国政法大学出版社 1995 年版，第 15 页。

归纳，各国检察官在公诉裁量时将公共利益作为标准之一的理论根据有以下两点：第一，维护公共利益，是现代检察制度产生和存续的基础。随着人们对犯罪的深刻认识：犯罪不仅侵害被害人的个人利益，而且也同时侵犯了国家利益和整个社会利益，为了切实维护国家利益和社会利益并弥补私人起诉的局限性，检察机关作为公共利益的代表参加诉讼活动便应运而生。第二，利益最大化原则要求公诉裁量考虑公共利益。检察官在进行起诉裁量中既考虑到了不同群体的利益，也考虑到了同一群体对不同利益的价值取向。因此，以公共利益作为检察官公诉裁量的标准，有利于各种利益之间的平衡，从而实现利益的最大化，满足社会的需求。[①]我国现行法律规定的检察机关行使不起诉裁量权需要考虑的因素主要是犯罪情节，没有直接规定公共利益原则。因此，未来应当将公共利益原则纳入检察活动的原则体系，检察机关在作出酌定不起诉时以公共利益为依据，作出符合公共利益的决定。[②]

（二）加强对不起诉运行的程序保障

1. 应赋予检察官独立作出不起诉决定的权力

现有不起诉制度的"层层审批"的运行模式，虽然在一定时期内可以保证检察权的集中性和统一性，并且能对不起诉权的行使起到监督制约的作用，防止滥用职权。但在目前的形势下，这一模式已不符合司法规律和现实的需求。这将使得检察长、检委会等主体依然主导着刑事案件的不起诉程序，并且实质上增加了不起诉的工作量和难度，导致检察官在适用不起诉方面的积极性降低。同时，实践中为检察官人为设定的"不诉"指标，如果只是为了满足业绩上的需要，违背了司法规律的话，则应取消其对于检察官考核的影响，为检察官松绑。另外，为了打消检察官的顾虑，不应仅根据不起诉后又被法院认定有罪这一情形来直接追

---

① 参见陈学权《论公诉裁量中的公共利益标准》，载《国家检察官学院学报》2004 年第 3 期。

② 参见李建玲《酌定不起诉制度适用考察》，载《国家检察官学院学报》2009 年第 4 期。

究检察官的法律责任。正确的做法应该是区分情形，根据检察机关是故意还是过失等情况来确定其责任，若想要检察官真正敢于发挥酌定不起诉的功效，敢于作出酌定不起诉的决定，准许检察机关在适用酌定不起诉上有一定的容错率就是必不可少的前提。

在实践中，有必要进一步精简不起诉案件的审批程序，适当降低检察官适用不起诉的难度和工作量。赋予检察官在不起诉方面的决定权限，解放检察人员被"绑"住的手脚，鼓励他们主动、独立、准确适用酌定不起诉的决定。对于目前酌定不起诉的决定需要经由检察长或检察委员会集体决定的模式要进行反思。在未来的司法实践中，对于案件事实清楚、证据确实、充分的刑事案件，符合不起诉的适用条件的，应当由承办的检察官自己作出不起诉决定；而对于拟作不起诉的难以把握的复杂、重大案件可以提交检察长和检察委员会来审议决定，防止权力被滥用，也可对此类案件进行把关。此种分流的办法便既可以让检察机关充分行使不起诉的决定，也能保证不起诉的质量。但无论如何，应当明确检察官自己决定为主，检察长、检委会决定为辅的适用原则。当然，对于不起诉的案件，部门负责人或者主管领导都有进行监督的权力，只不过这种监督制约是以有必要为前提，而非对所有的不起诉案件都一概进行监督制约。①

2. 加强对不起诉权行使的监督

权力需要被制约，否则将可能导致滥用。在推动不起诉适用的同时，也应警惕不起诉权的扩张可能带来的风险，对此，要防止矫枉过正，既要不枉，也要不纵。因此，为保障不起诉权在法定的条件下充分行使，除了要为不起诉裁量权进行松绑，还需要进一步完善对于不起诉权行使的监督制约机制。就外部监督而言，除了继续发挥公安机关复议复核机制、被不起诉人的申诉机制、被害人申诉机制等程序保障机制的作用之外，还可以针对酌定不起诉案件辅以外部监督，设置相应的程序机制以

---

① 参见陈卫东《检察机关适用不起诉权的问题与对策研究》，载《中国刑事法杂志》2019年第4期。

加强对不起诉的合理规制。比如，有学者提出可以充分发挥不起诉决定的社会公开、重大案件的不起诉听证、向被害人与被不起诉人的不起诉释疑、保障不起诉决定程序的多方参与等外部监督的作用。通过加强对不起诉权行使监督，提高检察机关不起诉权行使的公信力。[①]

党的十八届三中全会发布的《中共中央关于全面深化改革若干重大问题的决定》中提到了一项重要内容，即"健全司法权力运行机制"。改革的一大举措就是"广泛实行人民陪审员、人民监督员制度，拓宽人民群众有序参与司法渠道"。据此，在新形势下，推进公民参与司法是一项紧迫的工作。[②] 传统上认为公民参与司法仅限于审判阶段，然后，从现今公民参与刑事诉讼活动的角度来看，公民参与的范围并不仅限于审判这一环节，而是从侦查、起诉一直到执行环节，都有公民参与的可能。2020 年，最高人民检察院发布了《人民检察院审查案件听证工作规定》，规定对符合条件的拟不起诉案件可以组织召开听证会，就事实认定、法律适用等问题听取听证员和其他参加人意见。因此，对于事实认定、法律适用等方面具有较大争议，案情复杂，影响力大的案件，除了可由检察长或检察委员会进行审议之外，亦可以由检察官依照职权或者批准被追诉人或被害人的听证申请来召开听证会。在听证的过程中，检察官便可通过被追诉人、被害人对事实证据、法律适用等问题进行充分的意见表达，来对与案件有关的因素进行充分考量，并据此作出起诉或不起诉的决定。

此外，仍要继续推动人民监督员的改革。在日本，由市民组成的检察委员会负责承担对检察官不起诉决定的审查，其目的是反映公民对公诉权行使是否有意见、公诉权的行使是否公正，审查检察官的不起诉决定是否正当。[③] 就我国起诉裁量权因不断扩张而可能引起的滥用风险问题，

---

① 参见杨帆《不起诉种类的边界厘定及体系重塑研究》，载《东方法学》2022 年第 6 期。

② 参见陈卫东《公民参与司法：理论、实践与改革——以刑事司法为中心的考察》，载《法学研究》2015 年第 2 期。

③ 参见［日］田口守一《刑事诉讼法》（第 7 版），张凌、于秀峰译，法律出版社 2019 年版，第 227 页。

可以借鉴日本的检察审委会制度，对我国的人民监督员制度进行进一步改革，进一步强化人民监督员对于检察机关不起诉裁量权的监督，比如对于前述因案件存在较大争议需召开听证会的案件中，便应邀请人民监督员列席参与评议，并听取他们的意见。而为了让人民监督员所出具的法律意见的效力能落到实处，可在未来探索当人民监督员已行使程序上的复议权后但仍未使其意见被检察机关采纳的，根据具体情况赋予人民监督员的意见以法律强制力的方式。[1]

（三）加强不起诉合理适用的制度建设

1. 明确不起诉权的适用条件

针对当前不起诉权特别是酌定不起诉的适用标准不统一问题，亟须在规范层面上加以明确。对此，有学者提供了可供参考的思路，有如下两条：第一，应通过司法解释或者制定不起诉规定的形式，将司法实践中不起诉的具体情形和条件加以类型化，以统一不起诉的标准；第二，应加强不起诉的案例指导工作，以指导性案例的形式明确不起诉的适用条件，为办案人员适用不起诉制度提供参考。[2] 在此之前，笔者认为，还可以通过对《刑事诉讼法》第一百七十三条第二款和《刑法》第三十七条作法律解释，在对《刑事诉讼法》第一百七十三条第二款进行解释后可以推知该条款属于授权性条款。至于"对于犯罪情节轻微不需要判处刑罚的，可以免予刑事处罚"与《刑法》第三十七条的关系，笔者同意有学者提出的应将"情节轻微"的判断权归属于检察机关的观点，酌定不起诉权的裁量依据应为《刑法》第三十七条之规定，该条文可以被酌定不起诉裁量权所激活，检察机关对于"情节轻微"的认定享有自由裁

---

[1] 参见陈卫东《公民参与司法：理论、实践与改革——以刑事司法为中心的考察》，载《法学研究》2015 年第 2 期。

[2] 参见陈卫东《检察机关适用不起诉权的问题与对策研究》，载《中国刑事法杂志》2019 年第 4 期。

量的权力，不受刑法总则、分则条文的制约。[①]

2. 完善酌定不起诉决定的配套措施

在过往的司法实践中，案件一旦作出不起诉的处理之后，犯罪嫌疑人便从刑事程序中脱离出来，不论是法定不起诉、酌定不起诉，还是证据不足不起诉，检察机关在作出不起诉决定之后便没有后续的工作，看起来，这个案件便已告终结。然而，尤其是在酌定不起诉中，犯罪嫌疑人这种不承担任何责任的现象极易引起社会公众的不满，因为这种做法实则是忽视了对刑事诉讼活动中被害人权益的关注。《人民检察院刑事诉讼规则》第三百七十三条规定："人民检察院决定不起诉的案件，可以根据案件的不同情况，对被不起诉人予以训诫或者责令具结悔过、赔礼道歉、赔偿损失。对被不起诉人需要给予行政处罚、政务处分或者其他处分的，经检察长批准，人民检察院应当提出检察意见，连同不起诉决定书一并移送有关主管机关处理，并要求有关主管机关及时通报处理情况。"第三百七十五条规定："人民检察院决定不起诉的案件，需要没收违法所得的，经检察长批准，应当提出检察意见，移送有关主管机关处理，并要求有关主管机关及时通报处理情况。"由此可知，检察机关作出的酌定不起诉决定不能当然地视为无须承担任何责任。该不起诉决定仅有结束刑事追责程序的效果，而针对被不起诉人的惩戒、教育等措施手段，亦是法律规范所明确赋予的，用以修复受损的社会关系，维护被害人权益。在司法实践中，有一些检察机关已经探索适用对酌定不起诉案件进行公开宣告的模式，一来能对被不起诉人进行训诫，使其认识到自己行为所带来的后果，并引以为戒。同时，这也能起到法制宣传的作用，进而实现犯罪预防的目的。亦有学者建议针对不起诉后赔偿不力的问题，可以考虑引入赔偿担保制度和扩大附条件不起诉的范围；针对检察机关作出不起诉决定后对行政处罚、政务处分、没收违法所得等惩罚措施的

[①] 郭烁：《酌定不起诉制度的再考查》，载《中国法学》2018 年第 3 期。

适用只能提供检察建议的问题，可以尝试借鉴公益诉讼的理念，当有关部门不作为或检察机关对其决定有异议时，检察机关可向法院提起诉讼。

四、结语

本案是个案推动法治进步的典型案例。在检察院作出第一次酌定不起诉的决定之后，国家抓紧出台了相关药品的临时进口工作方案，加快了仿制药的审批，唤起了社会的关注，并在某种程度上迅速解决了罕见癫痫脑病患者的用药问题。本案的法定不起诉决定也回应了社会的关切，再一次唤起了社会对罕见病患用药这一问题的持续关注。

正如黑格尔所说："真正的悲剧不是出现在善与恶之间，而是出现在两难之间。"毒品一直以来遭到公众的深恶痛绝，毒品犯罪在法律上亦属于重点规制对象，在道德上具有极强的否定价值。在本案中，"毒贩妈妈""救命药"等字眼无不触动、揪扯着大众的心灵和认知，救治孩子与犯罪之间的巨大矛盾冲突拉扯着众人陷入集体的迷茫与无助。可能这就是该件情、法交织的现实案例激发舆论热烈讨论的原因，它揭露了某个群体的生命权利与法律制度的困境。

法律是刚性的，刚性才能保证公平，但是正义也是有温度的，虽然本案争议不断，但不可否认的是，中牟县人民检察院在该案件中所作出的不起诉决定既让大家感受到了法律的温度，以及天理、国法、人情的统一，同时也体现了司法的担当。不起诉权具有自身特有的价值和功能，鼓励检察官敢于适用不起诉权在现有的司法体制改革的背景下具有重要意义，但行使过程中也应注意防止不起诉权的过度扩张及不恰当适用，使其充分发挥其应有的功效。

（欧书沁）

宽严相济显温情

——张家港市 L 公司、张某甲等人污染环境案

引言

2016 年中共中央发布的《关于完善产权保护制度依法保护产权的意见》强调，创新司法办案思维和方式，强化对涉案企业产权的依法保护。党的二十大报告指出，优化民营企业发展环境，依法保护民营企业产权和企业家权益，促进民营经济发展壮大。挑战与机遇并存，希望与危机共生。企业的一生与风险相伴相随，与危机共生共存。企业是社会主义市场经济的主体，广泛地参与到各种社会生活、经济文化活动之中，面临着诸多法律风险。① 涉嫌刑事犯罪是企业面临的最严峻风险，按照传统的办案思维和模式，一旦企业涉嫌刑事犯罪，无异于面临灭顶之灾。在案件侦办阶段往往是，企业负责人被羁押，企业被查封，财产被冻结，企业经营完全停滞。最终的处理结果往往是，企业家被判刑入狱，企业倒闭，员工失业，社会经济发展遭受影响，形成国家与企业双输的局面。② 在习近平法治思想的指导下，检察机关积极创新企业犯罪治理的新思维和新模式。

---

① 参见韩轶《企业刑事合规风险的防控与建构路径》，载《法学杂志》2019 年第 9 期。

② 参见徐博强《合规视野下民营企业刑事风险防控探析》，载《东北师大学报》2022 年第 2 期。

2020年3月，最高人民检察院推动涉案企业合规改革试点工作，开展企业合规不起诉制度，探索以更为谦抑和轻缓的方式办理涉企犯罪案件。[①] 在为期近三年的涉案企业合规试点工作中，检察机关将"严管"与"厚爱"相结合，办理了一批企业合规案件，挽救了不少对经济发展具有重要作用的企业，避免了"办了案子、垮了厂子"的负面效应，其成果获得了社会各界的高度认可。[②] 作为近年来最为重要的司法改革之一，涉案企业合规改革对于保护民营企业，探索社会治理新形式具有积极意义与重要价值。

张家港市L公司、张某甲等污染环境案，是最高人民检察院发布的第一批企业合规试点改革典型案例。该案中，检察机关改变传统办案模式，没有"一诉了之"或者"一放了之"，而是充分利用法律赋予检察机关的不起诉裁量权，发挥司法能动作用，促进涉案企业积极参与合规整改，建立企业合规机制，最终对涉案企业及其责任人员作出不起诉决定，实现了司法办案的法律效果与社会效果的统一。这不仅圆满地化解了企业面临的生存危机，避免了国家、企业的双输局面，而且促使涉案企业以此为契机，构建自身的合规经营体系，实现其经营模式的转型升级，开创国家、社会、企业双赢、多赢、共赢的崭新局面。

涉案企业合规不起诉作为一项新的改革举措，随着改革的深入推进，其所触及的问题越发凸显，其所牵涉的争议愈加激烈。为了保障涉案企业合规不起诉改革的深化实施与全面铺开，有必要对涉案企业合规不起诉改革实施状况、改革要点、法理基础，及尚有待进一步解决的问题进行全面的梳理与检讨，以促使这项创造性改革行稳致远，发挥实效。

---

① 参见李奋飞《涉案企业合规改革中的疑难争议问题》，载《华东政法大学学报》2022年第6期。

② 参见李奋飞《"单位刑事案件诉讼程序"立法建议条文设计与论证》，载《中国刑事法杂志》2022年第2期。

一、案情回顾

（一）L公司涉嫌污染环境罪被立案侦查

江苏省张家港市L化机有限公司（以下简称L公司）系从事不锈钢产品研发和生产的省级高科技民营企业。张某甲、张某乙、陆某某系该公司的总经理、副总经理、行政主管。

2018年下半年，在未取得政府部门环境评价许可的情况下，为节约生产成本，L公司违规建设酸洗池，铺设暗管，蓄谋偷排污水。2019年2月，L公司违法将含有镍、铬等重金属的酸洗废水排放至生活污水管，造成严重环境污染。公安机关对L公司涉嫌环境污染罪立案侦查。经现场检测，L公司排放井内积存水样中镍、铬的浓度分别超过《污水综合排放标准》的29.4倍和19.5倍。

根据《刑法》第三百三十八条规定，L公司已经涉嫌污染环境罪，构成单位犯罪。张某甲、张某乙和陆某某作为L公司涉嫌犯罪的直接主管人员，依法应当承担刑事责任。2020年6月，张某甲、张某乙、陆某某向公安机关投案自首，并自愿认罪认罚。2020年8月，公安机关以L公司及张某甲等人涉嫌污染环境罪向人民检察院移送审查起诉。

（二）检察机关在审查起诉阶段的抉择

经人民检察院审查认为，L公司、张某甲等人犯罪事实清楚，证据确实充分，依法需要追究刑事责任。公安机关认定罪名正确，证据收集程序合法，依法对张某甲等人采取取保候审，符合法律规定，不存在非法取证等违法侦查行为。同时查明，L公司系省级高科技民营企业，年均纳税400余万元、企业员工90余名、拥有专利20余件，部分产品突破国外垄断。

选择一：依法提起公诉

"构罪即捕、有罪必诉"，是我国传统的刑事司法理念和办案模式。依循传统办案模式，在侦查阶段，只要有证据证明行为人涉嫌犯罪，符合逮捕条件，检察机关就对犯罪嫌疑人批准逮捕。在审查起诉阶段，只要符合起诉条件，检察机关就会提起公诉、出庭支持公诉，请求法院依法判处被告人刑罚。

依据传统刑事司法的办案模式，在侦查阶段，检察机关就会对L公司的主要负责人张某甲等人采取逮捕措施。由于本案事实清楚、证据确实充分，符合起诉条件，检察机关就会依法提起公诉。经法院审理，最终对L公司及直接责任人员判处刑罚。依据《刑法》第三百三十八条规定，L公司应当依法被判处罚金，对张某甲等人判处三年以下有期徒刑之刑罚。

从犯罪惩治的法律效果上考量，该种刑事司法办案模式具有明显的优势。对于检察机关来说，打击和惩罚了犯罪，实现了办案的法律效果，维护了法律的权威，节约了司法资源，提高了诉讼效率，更有利于维护法律的公平性，更有利于防范公诉裁量权的滥用。

从犯罪的社会治理效果上考量，该种刑事司法办法模式，具有明显的缺陷。首先，张某甲、张某乙、陆某某等人被羁押和判刑会导致公司面临破产倒闭的风险。企业家是企业的灵魂。在我国，企业与企业家的命运休戚相关，企业家甚至被视为企业的代名词。在企业家与企业捆绑紧密的情况下，对公司核心管理人员的羁押和判刑，不仅会对企业经营管理造成沉重打击，而且由于企业家犯罪前科所产生的"犯罪标签化"效应，将会导致企业信誉和商机丧失，走向破产倒闭。

其次，企业经营不善将影响社会经济发展。企业所得税、增值税是各级人民政府财政收入的重要组成部分，作为当地的纳税大户，L公司的收入锐减影响当地政府的税收收入与财政平衡，必将会对当地的民生经济造成不利影响。

再次，企业破产倒闭将会造成员工大量失业。企业的经营不善、濒临倒闭并非仅企业自身事宜，更是关乎在企工作的员工及其家庭的日常生活。企业的倒闭意味员工的失业，影响大量员工正常的家庭生活，不利于稳就业、保安宁的国家经济政策。

最后，不符合国家鼓励和支持高新科技产业发展的政策。L公司作为省级高科技民营企业，拥有20余件专利，部分产品突破国外垄断。作为一家高科技企业，L公司创造的科技对国家发展、社会进步具有重要意义。对企业及其主要经营管理人员的判刑，不符合国家鼓励和支持高科技产业发展的产业政策。

选择二：合规整改、暂缓起诉

司法是社会治理的重要组成部分，刑事司法应当纳入整体社会治理观的大视野下考量。世界法治经验已经证明，对所有的犯罪一律判处刑罚，并非最好的犯罪治理手段。"少捕慎诉"，是我国进入新时代的刑事司法经验和智慧的总结。检察机关作为公共利益的维护者，犯罪社会治理的主导者之一，应当融入社会治理的大潮中，充分发挥司法的能动性，考量司法办案的社会效益。在本案中，是否存在一种更优的处置方式，在帮助L公司去犯罪化的同时，避免刑罚的附随效果，实现法律效果、社会效果与政治效果的统一？张家港市检察机关在经过认真的评估、权衡与考量之后，决定改变传统刑事司法办案模式，依法对L公司开展合规不起诉探索。

本案中，L公司及张某甲等人虽涉嫌污染环境罪，但排放污水量较小，尚未造成实质性危害后果，不属于严重犯罪，L公司、张某甲等人主动投案、自愿认罪认罚，并愿意消除犯罪后果，接受行政处罚。综合全案情况，犯罪嫌疑人犯罪情节较轻、社会危害性不大，依据《刑事诉讼法》第一百七十七条第二款规定，符合酌定不起诉的法律规定。对L公司、张某甲等人提起公诉，不符合企业犯罪治理的政策，不利于国民经济和社会发展的需要，不能实现司法办案的社会效果。结合企业自身的情况，可以对其进行合规考察监督，根据合规整改情况依法作出是否起诉的决定。

鉴于以上事实和法律规定，2020年10月，检察机关向L公司送达

《企业刑事合规告知书》，公司及时提交了书面合规承诺以及行业地位、科研力量、纳税贡献、承担社会责任等证明材料。检察机关在认真审查调查报告、听取行政机关意见以及综合审查企业书面承诺的基础上，对 L 公司作出合规考察决定。随后，L 公司开始合规体系建设，聘请律师对合规建设进行初评，全面排查企业合规风险，制订详细合规计划，检察机关委托税务、生态环境、应急管理等部门对合规计划进行专业评估。L 公司每月向检察机关书面汇报合规计划实施情况。

（三）整改合格、决定不起诉

蜕变的过程是痛苦的，只有忍受暂时的阵痛，才能拥抱新生的力量。L 公司在检察机关指导，环境部门监督下，集中人力、物力、财力、精力开展企业内部的合规体系建设，告别传统粗放经营模式，去除企业经营过程中存在的风险因子及犯罪诱因，最终历经三个月的合规整改，完成了艰难的蜕变，迎来企业的新生。

2020 年 12 月，张家港市检察机关组建以生态环境部门专业人员为组长的评估小组，对 L 公司整改情况及合规建设情况进行评估，经评估合格，通过合规考察。随后，检察机关邀请人民监督员、相关行政主管部门、工商联等各界代表，召开公开听证会，参会人员一致建议对 L 公司作不起诉处理。检察机关经审查认为，符合《刑事诉讼法》第一百七十七条第二款酌定不起诉之规定，当场公开宣告不起诉决定，并依法向生态环境部门提出对该公司给予行政处罚的检察意见。2021 年 3 月，苏州市生态环境局根据《水污染防治法》有关规定，对 L 公司作出行政处罚决定。

通过开展合规建设，L 公司实现了快速转型发展，逐步建立起完备的生产经营、财务管理、合规内控的管理体系，改变了野蛮粗放的发展运营模式，企业家和员工的责任感明显提高，企业抵御和防控经济风险的能力得到进一步增强。2021 年 L 公司一季度销售收入同比增长 275%，缴纳税收同比增长 333%，成为所在地区增幅最大的企业。

二、法理研析

（一）涉案企业合规改革的探索

1. 提出背景

企业是国民经济的"细胞"。自党的十八大以来，以习近平同志为核心的党中央高度重视民营企业的健康发展。2016 年 11 月，中共中央发布《关于完善产权保护制度依法保护产权的意见》强调，强化对涉案企业产权的依法保护。2018 年 11 月，习近平总书记在《在民营企业座谈会上的讲话》中充分肯定了我国民营经济的重要地位和作用，明确指出要大力支持民营企业发展壮大。[①]2019 年 12 月，中共中央、国务院发布《关于营造更好发展环境支持民营企业改革发展的意见》提出，要健全平等保护的法治环境，促进民营企业规范健康发展，推动民营企业守法合规经营。2022 年 10 月，党的二十大报告进一步强调，要优化民营企业发展环境，依法保护民营企业产权和企业家权益，促进民营经济发展壮大。

近年来，随着我国经济社会的蓬勃繁荣，民营经济发展迅猛，民营企业向上向好，民营企业数量激增。据统计，作为国民经济的重要组成部分，中国民营企业超过 2500 万户，对税收贡献超过 50%；民营企业创造的国内生产总值、固定资产投资以及对外直接投资超过 90%。但是，在民营企业数量不断增加的同时，由于部分企业经营管理者法治、合规意识不强，涉企刑事案件呈井喷态势。[②]司法实践中，如果对涉案企业和负责人"一诉了之"，可能带来"办理一件案子，垮掉一个企业"的连锁负面效应，造成企业倒闭、工人下岗，对当地乃至全国的民生与经济都

---

① 习近平：《在民营企业座谈会上的讲话》，载中国政府网，http://www.gov.cn/xinwen/2018-11/01/content_5336616.htm，2023 年 2 月 1 日访问。

② 参见李奋飞《论企业合规考察建议》，载《中国刑事法杂志》2021 年第 1 期。

会造成严重的影响。

为贯彻党中央的重大决策部署，积极回应人民诉求与时代需要，防止在办理涉企刑事案件中出现负面波及效应，最高人民检察院在加强民营企业司法保护的政策背景下，将办案职能向社会治理领域主动延伸，创造性地将企业合规纳入涉企案件的办理过程之中，对涉案企业及直接责任人员作出不起诉等从宽处理。可以说，涉案企业合规改革是"严管"和"厚爱"相结合的"检察产品"。同时，也是"酌定不起诉"在新时代背景下的特殊运用，是检察司法实践中严格贯彻"少捕慎诉慎押"刑事司法政策，坚持依法能动履职，对涉案企业做到"能合规尽合规"的创新之举。①

2. 基本内容

涉案企业合规改革，是指检察机关对于办理的涉企刑事案件，在依法作出不批准逮捕、不起诉决定，或者根据认罪认罚从宽制度提出轻缓量刑建议等的同时，针对企业涉嫌具体犯罪，结合办案实际，督促涉案企业作出合规承诺并积极整改落实，促进企业合规守法经营，减少和预防企业犯罪。

根据案件性质、企业规模、合规难易程度，检察机关办理企业合规案件可采取"检察建议"和"合规考察"两种模式。其中，对企业规模较小、犯罪情节轻微，依法决定不起诉的案件，通过制发合规检察建议的方式，督促企业强化内部监管；对企业生产经营规模较大、案发原因相对复杂的案件，通过启动企业合规第三方监督评估机制，由专业人员组成第三方组织对整改落实情况进行全流程、全方位的监管考察，经评估认为整改到位的，检察机关依法作出不起诉决定，或提出从宽处理建议。

3. 改革进程

2020 年 3 月，最高人民检察院部署在江苏张家港、深圳宝安等 6 个

① 参见刘兵《解读涉案企业"合规改革"》，载华律网，https://lawyers.66law.cn/s2912a412d535c_i1203788.aspx，2023 年 2 月 2 日访问。

基层检察院开展涉案企业合规改革试点，由此拉开涉案企业合规改革的帷幕。2021年3月，在总结第一批试点经验的基础上，最高人民检察院部署在北京、上海、江苏、浙江等10个省市开展第二期试点工作，试点范围扩展到62个市级院、387个基层院。

2021年6月，最高人民检察院、司法部、财政部等九部门联合印发《关于建立涉案企业合规第三方监督评估机制的指导意见（试行）》，将企业合规的重要性提升到一个新的高度。2021年9月，九部委共同成立第三方监督评估机制管委会。同年11月，九部委联合下发《涉案企业合规第三方监督评估机制专业人员选任管理办法（试行）》《〈关于建立涉案企业合规第三方监督评估机制的指导意见（试行）〉实施细则》两个配套规定，为第三方机制规范有序运行提供有力的制度保障。同年12月，九部委正式组建了国家层面第三方机制专业人员库，发挥带头示范效应，探索解决各地区专业人员分布不均衡问题，为第三方机制规范有序运行提供有力人才保障。2022年4月，最高人民检察院会同全国工商联专门召开会议，涉案企业合规改革试点工作在全国检察机关全面铺开，进一步释放司法红利，以检察履职更好服务经济社会高质量发展。

截至2022年12月，全国共办理刑事合规案件5150件，其中适用第三方监督评估机制案件3577件（占全部合规案件的69.5%）。对整改合规的1498家企业、3051人依法作出不起诉决定，此外，仅有67家企业未通过监督评估，企业或企业负责人被依法起诉追究刑事责任。最高人民检察院表示，涉案企业合规整改的成效良好，绝大多数的企业及其负责人在刑事责任的压力下，有动力、有能力开展好、完善好企业的合规体系，贯彻合规整改计划，最终通过第三方机构的评估，取得不起诉的良好结果，从而实现挽救实体企业的目的。①

---

① 参见最高人民检察院：《充分发挥典型案例指引作用 深入推进涉案企业合规改革——最高人民检察院第四检察厅负责人就发布涉案企业合规典型案例（第四批）答记者问》，https://www.spp.gov.cn/xwfbh/wsfbt/202301/t20230116_598548.shtml#3。

（二）案例评析

1. 涉案企业合规整改的适用条件问题

明确涉案企业合规整改的适用条件，是涉案企业合规改革所要解决的基础性问题。在涉案企业合规整改的过程中，并非所有的涉罪企业都适宜开展合规整改。对于那些不具备合规整改条件的涉案企业，检察机关无须开启合规整改程序，而应依法提请公诉；对于具备合规整改条件与必要性的涉罪企业，检察机关应当在综合考量全部案情的基础之上，决定是否对企业展开合规整改。具体而言，我国涉案企业合规整改的适用条件主要包括基础条件和裁量条件两大部分。①

所谓基础条件，具体包括四个方面：第一，主体要件。案件属于公司、企业等市场主体在生产经营活动中涉及的经济犯罪、职务犯罪等案件，既包括公司、企业等实施的单位犯罪案件，也包括公司、企业实际控制人、经营管理人员、关键技术人员等实施的与生产经营活动密切相关的犯罪案件。第二，认罪认罚要件。涉案企业、个人自愿认罪认罚，积极弥补因犯罪行为给社会或个人造成的损害。第三，客观要件。涉罪企业具备正常生产经营的条件，承诺建立或者完善企业合规制度。第四，主观要件。涉案企业自愿接受合规考察。因为企业合规建设属于企业内部的管理结构调整，本质属于自主经营权的范围，涉案企业合规需要以企业自愿接受和配合为前提。②

所谓裁量条件，主要包括三个方面：第一，犯罪情节条件。目前，涉案企业合规改革以酌定不起诉制度为依托，所以一般只能对"犯罪情节轻微"的案件适用，实践中，通常是指可能判处三年有期徒刑以下刑罚的案件。第二，公共利益衡量条件。③案件对社会公共利益的影响，

---

① 参见陈瑞华、李奋飞《修改刑诉法，建立企业附条件不起诉制度》，载《民主与法制周刊》2022 年第 38 期。

② 参见《关于建立涉案企业合规第三方监督评估机制的指导意见（试行）》第四条。

③ 参见李奋飞《论企业合规考察的适用条件》，载《法学论坛》2021 年第 6 期。

可以区分为积极方面和消极方面。积极方面，是指企业本身带来的社会与经济贡献，例如在税收、科技发展、行业进步等方面的积极作用。消极方面，是指起诉企业所造成的负面社会效果，包括企业是否会面临资格剥夺、企业员工是否会走向失业、当地和行业的经济发展是否会受到阻碍等。第三，补救完损条件。检察官需要考察涉案企业在涉罪后是否存在自首、配合调查、赔偿或者弥补损失、自主进行合规整改等行为，如果存在这些行为，一般可以认为企业的悔过态度较好、社会危险性较低。

本案中，L公司具备开展企业合规整改的基础条件与裁量条件，检察机关对L公司作出的合规考察决定符合涉案企业合规改革的制度初衷。首先，L公司以及张某甲等人主动向公安机关投案，如实供述犯罪事实、自愿认罪认罚，符合企业合规整改的认罪认罚要件。其次，L公司系省级高科技民营企业，能够正常开展生产经营。L公司拥有员工数量较多，掌握国际先进科学技术，对于相关行业的发展影响较大。这些情节可以认定，L公司具备开展企业合规整改的能力与必要性。最后，L公司具有自愿合规整改的意愿。L公司积极配合检察机关工作，提交企业合规承诺书及相关证明材料，符合开展企业合规整改的主观条件。此外，L公司排放污水量较小，且尚未造成实质性危害后果，社会危险性较小，犯罪情节较轻，在合规考察期间积极补救挽损，满足开展企业合规的裁量条件。

2. 涉案企业合规整改的模式选择问题

为避免企业承受过度和不必要的负担，实现合规资源优化配置，在进行涉案企业合规整改的过程中应当充分体现"相称性"原则，即企业合规整改工作应当与所要达到的合规目标相契合，并与企业的规模、涉罪性质、行业特点、业务范围、合规风险等相适应。① 质言之，涉案企业的合规整改模式应当与案件类型相匹配。为体现"相称性"原则，检察

---

① 参见陈瑞华《企业合规整改中的相称性原则》，载《比较法研究》2022年第6期。

机关在办理涉企刑事案件的过程中，探索形成了检察建议模式和合规考察模式两种基本样态。

检察建议模式，是指检察机关根据具体案情对涉罪企业及直接责任人员作出酌定不起诉，同时向涉罪企业提出建立合规管理体系的检察建议的合规整改措施。在这种模式下，检察机关以企业自愿自主实施合规计划，换取对案件"无罪化"的处理结果。[①] 从适用的案件类型来看，检察建议模式多适用于企业治理结构简单，所涉犯罪类型单一的中小微企业轻微犯罪。

合规考察模式，是指检察机关对于提交合规计划的企业，作出暂缓起诉、合规考察，或者附条件不起诉的决定，同时设定合规整改考察期限的涉案企业合规整改措施。在这种模式下，检察机关为涉案企业设置一定的考验期，责令其聘请合规监管人，由监管人员对企业合规进展情况进行全流程监管，并定期提交合规进展报告，在考验期结束后，检察机关根据企业合规的推进情况，作出是否提起公诉的决定。[②] 从适用案件的类型来看，合规考察模式主要适用于大型企业涉嫌较严重的犯罪案件。在这些案件中，企业的"犯罪基因"隐藏于复杂的治理结构，开展合规整改难度较大，选择有司法强制力支撑的合规考察模式更有必要。[③]

检察建议模式与合规考察模式适用于不同的案件类型，在实施时间、适用对象、考察期间、约束效力以及整改效果五个方面存在差异。首先，检察建议的提出时间更加灵活。检察建议的提出可以在审查批捕阶段、审查起诉阶段，也可以在作出不起诉决定时，甚至可以在法庭审理阶段；合规考察模式必须在审查起诉阶段实施和完成。其次，检察建议的适用对象更加多元。检察建议不仅可以向涉嫌犯罪的企业提出，也可以向具有犯罪风险的企业提出；合规考察模式只能针对涉嫌犯罪的企业实施。

---

① 参见李奋飞《论企业合规考察建议》，载《中国刑事法杂志》2021 年第 1 期。

② 参见陈瑞华《企业合规不起诉制度研究》，载《中国刑事法杂志》2021 年第 1 期。

③ 参见李辽《限期合规：涉案企业家或可"出罪"——专访中国人民大学法学院教授李奋飞》，载《法人》2022 年第 227 期。

再次，检察建议模式，一般不为涉案企业设置确定的考察期；而合规考察模式则需要为涉案企业设立严格的考察期。最后，检察建议的刚性效力不足。检察建议并未获得立法的"刚性赋权"，对涉案企业约束力较弱；而合规考察模式通过与不起诉决定的挂钩，使涉案企业承受一定的压力，从而获得了较强的约束效力。

此外，合规考察模式的整改效果相较于检察建议模式更为显著。在检察建议模式下，检察机关通常不会对企业推进合规体系建设的情况进行持续不断的监管；而在合规考察模式下，检察机关一般会将企业纳入合规监管程序，在专业监管人的协助下，对企业进行监督考察，并对合规体系建设情况进行专业性的评估。合规考察模式更有利于企业进行有效的制度整改，消除管理漏洞，消除违法犯罪的隐患。

本案中，检察机关采用检察建议模式对 L 公司展开企业合规整改，符合 L 公司的实际情况。首先，L 公司所涉犯罪类型单一、合规问题明确、监督评估专业性要求不高，不需要采行标准化的合规考察模式。采取检察建议模式既可以达到整改目标，消除犯罪隐患，也避免了司法资源和企业经营资源不必要的浪费。其次，检察机关优化检察建议模式，强化检察建议的实施效果。检察机关在对 L 公司进行企业合规整改时，通过积极发挥合规主导责任，引导企业实质化合规整改，避免了检察建议模式下企业合规整改效果不突出的问题。检察机关对 L 公司决定开展企业合规整改，在送达《企业刑事合规告知书》后并未"一放了之"，而是与生态环境、税务等诸多专业部门形成合力，对 L 公司的合规计划进行评估，对 L 公司的合规体系建设情况进行实时跟踪，对 L 公司的合规整改过程进行全流程监管，确保了 L 公司在 3 个月的考察期内，实现了制度整改，消除了管理漏洞。

此外，随着涉案企业合规改革的纵深推进，一些检察机关充分考虑中小微企业与大型企业存在现实差异，根据涉案企业的性质、规模和合规风险情况等，探索性地创设了分别适用于中小微企业和大型企业的两种合规整改模式：一是"范式合规模式"；二是"简式合规模式"。前者是一种标准化的合规整改模式，针对具备现代治理结构的大中型涉案企业，检察机关通过聘请名录库专家启动第三方评估机制开展合规整改；后者是一种"简化版"的标准合规整改模式，针对存在问题单一，专业性不强，有合规整改的实际需求但经济承受能力有限的中小微企业，检察机关简化办案程序，以制发涉案企业合规检察建议的方式，督促涉案中小微企业开展合规整改，提高企业合规管理水平。前者的优势在于，专业性强，整改成效好；后者的优势在于，成本低，收效快。二者共同构成企业合规制度体系。[1]"简式合规模式"与"范式合规模式"的提出，更有助于检察机关在制定合规整改方案时因案施策，节省司法资源，凸显合规效果。

3. 合规不起诉的适用对象问题

涉案企业进行合规整改，建立合规体系，投入合规资源，其目的在于争取检察机关的宽大处理。合规不起诉的适用对象问题直接影响着涉案企业进行合规整改的积极性与主动性。本案中，检察机关对L公司以及张某甲等三人作出的"双不起诉"决定，在理论上存在两方面的争议。

第一，合规不起诉是否适用于涉案企业的直接责任人员。

在我国司法实践中，对于经合规整改验收合格的涉案企业，检察机关一般都会对涉案企业及直接责任人员作出不起诉决定，即"双不起诉"。这与国际上的企业合规"放过企业、严惩个人"的理念与做法不同，引起普遍争议。[2]

支持观点认为，"放过企业的同时放过企业家"在我国具有现实的必要性。其原因在于，我国企业经营的人身依赖性较高，绝大部分企业均属于中小微民营企业，这些企业的生产和管理基本上依赖于"企业家"的个人统筹，如果"企业家"被定罪、进监狱，那么企业很可能会走向破产倒闭。因此，针对轻微犯罪案件，考虑"企业家"肩负的企业经营

---

① 参见韶关市人民检察院法律政策研究室《构建小微企业合规案件工作机制　打造韶关企业合规改革"简式样本"》，载"韶关市人民检察院"微信公众号，2022年11月24日。

② 参见李玉华《企业合规本土化中的"双不起诉"》，载《法制与社会发展》2022年第1期。

责任，在涉案企业通过合规整改实现去犯罪化经营的前提下，对"企业家"作出不起诉决定，符合我国保护民营企业的现实需要。[①] 此外，中国绝大部分企业的治理结构未完全实现公司所有权和管理权的分离，家族式的企业管理模式盛行，导致在涉罪后难以区分犯罪主观方面是源自单位意志或个人意志，企业与企业家犯罪相互勾连，如果采用"放过企业，不放过企业家"的治罪方式，企业合规考察整改就难以实现预期效果。[②]

反对观点认为，对涉案企业及直接责任人员均作出不起诉决定，与罪责刑相适应的基本刑法原则相背离。[③] 按照近代刑法的责任原则，每个人都只能对自己的行为担责，不能为他人的行为承担连带或者转嫁责任；每个人只能就自己所认识或者应当认识的行为承担主观责任，而不能对自己无法认识的后果承担绝对的结果责任。在企业犯罪的场合，企业员工在企业业务活动过程中的犯罪行为完全可能基于自己的意思实施，让企业承担转嫁责任或者结果责任，这显然违背近代刑法的每个人只能对自己的行为承担自我责任，而不能对他人的行为承担转嫁的自我责任原则。[④] 此外，合规不起诉违反了刑法上的平等原则。《刑法》第四条的规定，是宪法上的平等原则在刑法当中的重申，其中"任何人犯罪"，既包括自然人犯罪，也包括单位犯罪，既包括普通个人犯罪，也包括企业家犯罪。企业家不能借着企业的外壳获得在本质上有别于普通公民的不起诉优待。为了就业、纳税等各个方面的考虑，对已经构成犯罪的企业或企业家以合规不起诉的方式脱罪，是一种为了有利于社会经济发展的集体利益而提出的政策性论据，而平等则是以正义道德和个人权利为基础的原则性论据。保护企业发展的功利性政策，远不足以支撑成为平等原

---

① 参见车浩、李奋飞等《"合规不起诉"的批判性反思》，载"中国法律评论"微信公众号，2023年1月9日。

② 参见周新《涉罪企业合规不起诉制度重点问题研究》，载《云南社会科学》2022年第2期。

③ 参见田宏杰《刑事合规的反思》，载《北京大学学报》2020年第3期；刘艳红：《刑事实体法的合规激励立法研究》，载《法学》2023年第1期。

④ 参见黎宏《企业合规不起诉：误解及纠正》，载《中国法律评论》2021年第3期。

则例外的差异因素的正当性。[①]

第二，中小微企业是否可以适用企业合规不起诉制度。

在域外，适用刑事合规计划通常对适用对象作出限定，即只有财力雄厚的大中型企业才有资格通过事先或者事后的刑事合规计划获得从宽处理的机会。[②] 而在我国的司法实践中，检察机关多将合规不起诉的适用范围限定于中小微企业涉嫌实施的轻微犯罪案件，尤其是直接责任人员可能被判处三年以下有期徒刑的单位犯罪案件。对于企业合规不起诉制度究竟仅适用于大型企业，还是扩展至中小微企业，呈现出意见相左的两种观点。

有观点认为，合规不起诉制度适用对象仅限于大型企业。因为只有大型企业才拥有完整的现代公司治理结构，具有建立符合有效合规计划基本标准的合规制度、组织和程序体系的资源。在大型企业中，合规体系可以有效地发挥预防犯罪的功能，可以通过建立合规体系进行有效整改、堵塞漏洞、消除隐患。而在中小微企业中，企业意志与高管意志高度重合，缺乏建立有效合规体系的基本条件，合规整改往往流于形式。[③] 另一种观点认为，将合规计划延展至中小微企业既有现实基础，也有实践需要。根据调查数据显示，中国 99% 以上的企业均是 5000 万元以下的中小企业，中小企业数量占据市场经济主体的绝大多数。司法实践中，大量的企业犯罪案件都是中小微企业为获取更高额的经营利润，铤而走险、以身试法。[④] 因此，从中国市场主体结构出发，合规不起诉制度应当延展至中小微企业，具有必要性和合理性。

针对上述问题的争议，考察我国司法实践，解读有关规范性文件，从实然性的角度，我们认为，现阶段企业合规不起诉的适用对象应包括：一是涉案企业及其直接责任人员；二是所有类型的涉案企业，不仅适用

---

① 参见车浩、李奋飞等《"合规不起诉"的批判性反思》，载"中国法律评论"微信公众号，2023 年 1 月 9 日。

② 参见赵恒《涉罪企业认罪认罚从宽制度研究》，载《法学》2020 年第 4 期。

③ 参见陈瑞华《企业合规不起诉改革的八大争议问题》，载《中国法律评论》2021 年第 4 期。

④ 参见周新《涉罪企业合规不起诉制度重点问题研究》，载《云南社会科学》2022 年第 2 期。

于大型企业，也适用于中小微企业。理由如下：

首先，2021 年九部委联合发布的《关于建立涉案企业合规第三方监督评估机制的指导意见（试行）》第三条规定，第三方机制适用于公司、企业等市场主体在生产经营活动中涉及的经济犯罪、职务犯罪等案件，既包括公司、企业等实施的单位犯罪案件，也包括公司、企业实际控制人、经营管理人员、关键技术人员等实施的与生产经营活动密切相关的犯罪案件。据此，涉案企业合规整改的对象并未限定特定的企业类型，而是涵盖所有的市场主体。并且，该规定将公司、企业实际控制人等企业主要负责人员囊括其中。由此可见，有关规范性文件并未对合规改革的对象予以限定。

其次，我国市场经济尚处建构阶段，中小微企业是支撑国民经济的重要支柱，在经济发展、社会进步等领域发挥着不可替代的作用。在保护民营企业的时代背景下，立足中国实际，不应当排除对中小微企业以及涉案企业主要负责人员的保护。在未来，随着我国市场经济制度的渐次成型，公司治理结构的日趋完善，合规不起诉的适用对象可以逐渐地由中小微企业过渡到仅适用于大型企业，并将企业家与企业相剥离。

4. 企业合规的刑行衔接问题

涉案企业合规改革不仅是一场司法改革，更是一场社会综合治理改革。企业有效的合规整改，不仅需要检察机关的积极主导，更离不开行政机关的充分参与。只有检察机关与行政机关分工负责、互相配合，才能推动企业构建刑事合规与行政合规有效衔接的合规管理体系，对企业的风险行为构筑起行政违法和刑事犯罪的层递式阻断机制。[①] 本案中，检察机关结合企业合规情况，在合规整改的三个阶段积极做好刑行衔接工作，起到了良好的示范效果。

第一，企业合规考察对象准入上的刑行衔接。

合规考察对象的确定，是开展企业合规整改的前提与关键。相较于

---

① 参见李奋飞《涉案企业合规刑行衔接的初步研究》，载《政法论坛》2022 年第 1 期。

检察机关，行政监管部门对于行业背景、企业情况等都更为熟悉，且行业监管部门本身即具有对企业行为进行规制的行政职权。因此，检察机关在确认合规考察对象时，听取行政监管部门的意见，可以对企业自身状况、行业情况、配合情况等方面做到更为全面的了解，进而才能更为全面客观地对案件是否符合合规考察条件作出判断。此外，在企业合规考察对象的准入阶段做好企业合规的刑行衔接工作，有利于让行政部门在企业合规监管程序的启动问题上施加影响，为后续检察机关与行政机关的协调、合作打下坚实的基础。①

本案中，检察机关在对 L 公司作出企业合规考察决定前积极做好刑行衔接工作，充分调动行政机关在企业合规整改启动阶段的参与度，在听取行政机关意见基础上，综合审查企业书面承诺、调查报告作出合规考察决定。这不仅增强了决定作出的科学性与民主性，而且为后续检察机关与行政机关的合作奠定了良好基础。

第二，企业合规监管过程及考察验收阶段的刑行衔接。

受制于专业知识、办案经验等客观条件，检察机关监督和指导企业实现有效合规的能力具有明显的局限性。将企业的合规监管，交由熟悉监管法规且对企业行为规制负有监管职责的行政监管部门承担，可以确保企业合规监管的专业性、权威性和有效性。②

本案中，检察机关委托税务、生态环境、应急管理等部门对 L 公司所制订的合规计划进行专业的评估，且在合规整改的考察验收环节，检察机关组建了以生态环境部门专业人员为组长的评估小组，对 L 公司整改及合规建设情况进行评估。此外，在作出不起诉决定时，检察机关邀请了人民监督员、相关行政主管部门、工商联等各界代表，召开听证会。由此可见，检察机关高度重视行政监管部门在涉案企业合规整改中的作用，与行政机关在合规监管中的及时沟通和配合，在评估验收阶段的主

---

① 参见李奋飞《涉案企业合规刑行衔接的初步研究》，载《政法论坛》2022 年第 1 期。
② 参见叶伟忠《检察环节构建涉罪企业合规考察制度的探讨》，载《人民检察》2021 年第 5 期。

动合作，对于企业合规整改效果的提升起到了积极的作用。[①]

第三，企业合规不起诉后的刑行衔接。

根据《刑事诉讼法》第一百七十七条第三款的规定，人民检察院对被不起诉人需要给予行政处罚、处分或者需要没收其违法所得的，人民检察院应当提出检察意见，移送有关主管机关处理。从效果上看，人民检察院对合规整改合格的涉案企业所作的不起诉决定，只具有在法律上宣告被不起诉人无罪并终结刑事诉讼的效力，并不意味着被不起诉人需要承担的责任可以"一笔勾销"。涉罪企业仍然需要积极补救，对被侵损的"法益"进行及时的修复，有效地弥补犯罪行为所造成的社会危害，并承担相应的民事责任和行政责任，为自己的违法行为付出代价。[②]

本案中，检察机关在对 L 公司作出不起诉决定后并未"一放了之"，而是依法向生态环境部门提出对该公司给予行政处罚的检察意见，使 L 公司承担了其违法行为的经济惩罚。合规不起诉后的刑行衔接对涉案企业合规整改的成效意义重大，这也是企业合规改革"严管"与"厚爱"的集中体现。为了避免涉罪企业滋生"合规即可免责"的错误认识，检察机关在涉案企业合规整改后均应积极提出检察意见，畅通合规整改后的刑行衔接渠道，走好企业合规的"最后一公里"，以防止企业合规沦为企业犯罪的"避风港"。

三、理性反思

（一）涉案企业合规改革应当坚持于法有据

2014 年 2 月，习近平总书记在中央全面深化改革领导小组第二次会议的讲话中明确提出："凡属重大改革都要于法有据。在整个改革进程

[①] 参见郭华《企业合规整改行刑衔接的协调机制》，载《华东政法大学学报》2022 年第 6 期。

[②] 参见李奋飞《涉案企业合规刑行衔接的初步研究》，载《政法论坛》2022 年第 1 期。

中，都要高度重视运用法治思维和法治方式，发挥法治的引领和推动作用，加强对相关立法工作的协调，确保在法治轨道上推进改革。"2014年 10 月 23 日，党的十八届四中全会进一步强调："实现立法和改革决策相衔接，做到重大改革于法有据、立法主动适应改革和经济社会发展需要。"涉案企业合规改革在保护民营企业、优化营商环境中发挥举足轻重的作用，与中国现阶段刑事司法政策以及世界法治发展潮流不谋而合。但是，在改革的过程中，必须妥善处理好守正与革新、旧法律与新制度的关系，才能促使涉案企业合规改革在法治化的轨道上稳步前行。

作为一场极具开拓性与创新性的重大刑事司法改革，涉案企业合规改革在近三年的时间里挽救了一批对经济发展、社会进步具有重要价值的民营企业，其成效获得了社会各界的高度认可与广泛关注。但是，随着涉案企业合规改革的全面铺开，对改革正当性与合法性的质疑亦纷至沓来。由于未获得全国人大常委会的授权，以酌定不起诉为制度依托的涉案企业合规改革理应在现有法律制度框架内逐步探索，稳步推行。①但是，随着改革的纵深推进，探索步伐的加快、加大，部分检察机关在进行改革试验时突破现有法律规定，超越现行制度框架，引发了学界与公众对这场改革正当性与合法性的隐忧。企业合规不起诉探索突破现有法律规定主要体现在如下三个方面。

一是突破酌定不起诉的法律规定。《刑事诉讼法》第一百七十七条第二款规定，犯罪情节轻微，依照刑法规定不需要判处刑罚或者免除刑罚，人民检察院可以作出不起诉决定。酌定不起诉的适用条件为：（1）只适用于轻微犯罪；（2）实体法必须有明确规定不需要判处刑罚或者免除刑罚。譬如，《刑法》第二十条第二款规定，正当防卫明显超过必要限度造成重大损害的，应当负刑事责任，但是应当减轻或者免除处罚。该条规定，不需要判处刑罚或者免除刑罚的，属于法定量刑情节，不属于司法裁量权的范畴，如果刑法没有明确的规定，则不得适用酌定不起诉。就

① 参见李奋飞《企业合规改革呼唤法律制度革新》，载澎湃新闻网，https://baijiahao.baidu.com/s?id=1726864784357387679&wfr=spider&for=pc，2023 年 2 月 2 日访问。

本案来说，依据《刑法》第三百三十八条之规定，构成环境污染犯罪，如果没有法定减轻或者免除情节，则不符合酌定不起诉的适用条件。但以酌定不起诉为法律依据的合规不起诉改革，实践中往往突破刑事诉讼法酌定不起诉的法律规定，扩大酌定不起诉的适用范围。①

二是突破附条件不起诉的法律规定。《刑事诉讼法》第二百八十二条对附条件不起诉的适用范围作出了明确规定，对于未成年人涉嫌的特定犯罪，在满足一定条件后，可以作出附条件不起诉决定。但企业合规不起诉改革，突破刑事诉讼法的规定，对涉罪企业实行合规不起诉制度，实质上是一种附条件不起诉制度，其合法性明显不足。

三是突破审查起诉期限的法律规定。《刑事诉讼法》第一百七十二条第一款规定，人民检察院审查起诉应当在一个月以内作出决定，重大、复杂的案件，可以延长十五日。检察机关审查起诉的案件，一般应当在一个半月内作出是否起诉的决定。实践中，有的地方检察院在审查起诉期限内建立合规考察期，将取保候审期限与审查起诉期限混淆，以申请延长审查起诉、退回补充侦查等技术性手段满足合规考察期限的需要。②

毋庸置疑，上述检察机关的"超法规"实践与现行刑事诉讼法的立法精神、法律规定背道而驰，极大地损害了实定法的权威性，对法律的严肃性造成一定的破坏，被公众质疑为"法外开恩""花钱买刑"。可以说，部分检察机关"于法无据"的超前探索正在使得涉案企业合规改革陷入岌岌可危的境地。

未来，对于已经为实践证明行之有效的改革经验，要及时上升为法

---

① 例如，辽宁省人民检察院等十机关发布的《关于建立涉罪企业合规考察制度的意见》第六条规定，直接负责人员和其他直接责任人员依法应当被判处三年以上十年以下有期徒刑的，具有自首情节或者在共同犯罪中系从犯，或者直接负责的主管人员、其他直接责任人员具有立功表现的，可以适用合规考察制度。第二十七条规定，涉罪企业按要求完成合规建设，在考察期内没有发生本意见第二十六条规定情形的，检察机关一般应当对涉罪企业及直接负责的主管人员或其他直接责任人员作出不起诉决定。根据《刑事诉讼法》第一百七十七条第二款的规定，酌定不起诉仅适用于轻微犯罪，该规定显然突破了刑事诉讼法有关酌定不起诉的规定。

② 参见陈瑞华、李奋飞《修改刑诉法，建立企业附条件不起诉制度》，载《民主与法制周刊》2022 年第 38 期。

律规定，通过修改和完善刑法以及刑事诉讼法的相关规定，确定涉案企业合规改革正当性与合法性依据。[①] 对于实践条件还不成熟，需要先行先试的，应当及时地按照法定程序获得全国人大常委会的授权，将"于法无据"的超前探索转变为"于法有据"的制度性实践。唯此，涉案企业合规改革才不会游离于现行法律框架之外，方能在法治化的轨道上行稳致远、发挥实效。[②]

（二）完善合规不起诉裁量权的制约和监督机制

涉案企业合规改革的本质，是司法能动性的反映，是发挥司法社会治理功能的体现，是推动企业合规体系构建的激励机制。虽然检察机关在试点改革过程中探索出合规不捕、合规不诉、合规量刑等多种激励手段，但合规不起诉无疑是合规激励机制的核心抓手。[③] 未来，随着合规附条件不起诉制度的依法确定和推进，检察机关的不起诉裁量权势必会极大扩张。为防止合规不起诉权的滥用，损害法律的公平实施，滋生司法腐败的发生，强化对合规不起诉裁量权的制约机制，规范检察机关不起诉裁量权的依法行使，是合规不起诉制度改革中值得关注的问题。

从比较法的视野看，世界各国对合规不起诉裁量权的制约可分为两种模式：一是内部控制模式。该种模式以美国为代表，以司法部的内部文件为指导，实行自上而下的内部控制模式。二是司法监督模式。该种模式以英国为代表，以法官司法审查为主要手段的司法监督模式。内部控制模式虽然灵活方便，但由于缺乏外部监督和约束力不足，容易造成不起诉裁量权的滥用，形成公诉权的恣意与专断。同态监督亦缺乏公开

[①] 部分学者在总结实践试点工作经验的基础上提出了涉案企业合规改革的立法建议。参见李勇《企业附条件不起诉的立法建议》，载《中国刑事法杂志》2021年第2期；李奋飞：《"单位刑事案件诉讼程序"立法建议条文设计与论证》，载《中国刑事法杂志》2022年第2期。

[②] 参见刘作翔《论重大改革于法有据：改革与法治的良性互动》，载《东方法学》2018年第1期。

[③] 参见刘艳红《企业合规不起诉改革的刑法教义学根基》，载《中国刑事法杂志》2022年第1期。

性和权利的救济性，容易招致"谁来监督监督者"的质疑。而司法监督模式，基于权力制衡理论，通过立法明确规定法官在暂缓起诉协议上的主导地位，强化了法官对暂缓起诉协议的实质审查权和批准权，形成对检察官合规不起诉裁量权的外部制约机制。相较于内部控制模式而言，司法监督模式强化了对合规不起诉裁量权的制约，有利于合规不起诉裁量权的规范行使，但同时也面临司法效率低下、合规成本过高的问题。[①]

从我国涉案企业合规改革的试点实践看，目前我国对合规不起诉裁量权的制约机制主要有：一是明确合规不起诉的制度和程序，以规范合规不起诉的任意性。以规范性文件的形式明确合规不起诉的适用对象、合规计划的主要内容、合规监管人的产生方式等内容，以防范合规不起诉适用对象的任意性和不确定性，合规考察进程的随意性和人为性。

二是构建合规不起诉的听证审查制度，引入外部监督机制，实行程序有限公开。根据《第三方指导意见》第十五条的规定，人民检察院对于作出不起诉决定的涉企犯罪案件，可以根据《人民检察院审查案件听证工作规定》召开听证会，并邀请第三方组织组成人员到会发表意见。合规不起诉听证审查机制的确立，一定程度上体现了对合规不起诉的外部监督，有助于克服检察机关内部监督的缺陷。但是听证审查机制对合规不起诉的监督和制约存在着明显的缺陷，其主要体现为：（1）不起诉听证审查取舍由检察机关自己决定。合规不起诉是否举行听证审查，属于检察官自由裁量权的范畴，不具有强制效力。（2）听证审查结果仅具有参考价值，不具有约束力。（3）听证员的组成由检察机关自行选定，公信力容易受到质疑。在检察机关主导涉案企业合规整改的情况下，由其召开并主持的听证会对合规不起诉裁量权难以发挥实质性制约和监督作用。

我国尚处于法治建设的初步阶段，规范性是制度实践的主要矛盾。未来，随着我国涉案企业合规不起诉制度的完善，为有效规范不起诉裁

---

① 参见唐彬彬《检察机关合规不起诉裁量权的三种模式》，载《法制与社会发展》2022年第1期。

量权的行使，避免涉案企业合规不起诉适用的任意性、人为性和不确定性，克服适用的不平等性，防范司法腐败的风险，可以借鉴英国的司法监督模式，构建企业合规不起诉决定中的司法审查机制。通过赋予涉案企业合规不起诉决定中法官的司法审查权，强化企业合规不起诉的诉讼制约机制，确保合规不起诉制度运行的规范性、平等性和公开性。

（三）强化刑事司法的社会治理功能

在传统报应主义刑罚观的统摄之下，刑事法律对市场经济的保护和救济，基本上是通过刑罚惩治手段来发挥作用。该种刑罚理论认为，通过对涉罪企业及其责任人施加严厉的刑罚手段，以消除犯罪主体的社会危险性，实现维护宏观法治秩序之目的。但经验证明，"简单威慑"的刑罚理论，不仅无法达到预期威慑之效果，反而使企业和社会面临严重困局，陷入所谓"威慑陷阱"的境地。[1]

随着惩罚和报应主义刑罚观的式微，恢复性司法理念的盛行，现代刑事司法理念在吸纳法益修复理论、公共利益衡量理论的合理内核后，逐步走出了以国家与被追诉人为主体的二元惩罚范式，越发重视刑事司法的社会治理功能，主张非刑罚措施的合理使用，力求通过不同方式的治理手段，避免重刑主义的不利附随效应，以实现司法办案的法律效果与社会效果的统一。[2] 从发挥刑事司法的社会治理功能出发，涉案企业合规改革是检察机关以检察建议、不起诉制度为抓手，发挥刑事司法的社会治理功能，优化犯罪治理能力，提升社会治理水平的创新之举。改革试点的三年经验表明，涉案企业合规改革作为刑事司法社会治理功能的制度结晶，通过非刑罚化的治理措施，避免了犯罪化所带来的负面连锁反应，实现了对涉罪企业的去犯罪化改造，消除了其内部的犯罪基因，发挥了刑事司法的社会治理功能。

---

① 参见陈卫东《从实体到程序：刑事合规与企业"非罪化"治理》，载《中国刑事法杂志》2021 年第 2 期。

② 参见史立梅《论刑事诉讼的多元治理范式》，载《政治与法律》2022 年第 12 期。

　　强化刑事司法的社会治理功能，不仅是对传统刑事司法理念的革新与超越，也是对新近盛行的积极刑法立法观的应对之举。随着积极刑法立法观在中国的确立，刑法规制社会生活的深度、广度和强度都有大幅度拓展与扩张。① 犯罪圈的不断扩大以及刑事法网的日趋严密，迫使刑事司法理念因势而变，一味强调惩治与预防的刑事司法理念，已难以适应社会发展的新趋势。以醉驾入刑为例，据有关统计数据，2020年全国法院审结的醉驾等危险驾驶罪总数为28.9万件，占刑事案件总数的比例高达25.9%，已然成为我国的"第一大罪"。就案件性质看，醉驾无疑属于微罪，每年因醉驾入刑的30万罪犯，判处的刑罚一般为拘役或者缓刑。但从社会效果看，因醉驾入刑往往会招致本人、家属及其后代因"罪犯"的标签而承受远超刑罚本身的附随后果。② 如果坚持传统的报应主义刑罚观，每年都会有30万个家庭因醉驾而承担难以承受之痛。

　　可见，刑事司法的惩罚功能在此类案件中难伸拳脚，不仅难以实现刑罚的惩治预防目的，反而会导致没有犯下任何错误的家庭成员陷入无尽的深渊与痛苦，加深社会成员与国家之间的矛盾与隔阂。为了缓解该种现象，依据刑事司法的社会治理功能，借助法益修复理论，司法实践中，以未成年人附条件不起诉以及企业合规附条件不起诉为制度蓝本的醉驾案件不起诉制度正在逐步得以实施。醉驾附条件不起诉制度的实践探索，再度体现了刑事司法的社会治理功能。

　　未来，随着刑事司法治理水平的不断跃升，刑事司法理念的发展革新，社会治理功能之于刑事司法的重要意义势必愈加凸显。作为公共利益维护者的检察机关，深入推进刑事司法的社会治理功能，正确行使不起诉裁量权，完善企业合规不起诉制度建设。在涉罪企业合规案件中，检察机关不仅是犯罪的追诉者和人权的保障者，也是企业建立和完善管理机制的推动者。检察机关作为公共利益的代表角色，决定了其可以在企业合规机制的推行上有所作为，从而实现企业利益保护和社会利益保

---

① 参见周广权《积极刑法立法观在中国的确立》，载《法学研究》2016年第4期。

② 参见陈文聪《酒驾案件附条件不起诉制度研究》，载《比较法研究》2022年第6期。

障的双赢。① 在新时代的背景下，检察机关需要适应社会治理新需求，立足职能定位，明确参与社会治理的载体和抓手，创新参与社会治理的方式方法，从而为协同推进社会治理体系和治理能力的现代化开辟新路径。②

四、结语

发轫于西方的涉案企业合规，在历经三年的曲折探索、试点试验，逐步在中国的法治土壤中生根发芽、茁壮成长。作为社会综合治理领域的一场重大变革，涉案企业合规改革的沛然兴起，以颠覆之势冲击传统刑事司法理念，创新性地重塑中国刑事司法实践，为中国刑事立法的完善提供了有益的试验，其间取得的成效值得肯定。

"世随时移，法随事转。"涉案企业合规改革崛起之肇因在于，传统刑事司法治理的失灵。随着社会主体联系的紧密，刑罚附随后果的严厉，以惩罚和预防为主的传统刑事司法治理观越发难以适应社会发展的新需要，难以实现刑罚的威慑效果，不能很好地发挥企业犯罪有效治理之功效，反而带来新的社会矛盾和冲突，加深了国家与人民的隔阂，激化了社会与成员的矛盾，无法实现法律效果和社会效果的统一。

为了扭转上述局面，2020 年 3 月，最高人民检察院立足于保障民营企业，优化营商环境，发起了一场轰轰烈烈的涉案企业合规改革。这项改革以发挥刑事司法的社会治理功能为依托，以修复法益为核心，以公共利益为归宿，对涉罪企业开展合规不起诉探索，促使涉案企业建章立制，合规合法健康发展，从根本上剔除企业犯罪的根源，以挽救涉案企业，避免因涉罪导致企业破产倒闭给社会和员工带来的危害，对于消弭社会矛盾，促进经济发展意义甚巨。

囿于理论研究准备得尚不充分，改革前期论证得不甚严密，这项略

---

① 参见李奋飞《论企业合规考察建议》，载《中国刑事法杂志》2021 年第 1 期。
② 参见赵德金《发挥职能优势深度参与社会治理》，载《检察日报》2022 年 5 月 9 日。

显仓促的变革在探索的过程中尚存亟待解决的诸多问题。为确保这项改革的稳步推进，应当遵循改革于法有据，着力解决合法性依据不足的弊疾，及时修改和完善刑事立法。合规不起诉制度的推行，进一步扩大了不起诉裁量权。为防止不起诉裁量权的滥用，应当不断优化不起诉裁量权的制约机制，强化刑事司法的治理功能，真正地使这场变革成为国家千载、生民亿兆之福业。

（韩延智）

天网恢恢，有逃必追

——程三昌贪污案

引言

自党的十八大以来，以习近平同志为核心的党中央对反腐败国际追逃追赃工作高度重视。2014年1月15日，《中国共产党第十八届中央纪律检查委员会第三次全体会议公报》要求"加大国际追逃追赃力度"；2014年6月，国际追逃追赃工作办公室成立；2014年10月23日，中共十八届四中全会通过《中共中央关于全面推进依法治国若干重大问题的决定》，明确提出"加强反腐败国际合作，加大海外追赃追逃、遣返引渡力度"。同时开展"猎狐"行动、"天网"行动，发布"百名红通人员"名单。2017年，党的十九大进一步明确了反腐败国际追逃追赃的工作方向，"不管腐败分子逃到哪里，都要缉拿归案、绳之以法"。2018年相继出台了《监察法》《国际刑事司法协助法》，并新修订了《刑事诉讼法》，进一步完善境外追逃追赃的立法，尤其是在第五编特别程序中增设了"缺席审判程序"一章。国家监委数据显示，2021年"天网2021"行动共追回外逃人员1114人，其中"红通人员"16人，监察对象297人，追回赃款161.39亿元。2015—2021年我国已追回近70名"百名红通人员"。2014年以来我国从境外追回各类在逃人员共计9777人，其中国家工作人员 2353 人，追回赃款共计 376.6 亿元（数据截至 2021 年 12 月 30 日）。2021 年 11 月召开的党的十九届六中全会指出在全面从严治党上，党的自我净化、自我完善、自我革新、自我提高能力显著增强，管党治党宽松软状况得到根本扭转，反腐败斗争取得压倒性胜利并全面巩固，党在革命性锻造中更加坚强。2022 年 10 月召开的党的二十大强调坚决打赢反腐败斗争攻坚战持久战。①

2021 年 12 月 9 日，由河南省郑州市人民检察院提起公诉的"刑事缺席审判第一案"在河南省郑州市中级人民法院开庭审理，该案于 2022 年 1 月 17 日公开宣判，"百名红通人员"程三昌因贪污罪被判处有期徒刑十二年，并处罚金五十万元。程三昌犯贪污罪一案由于其"刑事缺席审判第一案"的特殊性质，开启了新时代反贪污反腐败追逃追赃工作的新征程，也引发了司法实务界和理论界的热议。

"百名红通人员"河南省漯河市委原书记、豫港（集团）有限公司原董事长程三昌贪污一案适用缺席审判程序成功审理，是我国长期以来坚定反腐败、加强追赃追逃的必然结果，也是我国新时代新征程坚定不移推进反腐败斗争踏出的又一伟大脚步。2023 年 1 月 7 日，由人民法院报编辑部评选出的 2022 年度人民法院十大案件发布，程三昌贪污一案的审理因其体现出的制度科学、合理性和开创性获评"十大案件"之首。该案将在未来成为刑事缺席审判的标志性案例，供未来处理贪污腐败犯罪外逃人员案件以参考。以该案为例解读刑事缺席审判制度，厘清其制度内涵与关键争议，有助于维护刑事诉讼法坚决打击罪犯和坚定维护公平正义的双重追求。

---

① 参见蒋新苗、刘杨《境外追逃追赃立法探究的溯源与展望》，载《湖南师范大学社会科学学报》2022 年第 6 期。

一、案情回顾

（一）漯河三贪之首"程卖光"

国际刑警组织中国国家中心局集中公布的红色通缉令中，程三昌的原工作单位名为"河南省政府驻香港豫港集团有限公司董事长"。对于漯河人而言，他们更熟悉的身份是"漯河市委书记"。

1991年到2006年，在长达16年的时间里，漯河市三任市委书记相继落马。他们分别是王有杰（1991—1995）、程三昌（1995—1999）、刘炳旺（1999—2006）。王有杰当漯河市委书记时，程三昌是市长；程三昌接任书记后，刘炳旺是市长。三人"接力"担任漯河市"一把手"。当地民众曾编了个顺口溜说，"宁要程卖光，不要刘草包"。这里的"程卖光"就是程三昌。程三昌主政漯河期间，一口气卖掉了全市90%以上的国有企业，其中仅他一人经手的就有27家，绰号"程卖光"。有媒体记者跟踪调查了经程三昌之手卖掉的漯河市制药厂、市第二针织厂、威士达皮鞋厂三家国企，发现了很多猫腻，得出了这样一个结论：程三昌撇开公开竞价的阳光政策，与不法奸商暗中勾结，致使国有资产严重流失，职工利益屡屡受到侵害。一些国有企业表面上卖给外商了，实际上外商并没有出钱，而是把企业折腾一番，能变现钱的都变现了。最后，政府不得不把卖了的企业再买回来。[①]

1999年，程三昌被任命为河南省政府驻香港豫港集团有限公司董事长，在赴港任职一年多的时间里，程三昌转走了公司账上仅存的几百万港元。程三昌案发于2001年5月。当时，程三昌从香港不辞而别，携巨款和情妇跑到新西兰。

---

① 参见秋小五《"天网"行动红色通缉令上的河南6名逃官故事会》，载"河南商报"微信公众号，2015年4月23日。

2008年，"程三昌外逃新西兰后，公安部曾通过国际刑警组织，在全球发布了红色通缉令"。7月8日，最高人民检察院一位检察官告诉记者，经初步查实，程三昌涉案金额达1000万元。由于犯罪嫌疑人长期不能归案，侦查工作暂时中止。包括程三昌在内，最高人民检察院一直非常重视通过各种手段和措施缉拿逃往境外的腐败分子。2015年4月，中央追逃办将程三昌列为"百名红通人员"。

程三昌东窗事发，带着情妇潜逃国外，在新西兰成了当地的大款，在奥克兰购有四层豪华别墅，过上了豪华生活，并著书立说，披露当年他倒卖国有资产中，如何与不法奸商勾结，中饱私囊，致使国有资产严重流失的内幕，并数次去美国发表演讲，攻击中国共产党内买官卖官的问题，讨好帝国主义，羞辱、污蔑中国共产党。程三昌潜逃国外后，公安部曾通过国际刑警组织，在全球发布了红色通缉令，但由于中、新两国没有签订引渡条约，因此，新方不予司法协助，使程三昌得以安身，国内还有个别追随者偷偷给他汇款资助他。

（二）逃亡20年终得审判

在程三昌外逃20年后，郑州市人民检察院提请适用缺席审判程序，以贪污罪追究其刑事责任。庭审中，郑州市人民检察院指控：2000年12月7日至2000年12月15日，被告人程三昌利用担任豫港（集团）有限公司董事长的职务便利，以在新西兰设立分公司为由，先后三次指使财务人员将公款转入其名下支票账户及其在新西兰开设的个人账户，非法占有公款港元、新西兰元、美元折合人民币共计308.88万余元。郑州市中级人民法院依法将传票和起诉书副本送达被告人程三昌后，程三昌未按要求到案。程三昌的近亲属代为委托的辩护人到庭参加诉讼。庭审中，控辩双方分别出示了相关证据，并进行了质证，在法庭主持下充分发表了意见，程三昌的近亲属委托辩护人代其宣读了最后意见。

2022年1月17日，郑州市中级人民法院公开宣判程三昌一案，对被告人程三昌以贪污罪判处有期徒刑十二年，并处罚金人民币五十万元；

追缴程三昌贪污犯罪所得依法予以返还。

郑州市中级人民法院认为，被告人程三昌的行为构成贪污罪，数额特别巨大，应依法惩处。程三昌逃匿境外逾20年，拒不到案接受审判，拒不退缴赃款，应予从重处罚。法庭遂作出上述缺席判决。

二、法理研判

（一）刑事缺席审判的概念

刑事缺席审判是指当被告人不出席法庭时，法院在控诉方和被告人的辩护人参加的情况下所进行的一种审判活动。[①]与刑事缺席审判相对的是常规情况下的刑事对席审判，指控诉方和被告人都出席参加庭审活动，并通过控诉和辩护的方式维护自身权益的审判模式。[②]缺席审判制度来源已久，早在古罗马特别诉讼时期就存在民事缺席审判制度。在现代，各国都普遍存在由于各种情况导致的刑事案件被告人不能或不愿意出庭参加审理活动的情况，而出于各种不同的目的和考量，许多现代国家都在刑事诉讼法中规定或变相规定了刑事诉讼缺席审判制度。

《法国刑事诉讼法典》第二百七十条规定："如果不能抓获被告人，或被告人没有出庭，则应适用缺席审判程序审理案件。"第四百一十条第二款规定："若均已满足传唤条件，且被告人无正当理由拒不出庭接受审理，应对其缺席审判。"第六百二十七条至第六百四十一条规定"抗传程序"，即犯重罪的被告人从一开始就逃避刑事责任的追诉，或其在案件审理过程中逃跑，那么法庭应发布命令要求被告人在十日内出席法庭接受审判，否则将会被认定为"抗拒法律"，并暂停其公民权利。《意

---

① 参见邓思清《刑事缺席审判制度研究》，载《法学研究》2007年第3期。
② 参见陈伟、王文娟《刑事缺席审判制度的源流、现状及分歧澄清》，载《河北法学》2019年第11期。

大利刑事诉讼法典》第四百八十七条规定，若被告人无正当理由拒绝出席法庭的审理活动，法官在听取当事人的意见后可缺席审理该案件。第四百八十八条还规定，被告人提出或同意法院在其缺席的情况下进行审理活动，当法庭审理的时候被告人逃脱，由辩护人继续进行庭审活动。《日本刑事诉讼法》规定，被告人在公审日当天不出庭，原则上案件不应开庭审理；但如果被告人到庭并非必要或不会导致实质性损害诉讼权利时，法院可免除其出庭义务。《德国刑事诉讼法》第二百三十条第一项和第二项规定："（一）没有被告人出庭应诉的案件不进行审理。（二）被告人在无正当理由的情况下拒绝出庭接受审理，应下令拘传或发出逮捕令。"德国刑事立法原则上要求对席审理，有正当理由或在某些特殊情况下也可缺席审理。即当被告人所在地不明、逃匿境外时，或出现被告人不能出庭等其他情况，管辖法院不能对被告人适用刑事缺席审判程序，但可以启动证据保全审判程序。在此程序中，可由辩护人代理被告人出席法庭审理活动；未出庭接受审理的被告人无权要求通知其诉讼程序进展状况，但法官有权主动告知未出席庭审活动的被告人案件情况。[1] 可见，德国刑事诉讼法将缺席审判程序视为一种"客体程序"，其主要目的不在于解决对被告人的定罪、量刑等实体处罚问题，而是通过缺席审判实现对现有证据予以保全、没收等，即主要针对财物，而且裁判结果具有非终局性特点。[2]

2005 年 10 月 27 日，十届全国人大常委会十八次会议审议并批准《联合国反腐败公约》。2006 年 2 月，我国成为《联合国反腐败公约》缔约国，反腐败的国际合作得到加强。《联合国反腐败公约》第五十四条"通过没收事宜的国际合作追回资产的机制"第三项第三款规定"考虑采取必要的措施，以便在因为犯罪人死亡、潜逃或者缺席而无法对其起诉的情形或者其他有关情形下，能够不经过刑事定罪而没收这类财产"。第

---

① 参见陈伟、王文娟《刑事缺席审判制度的源流、现状及分歧澄清》，载《河北法学》2019 年第 11 期。

② 参见袁义康《刑事缺席审判的合理性及其完善》，载《华东政法大学学报》2019 年第 2 期。

五十七条"资产的返还和处分"第三项第一款规定"对于本公约第十七条和第二十三条所述的贪污公共资金或者对所贪污公共资金的洗钱行为，被请求缔约国应当在依照第五十五条实行没收后，基于请求缔约国的生效判决，将没收的财产返还请求缔约国，被请求缔约国也可以放弃对生效判决的要求"[1]。根据公约规定内容，我国在进行反腐败国际追逃追赃工作中，对于没有引渡协议或尚未进行引渡的，如果需要请求他国返还涉案贪污腐败财产，原则上应当提供有效的刑事判决。正因为这种国际反腐败协作上的客观需要，我国一步步建立并完善了贪污腐败犯罪涉案财产相关追缴、没收制度。2012年《刑事诉讼法》修订，增设了违法所得没收特别程序，最高法、最高检共同发布的《关于适用犯罪嫌疑人、被告人逃匿、死亡案件违法所得没收程序若干问题的规定》也对该特别程序中的一些具体问题予以明确。2018年《刑事诉讼法》修订，增设了刑事缺席审判制度，开创了针对特定情况下被告人不到场的刑事审判程序，满足了我国履行《联合国反腐败公约》义务的必要前提，完善了我国反腐败国际追逃追赃工作的整体结构。

（二）刑事缺席审判的适用范围

根据《刑事诉讼法》规定，存在三种刑事缺席审判程序，或者说是三种刑事诉讼审判的启动前提。

第一种，即程三昌贪污案所归属的刑事缺席审判种类。《刑事诉讼法》第二百九十一条规定，对于贪污贿赂犯罪案件，以及需要及时进行审判，经最高人民检察院核准的严重危害国家安全犯罪、恐怖活动犯罪案件，犯罪嫌疑人、被告人在境外，监察机关、公安机关移送起诉，人民检察院认为犯罪事实已经查清，证据确实、充分，依法应当追究刑事责任的，可以向人民法院提起公诉。第二百九十二条规定，人民法院应当通过有关国际条约规定的或者外交途径提出的司法协助方式，或者被

---

[1] 参见《联合国反腐败公约》全文，载于中共中央纪律检查委员会、国家监察委员会官网。

告人所在地法律允许的其他方式，将传票和人民检察院的起诉书副本送达被告人。传票和起诉书副本送达后，被告人未按要求到案的，人民法院应当开庭审理，依法作出判决，并对违法所得及其他涉案财产作出处理。可见，在程三昌贪污案属的这一类缺席审判程序中，我国刑事诉讼法进行了相当严格的条件规定。案件首先需要属于贪污贿赂犯罪、危害国家安全犯罪或恐怖活动犯罪之一，其次需要犯罪嫌疑人、被告人明确在境外，再者案件在实体上需要达到"犯罪事实已经查清，证据确实、充分"，且人民法院要按照有关规定完成传票和起诉书副本的送达工作，在满足上述所有条件的情况下，如果犯罪嫌疑人、被告人未按要求到案的，才能够启动缺席审判程序对案件进行审理。

第二种，根据《刑事诉讼法》第二百九十六条规定，因被告人患有严重疾病无法出庭，中止审理超过六个月，被告人仍无法出庭，被告人及其法定代理人、近亲属申请或者同意恢复审理的，人民法院可以在被告人不出庭的情况下缺席审理，依法作出判决。该类案件的当事人并不是出于逃避刑事惩罚而不到案，是出于客观上的生理健康条件不允许而无法出庭，所以除了需要满足正常刑事案件的必需前提外，还需要被告人及其法定代理人、近亲属的同意或申请作为条件，之所以除了被告人之外还规定了近亲属或法定代理人的权利，是充分考虑了被告人病重丧失诉讼行为能力的情况。

第三种，根据《刑事诉讼法》第二百九十七条规定，被告人死亡的，人民法院应当裁定终止审理，但有证据证明被告人无罪，人民法院经缺席审理确认无罪的，应当依法作出判决。这一类缺席审判的出发点不同于前两者，即为了案件能够顺利推进，起到提高诉讼效率或其他目的，而是出于对公民受公正审判权这一宪法性权利的保障而规定的。对于有证据证明被告人无罪的案件，如果采取裁定终止审理的处理方式会导致被告人及其利害关系人处在不正当的影响下，进而导致其名誉权等权利受损。尤其对于个别"沉冤昭雪"的案件而言，通过缺席审判程序予以被告人无罪判决是对刑事司法公平正义的体现，符合宪法和刑事诉讼法的基本精神。

（三）刑事缺席审判的证明标准辨析

随着我国反腐败国际追逃追赃工作的不断推进，以程三昌刑事缺席审判案为起点，未来我国针对贪腐案件外逃被告人的缺席审判会不断增加，学者们主要针对刑事缺席审判程序下的案件的证明标准进行了讨论。

《最高人民法院关于适用〈中华人民共和国刑事诉讼法〉的解释》第六百零四条规定："对人民检察院依照刑事诉讼法第二百九十一条第一款的规定提起公诉的案件，人民法院审理后应当参照本解释第二百九十五条的规定作出判决、裁定。作出有罪判决的，应当达到证据确实、充分的证明标准。经审理认定的罪名不属于刑事诉讼法第二百九十一条第一款规定的罪名的，应当终止审理。适用缺席审判程序审理案件，可以对违法所得及其他涉案财产一并作出处理。"第一款和第二款表明我国法律对于缺席审判案件的具体程序和证明标准要求与普通刑事案件无异，即要求认定被告人有罪应当达到证据确实、充分的要求。对于这种证明标准要求，有学者围绕其正当性进行了重点论证。

一是刑事缺席审判程序与刑事普通审判程序在证明目的上不存在实质差异。刑事缺席审判的被告人和普通审判中的被告人相同，都受到无罪推定原则的保护。缺席审判无论其构造如何，在刑事领域本质上就是刑事审判，其裁判效力并无差异。既然要遵守无罪推定原则，那么刑事缺席审判程序也需要遵循证据裁判原则。证据裁判原则是刑事诉讼法的基本原则，也是现代法治国家共同认可并且遵循的原则，根据该原则，在刑事缺席审判中证明被告人有罪的证明责任应当由控方承担，且对犯罪事实的证明应当达到法定证明标准的程度。同时，我国并未为腐败犯罪设定更低的定罪标准，有学者认为可以通过设定事实推定来降低腐败犯罪案件的证明标准，这极易对无罪推定原则及法治产生冲击，只应在诉讼证明极其困难时才应例外适用事实推定。《监察法》第四十五条规定，只有对涉嫌职务犯罪且认为犯罪事实清楚、证据确实、充分的被调查人，监察机关才会将其移送审查起诉，对于未达到上述条件的被调查人只能通过其他非刑罚手段进行处置。第三十三条第二款规定，监察机关在收集、固定、审查、运用证据时，应当与刑事审判关于证据的要求和标准相一致。可见，我国始终未降低腐败犯罪的定罪量刑门槛，故腐败犯罪案件证明的特殊性也无法作为降低缺席审判程序证明标准的理由。[①]

二是缺席审判程序中的诉讼价值体系未发生根本性变化。缺席审判程序虽更注重效率、秩序等，但并未改变刑事诉讼中公正优先于效率的价值排序，降低缺席审判程序定罪证明标准的观点缺乏价值论上的支撑。刑事证明标准的设定应当平衡公正与效率的关系，刑事证明标准越高越有利于实现公正，但过高的刑事证明标准可能会造成诉讼效率的过分拖延。我国目前刑事诉讼环境在客观上确实存在司法人力物力资源有限、挂案多且杂的情况，但在现代法治社会观念下，"宁纵毋枉"的刑事诉讼理念应当是追寻"不枉不纵"理想图景过程中所必须坚守的，刑事诉讼证明标准的设定需要以公正优先于效率、人权保障与惩罚犯罪并重的理念为基础，确实、充分的证明标准应当是所有刑事案件中认定被告人有罪的一项基础标准。虽然刑事缺席审判制度的构建是注重效率和秩序价值的结果，但并未实质改变刑事诉讼价值体系，其具体程序设计上仍然奉行公正优先于效率的价值取向。如刑事缺席审判程序的适用存在极其严格的案件范围及证据条件，缺席审判程序中赋予被告人一方充分的权利保障，并赋予罪犯到案后只要提出异议就可重新启动审判程序的权利。[②]

三是缺席审判特殊的程序设计旨在确保确实、充分证明标准的实现。缺席审判程序通过赋予相关机关启动缺席审判程序的裁量权，确保缺席审判程序只能适用于案件事实清楚，证据确实、充分的案件。依据

---

① 参见高通《论刑事缺席审判程序中的证明标准——以被告人在境外类案件为视角》，载《法学》2022 年第 9 期。

② 参见高通《论刑事缺席审判程序中的证明标准——以被告人在境外类案件为视角》，载《法学》2022 年第 9 期。

《刑事诉讼法》第一百七十六条，对于普通公诉案件，若人民检察院认为"犯罪嫌疑人的犯罪事实已经查清，证据确实、充分，依法应当追究刑事责任的"，检察院"应当"作出起诉决定。但在刑事缺席审判程序中，依据《刑事诉讼法》第二百九十一条规定，人民检察院认为犯罪事实已经查清，证据确实、充分，依法应当追究刑事责任的，检察院是"可以"而非"应当"向法院提起公诉。通过这种裁量权的设置可以将证明难度较大的案件过滤出刑事缺席审判程序，确保缺席审判程序中确实、充分证明标准的实现。①

也有实务界研究者指出，可以从证据类型看出，被告人供述所占比重和重要程度降低。为何我国在过去要大力抨击、治理口供为王、刑讯逼供的情况，很大程度上是因为存在客观的案件办理压力和侦查手段不足的因素。随着公安机关、检察机关侦查手段的进步、科学技术的广泛应用、办案人员经验和能力的日益提高，特别是技术侦查手段的使用、公民个人信息联网等，案件侦破的技术性、技巧性日益增强，客观性证据在庭审活动中所占比例也在逐渐提高。与此同时，被告人翻供或者不供述的情况屡见不鲜。此消彼长之下，被告人供述逐渐回归作为普通言词证据的本质属性上。有时办案人员凭借客观性证据已经可以达到证明标准，无须再采用种种手段获取被告人供述。在这一背景下，被告人供述的缺失，很多时候并不影响证明标准的实现。另外，缘于贪污贿赂犯罪的对向犯罪和经济犯罪属性，通过对行贿方以及相关银行账户、家庭财产的查处也可以在一定程度上起到证明作用。②

（四）外逃案件刑事缺席审判中的有效辩护难题

随着刑事辩护制度的发展及刑辩理论研究的深入，有效辩护的观念

---

① 参见高通《论刑事缺席审判程序中的证明标准——以被告人在境外类案件为视角》，载《法学》2022 年第 9 期。

② 参见许昊《从证明标准角度看刑事缺席审判制度的适用——以刑事诉讼法关于贪污贿赂犯罪缺席审判程序的规定为视角》，载《人民司法》2019 年第 28 期。

逐渐深入人心，从"被告人有权获得辩护"，到"被告人有权获得律师帮助"，再到"被告人有权获得律师的有效帮助"。① 这一概念，按照一般的职业标准，指律师为被告人提供了富有意义的法律帮助。假如律师无力为被告人提供任何法律帮助，或者所提供的法律帮助是流于形式或缺乏实质价值的，那么这种辩护就不是有效的辩护。大体上，有效辩护可以有以下几个方面的要求：一是律师要具备为刑事辩护所必需的法律知识、技能和经验；二是律师应当忠实于委托人的利益，做出最为恰当的职业判断；三是律师应当做好充分的辩护准备工作；四是律师应当尽早会见委托人，保证委托人的知情权，并在重要决策问题上与委托人进行充分协商；五是律师应当展开充分的调查，收集一切与定罪量刑有关且有利于被告人的证据……②

在外逃案件刑事缺席审判中，被追诉人并不到场，在这种情况下被追诉人显然无法如对席审判中那样充分地实现自己的辩护权利。《刑事诉讼法》第二百九十三条规定，人民法院缺席审判案件，被告人有权委托辩护人，被告人的近亲属可以代为委托辩护人。被告人及其近亲属没有委托辩护人的，人民法院应当通知法律援助机构指派律师为其提供辩护。这一规定强调了律师作为辩护人参与刑事缺席审判的必要性，学界由此产生了如何在被追诉人不在场的情况下充分发挥律师有效辩护作用的讨论。

在刑事缺席审判制度下，律师行使辩护权是存在诸多阻碍的，其中最为突出的就是调查取证权的受损。有学者指出，我国的刑事诉讼过程被理解为一个"官方控制的调查活动"，追诉机关被赋予了探究事实真相、收集全部证据的"客观中立义务"，私人执业律师的调查权利则受到了很大程度的抑制。较之普通刑事案件而言，缺席审判中律师调查取证权的有效行使更是面临多重障碍。首先，律师的调查取证活动通常围绕

---

① 参见陈瑞华《刑事辩护的理念》，北京大学出版社 2016 年版，第 101 页。
② 参见陈瑞华《刑事诉讼中的有效辩护问题》，载《苏州大学学报》（哲学社会科学版）2014 年第 5 期。

被追诉人提供的线索展开，但在被追诉人外逃、法律亦未有效保障双方会见通信权的情况下，辩护律师的调查取证工作很难正常地启动。其次，不同于普通刑事案件，适用缺席审判的几类犯罪属于特殊机关侦查的范围，它们普遍有着更为迫切的追诉欲求，更容易将辩护视为对犯罪控制的阻碍。这也意味着，律师在此类案件中实施调查取证将遭受更强的排斥。此外，实践中律师调取的主要是证人证言等言词类证据。根据《刑事诉讼法》第四十三条的规定，律师调取此类证据必须同时满足"获得辩护人的身份"和"经证人或有关单位人的同意"两个条件。然而，在适用缺席审判的案件中，一方面侦查（调查）阶段律师的"辩护人"身份往往未得到法律的有效认可，另一方面由于这几类犯罪的多数证人实际是本案的同案犯，即便此时律师申请调查取证，也很难获得侦查（调查）机关的批准。① 对此，随着外逃犯罪刑事缺席审判制度的推进和发展，应当强化公权力机关尤其是检察机关的配合取证义务。

在后续的庭审中，由于调查取证权的受损，律师作为辩护人在法庭上的公平质证权也会受损，控辩对抗更为困难。对此有学者指出，应当以直接言词原则为基础建构刑事缺席审判中的严格证据调查程序，原则上证人只能当庭陈述证言，仅在例外情形下才可以书面证言在法庭上出示。② 即取消缺席审判中"律师对证人证言有异议""证言对定罪量刑有重大影响""人民法院认为有必要"的证人出庭条件限制，赋予辩护律师同本案证人及侦查（调查）人员当庭对质的权利。经人民法院通知，有关人员应当出庭作证，就其所知的案件事实向法庭说明情况。并且，还应当在《刑事诉讼法》缺席审判一章中特别规定，相关人员拒不履行出庭作证义务的，其证言不得作为本案定案的根据。③

---

① 参见詹建红、许晏铭《刑事缺席审判中的有效辩护》，载《华侨大学学报》（哲学社会科学版）2022 年第 2 期。

② 参见高通《论刑事缺席审判程序中的证明标准——以被告人在境外类案件为视角》，载《法学》2022 年第 9 期。

③ 参见詹建红、许晏铭《刑事缺席审判中的有效辩护》，载《华侨大学学报》（哲学社会科学版）2022 年第 2 期，第 108 页。

而在案件之外，应当加强律师参与外逃犯罪刑事缺席审判的执业保障。一方面，提高律师的收入水平，使其积极尽责履行辩护义务的风险和其个人收入成正比，从源头上加强辩护动力。另一方面，加强律师参与缺席审判的执业监管，各地律师协会应当指导其所在地区的律师事务所制定单元化、板块化的律师收费清单，在委托辩护协议中明确对应各项辩护服务的具体费用，打破现有的"一揽子收费"模式强化律师办理刑事辩护案件的具体责任。而针对律师办理缺席审判案件的特殊性，各省律师协会应当在《律师办理刑事案件规范》中的原则性要求之下，制定专门的《缺席审判案件辩护指导意见》，并就意见的落实和律师违反相应职责的情况承担监管责任。①

三、反思与启示

——外逃类刑事缺席审判正当性辨析

（一）何谓正当性

在论述正当性的时候，研究者不得不面对的一个困境就是价值判断的主观性和情境化。在主客二元的哲学认识论下，正当性乃是作为一种伦理学上的认识客体而存在。如此一来，正当性的定义及其构成要素，必然会受到主体之间认识差异的影响。不同的主体基于不同的立场和不同的历史情境，对于正当性的认识都有不同。如果要摆脱在正当性认识上存在的主观性和情境化，就必须走出主客二元的认识论束缚。在这一方面，胡塞尔的现象学还原理论可以提供相应出路。胡塞尔主张，为摆脱主客二元的认识论桎梏，应将认识对象界定为人的意识指向实体（也就是主客二元认识论中的"客观实在"）后所获得的意识内容，也就是

---

① 参见詹建红、许晏铭《刑事缺席审判中的有效辩护》，载《华侨大学学报》（哲学社会科学版）2022年第2期。

"现象"作为认识对象。在对认识对象做了这样的变更后，认识的机制就发生了根本变化：由于"现象"本身即属于意识内容，所以主体通过意识来把握"现象"的活动，实际上是对自身意识内容的把握，因此在认识上就实现了主客体之间的统一。由于主体的意识所要把握的乃是呈现于意识之中的"现象"，那么意识就可以对这个"现象"进行各种观念上的抽象。这种抽象就是本质直观，也就是说可以通过自己的意识活动对"现象"中与实事相关的意识内容进行加工，悬置其中不需要的与具象的实事相关的东西，而留下想要的东西。这种抽象的过程是在观念（也就是意识）中展开的，所以本质直观又可以说是观念直观。这样的一种观念抽象的过程，就是现象学还原过程。它的第一步是悬置实事，留下意识中的"现象"；第二步是在意识中对"现象"进行抽象，悬置不需要观察的内容，留下需要观察的内容，形成研究所要获取的"本质直观"。[①]胡塞尔的现象学还原方法，可以为在本质层面把握"正当性"的含义提供启发。

同时可以发现，"正当性"这个概念本身所表达的就是一种观念，这种观念与人的思维活动以及思维活动所可能指向的实事相互独立，因此可以将其与社会生活中任何具体的事物（也即现象学所说的"实事"）独立开来进行把握。进而，可以将影响研究者对正当性进行观察的所有其他的具体因素悬置，而只观察正当性本身。当那些通常被作为界定正当性含义之前提条件的时间因素、空间因素、历史因素与现实因素都被悬置，呈现于意识中的就是不与任何具象化的情境、任何具体实事相联系，属于纯粹抽象观念层面的正当性的含义。在这种最为抽象的观念层面，正当性只能被界定为"符合事物本质的"。也就是说，"符合事物本质的就是正当的"。因为事物的本质是普遍有效的，是必然的，是人类所不能改变的一种先验给定，所以人类的行为只能顺应事物的本质而不能违逆

---

① 参见倪梁康《何谓本质直观——意识现象学方法谈之一》，载《学术研究》2020 年第 7 期；倪梁康选编：《胡塞尔选集》（上），上海三联书店 1997 年版，第五编"本质还原的方法"，第 449 页以下。

事物的本质（马克思主义认识论中所说的"客观规律"，就是指事物之间的本质联系）。而后可以得出这样一种结论，就是事物的本质决定了事物的正当性。如此即可以把价值判断领域的事物正当性问题，转化为事实判断领域的事物本质问题，把对事物之正当性的追问，转化为对事物之本质的追问（从而也在价值判断和事实判断之间建构了桥梁）。进而，研究者只要确定某一事物的本质，就可以根据该事物的本质要求，来建构出符合其本质的正当性，并析解出该类事物之正当性的构成要素。

（二）刑事诉讼的本质

如前所述，只要确定了刑事诉讼程序的本质，就可以建构出刑事诉讼程序的正当性标准及其构成要素。那么刑事诉讼程序的本质是什么？在了解了现象学还原的方法后，可以运用现象学还原的方法来达到目的，寻找到刑事诉讼的本质。根据现象学还原方法，需要将覆盖在刑事诉讼程序之上的不需要观察的"现象"——悬置，就可以抽象出刑事诉讼程序的本质直观。在对刑事诉讼进行本质直观的时候，首先需要悬置迄今为止包括刑事诉讼目的在内的全部刑事诉讼法教义学原理，接着悬置刑事诉讼的各种历史背景和社会背景，也就是悬置任何具体的刑事诉讼所存在的时间和空间背景。经过这样的悬置后，在研究者的意识中仅仅保留了一幅由法官和两造主体构成的等腰三角形的图景。在这幅图景中，研究者看到法官和两造主体之间正在展开以论辩为其外观的言语交往活动。这就是在意识中所呈现出来的刑事诉讼的本质直观。进而可以发现，只要是刑事诉讼，不管发生在什么地方、什么历史时期，以及在什么样的政治体制和司法体制下，也不管是神判、纠问式审判，还是对抗式审判，都具有这样的本质（甚至刑讯逼供这种暴力行为，也是在辅助言语交往的展开，是言语交往行为的构成部分）。作为刑事诉讼之本质的言语交往，在外观上体现为论辩，而论辩的内容则是对被告人应否定罪。之所以要通过论辩的方式来决定是否对被告人定罪，是因为人们试图通过诉讼程序生产出既符合法律上的正义又具有高度可接受性的判决，而只有当程序参与各方基于他们所共享的生活世界的背景知识（这种背景知识包括关于现行有效的法律规范的知识）展开充分论辩，并通过这种充分论辩形成共识，进而在这种共识的基础上作出的判决，才是最符合法律上的正义又最具有可接受性的判决——如果有人认为司法裁判可以无视共识而任意作出，那他就要面临这样的诘问：既然法官可以独断性地甚至任意性地作出裁判，那人们为什么还要通过诉讼来生产出裁判结果呢？如果有人认为刑事诉讼之程序参与人所进行的言语交往中也可能存在欺骗性的内容，比如虚假证据、隐瞒真相、枉法裁判等，那么本文要指出的是，这些不以达成理解和共识为目的，而追求其他的隐藏目的的行为，恰恰是刑事诉讼所反对的行为，因此也是刑事诉讼的本质所排斥的行为。刑事诉讼中的言语交往，乃是以达成理解与共识为目的的言语交往，这样的一种言语交往，哈贝马斯称之为"交往行为"（哈贝马斯同时将那些不以达成理解与共识为目的，而以达成其他的隐藏目的所进行的带有虚伪表示的言语交往，称为"策略行为"）。基于此，研究者可以将刑事诉讼的本质进一步抽象，而界定为以程序参与者在生活世界所共享的背景知识的基础上通过论辩来达成理解与共识为目的的"交往行为"。对此，可能还会有人提出疑问，就是：为什么经过现象学还原后所看到的刑事诉讼的本质是"交往行为"，而不是其他的什么本质，比如是"打击犯罪的工具""阶级统治的工具"，或"维护社会稳定的工具""实现法律正义的途径""一种社会治理手段"，如此等等。答案是，这些描述都还只停留在刑事诉讼的目的、任务和功能的层面，还没有将刑事诉讼还原到本质层面，因而对刑事诉讼本质的析解还不够纯粹。也许还有人会提出疑问，就是将刑事诉讼还原到"交往行为"这一层面后，还能不能进一步还原，在"交往行为"的背后，刑事诉讼还有没有更深层次的本质？本文的回答是没有。因为研究者所看到的刑事诉讼的"言语交往"的"现象"，已经是最小单位，因此也是最纯粹的单位，至少在目前的认识能力下，已经没有继续还原的空间了。

（三）刑事诉讼程序的正当性

将刑事诉讼的本质抽象为"交往行为"后，就可以将刑事诉讼程序界定为规范刑事诉讼参与人之间言语交往的秩序规则，进而可以在此基础上建构刑事诉讼程序的正当性标准。也即，能够满足刑事诉讼之本质要求的程序就是正当的程序。由于刑事诉讼的本质是以生活世界所共享的知识为背景而展开的，以达成理解与共识为目的的言语交往行为，那么可以说，符合言语交往行为之要求的程序规则，就是具有正当性的程序规则。问题在于，什么样的程序规则是符合交往行为要求的规则？

关于这一点，可以从哈贝马斯的交往行为理论中获得启发。哈贝马斯提出，在讨论言语行为及通过言语行为达成的结果合理性时，需要有言语行为本身的有效性前提作为支撑。换言之，仅仅言语交往所达成的理解和共识，其本身并不能为自己提供合理性证成，还需要达成这种理解与共识的言语行为本身是有效的。也可以说，只有言语行为本身被认可为合理的，它所达成的理解与共识才是合理的。比如，民事诉讼中的"以判压调"，刑事诉讼中以认罪认罚从宽的政策来引诱乃至逼迫当事人认罪认罚，也可能会达成调解或者被告人认罪认罚这种表面上的"共识"，但是因为民事诉讼中的"以判压调"的行为，或者刑事诉讼中将认罪认罚从宽作为一种交易对价的行为，其本身就是不合法的，是无效的言语行为，因此其所达成的"共识"也是无效的，不具有合理性。进而，哈贝马斯认为，如果要确保言语交往所达成的理解与共识具有合理性，就必须为言语行为设定有效性要件。为此，哈贝马斯将维特根斯坦的"日常生活世界"做了进一步划分，分为客观世界、主观世界和社会世界。其中，客观世界就是自然界，主观世界就是人的内心世界，社会世界就是由人与人之间的关系所构成的世界。他认为，人们在以理解与共识作为目的而展开言语交往时，首先的一种言语形态解释性要求就是表达的可领会性，这也是日常生活世界中言语交往的基本要求。如果主体之间所进行的言语行为根本就不能为对方理解和领会，那么言语交往就很难进行下去，更不可能达成共识。其次，在言语指涉到客观世界时，要具有真实性，也就是言说者在陈述某个客观世界的事物时，其陈述是真实的，或者说至少他自己认为所陈述的内容具有真实性。再次，在言语指涉到主体的内心世界时，要具有真诚性，也就是言说者对于自己内心意志的表达要具有真诚性，而不是欺骗对方。最后，言说者是在特定的社会关系的结构中展开对话，因此言语行为本身要符合规定社会世界交往秩序的要求，也就是言语行为本身要具有合法性。这里的合法性是广义的，根据言语交往的具体情境，可以是合法律性、合道德性、合习俗性，乃至合宗教教义性。对于法律系统中的言语交往而言，合法性就是符合法律规范的要求。据此，哈贝马斯主张，交往行为要能够顺利展开并达到目的，也就是通过言语交往达成具有合理性的理解与共识，就必须满足以上四个方面的要求。由此，表达的可领会性、陈述的真实性、表达的真诚性以及言语行为的合法性这四个有效性要件，构成了交往行为的理想言谈情境。①

根据前述分析，刑事诉讼在本质上也是交往行为，如果要达成满足合理性要求的理解与共识，其所展开的言语行为也应当符合上述四个有效性要件的要求。从而，这四个言语行为之有效性要件，就是刑事诉讼之本质要求，也就成为刑事诉讼程序之正当性标准的构成要素。实际上，刑事诉讼中的几乎所有规则，都是围绕着以上四个方面的要求而构造的，甚至刑事诉讼法中很多条文在表述上就直接体现了上述要求。例如，《刑事诉讼法》第十九条有关使用本民族语言文字以及提供翻译的规定，第一百一十二条有关为聋哑人提供手语翻译的规定，以及第六十二条有关证人作证能力的规定，就体现了表达的可领会性要求；第十五条有关自愿如实供述之"如实"的规定和第五十三条有关法律文书忠于事实真相

---

① 张庆熊：《交往行为与语言游戏：论哈贝马斯对维特根斯坦语言哲学的接纳与批判》，载《马克思主义与现实》2008 年第 4 期；[德] 尤尔根·哈贝马斯：《交往行为理论》（第一卷），曹卫东译，上海人民出版社 2018 年版，第 65 页；[美] 莱斯利·A. 豪：《哈贝马斯》，陈志刚等译，中华书局2014 年版，第 31—33 页。

的规定等，体现了陈述真实性的要求；第十五条和第一百八十二条有关自愿如实供述之自愿性的规定，体现了表达的真诚性要求；第五十六条至第六十条有关非法证据排除的规定，以及第一百条有关侦查监督的规定，则体现了言语行为合法性的要求。

（四）刑事缺席审判程序正当性评估

在交往行为理论的框架下确立刑事诉讼的程序正当性标准后，就可以根据该标准的构成要素，对刑事缺席审判的程序正当性进行检视，具体而言，其主要存在陈述真实性和表达真诚性的缺失。

就陈述真实性而言，主要出现在控方证人之上。如前所述，贪污腐败外逃案件存在被追诉人不积极参与案件办理的缺陷，即使采取一些学者所提出的"强制证人出庭质证"或"强化辩护人申请证人出庭权利"等方式，也无法避免控方证人出庭时不需要面对被追诉人的现实。现代庭审的灵魂在于当庭质证，在常规的对席审判中，控方证人的发言必须接受被追诉人的检验，这种面对面通过言语交往而进行的活动会给证人带来心理活动上的压力，更容易使虚假证言暴露出来。而在被追诉人不出庭，辩护人也没有充分调查取证时，控方证人当然会更倾向于满足控方所指控的内容，况且贪腐案件中的控方证人往往是行贿者或其他贪腐案件的被追诉人。这种情况下，控方证人几乎不需要承担任何证言作假或选择性作证所带来的负面效果，存在陈述真实性要素的重大缺陷。

就表达真诚性而言，主要是针对整个外逃型犯罪缺席审判程序。有学者在进行缺席审判程序比较研究之时就指出，"德国刑事诉讼法将缺席审判程序视为一种'客体程序'，其主要目的不在于解决对被告人的定罪、量刑等实体处罚问题，而是通过缺席审判实现对现有证据予以保全、没收等，即主要针对财物，而且裁判结果具有非终局性特点。如果从该角度对我国缺席审判程序进行理解，那么也可以将其视为一类特殊的'客体程序'。申言之，为了追回逃犯和赃物就需要国际司法协助，而为了获得司法协助则需要通过缺席审判程序提供必要的判决文书，至于该程序的判决裁定能否发挥'实体程序'的作用并最终执行，以当事人无异议为前提"①。大方地说，我国刑事缺席审判制度在外逃型犯罪处置上最主要也可能是唯一的作用，便是通过合法的有效判决结合国际公约来追回赃物，进而减少经济损失。因为对于大多数"红通人员"而言，其都是逃匿在那些与我国没有引渡协议的国家，我国司法机关所判处的刑罚对其无法产生预期的效用。《刑事诉讼法》第二百九十五条也规定："交付执行刑罚前，人民法院应当告知罪犯有权对判决、裁定提出异议。罪犯对判决、裁定提出异议的，人民法院应当重新审理。"可见外逃犯罪刑事缺席审判的本质并不是一个典型的审判程序，更像是另一种违法所得没收程序。从这一制度适用的目的和实际上产生的功能来看，其本身是缺乏"真诚性"的。

（五）公正与效率之争

如前所述，如果引入哈贝马斯的交往行为理论进行刑事缺席审判正当性的评估，其毋庸置疑是不够正当的，这也正呼应了我国较少适用刑事缺席审判制度的现实情况。而随着我国新时代反腐败斗争的不断推进，这一制度的现实价值不断凸显，"程三昌贪污罪"一案也使其正式走上了司法舞台。有学者对其程序价值的妥当性进行了回应，指出了"司法公正蕴含着对于效率的追求"这一重要命题。缺席审判程序具有追求诉讼效率形式表象，但效率有时也可作为"公正的第二种含义"，其目的同样是为了追求司法公正。首先，及时追逃犯罪之需。在贪污贿赂、恐怖活动等案件犯罪人潜逃国外时，如果没有司法判决书就难以在国际司法协助的框架下追逃追赃，案件则会久拖不决，使犯罪人得不到法律追究。虽然缺席审判的判决书能否得到域外国家承认与协助还需要在实践中进一步探索，但是没有这一程序，获得司法协助的机会将会更低。其次，及时保全证据之需。基于贪污贿赂、恐怖活动等犯罪的特殊性，一般不

---

① 参见袁义康《刑事缺席审判的合理性及其完善》，载《华东政法大学学报》2019 年第 2 期。

存在直接的被害人以及明确的实物证据，证人证言在案件证据链的构建中往往起到关键作用，但随着时间的推移可能出现证人记忆淡化或是难觅证人踪迹的情况，导致犯罪人即使在到案后也无法准确查明案件事实真相。[①]

　　总而言之，外逃犯罪刑事缺席审判在正当性上是缺失的，但对其正当性的否定并不代表对其司法正义价值的否定。贪污腐败犯罪在世界各国都是极具特殊性的案件，其涉及国家政治体制的健康发展和国际交往。保障刑事缺席审判本身的正当性，更为有效的做法是加强周边制度的建设，微观上，如前文提到的保障律师有效辩护、坚持证明标准统一，宏观上，如加强国际合作，扩大司法合作与逃犯引渡协议。刑事缺席审判的适用是特殊情况下的必然选择，在制度设计层面还有着很大的完善空间。随着司法体制改革不断深入，在实务界和理论界的共同努力下，刑事缺席审判制度必然会不断进步，为我国新时代反贪污反腐败追逃追赃工作提供有力支撑。

（段一鸣）

[①] 参见袁义康《刑事缺席审判的合理性及其完善》，载《华东政法大学学报》2019 年第 2 期。